BİRİM

NEMESİS KİTAP / Sağlık

Yayın Numarası **490**
Birim Deniz Şimşek

Genel Yayın Yönetmeni Senem Kaleli
Baş Editör Rose Mary Samanoğlu
Editör Elçin Kazancı-Cansu Poyraz Karadeniz
Kapak Tasarımı Cem Özcan
Sayfa Düzeni Çağla Yön

ISBN: 978-605-7649-41-6
18. Baskı: Mayıs 2020
(Her baskı 1000 adet)

NEMESİS KİTAP
Gümüşsuyu Mah. Osmanlı Sok. Osmanlı İş Merkezi 18/9
Beyoğlu/İstanbul
Tel: (0212) 222 10 66 - 243 30 73
Faks: (0212) 222 46 16
info@nemesiskitap.com
www.nemesiskitap.com
Sertifika No: 26707

Baskı ve Cilt:
Yıldız Mücellit Matbaacılık ve Yayıncılık Sanayi Tic.A.Ş
Maltepe Mah., Gümüşsuyu Cad., Dalgıç Çarşısı, Apt.No:3/4
Zeytinburnu/İstanbul
Tel: (0212) 613 17 33 Faks: (0212) 501 31 17
Sertifika No: 46025

Dr. Deniz Şimşek

HÜCRESEL SAĞLIKTAN
RUHSAL YOLCULUĞA

BİRİM

Bilimsel Gerçeklerin İzinde
Bütünsel İyileşme

nemesis
KİTAP

Uzm. Dr. Deniz ŞİMŞEK

Lise eğitimini Turgut Özal Anadolu Lisesi'nde bitirmiştir. Ardından Adnan Menderes Üniversitesi Tıp Fakültesi'nde başladığı tıp eğitimini başarıyla tamamlayarak tıp doktoru unvanını almıştır. İhtisasını ise Pamukkale Üniversitesi Tıp Fakültesi Psikiyatri anabilim dalında tamamlamış ve psikiyatri uzmanı olmuştur. Lisans ve ihtisas eğitimlerinden sonra son yıllarda bilimsel çalışmaların yoğunlaştığı bağırsak - psikoloji, bağırsak - fizyoloji alanlarında eğitimlere katılmıştır. Fonksiyonel biyokimya ve epigenetik alanlarındaki eğitimlerini ve bilişsel davranışçı terapiyi temel alan hipno - BDT eğitimlerinin hipnoz kısmını başarıyla tamamlamıştır. Hastalara yaklaşımda psikodinamik faktörlerin ve ruhsal sistemin yanı sıra; bağırsaklar, beslenme, sindirim, metabolizma, hormonal denge, metilasyon, inflamasyon gibi ana kök sistemleri ve birbirleriyle ilişkilerini baz alacak şekilde bütüncül bir yaklaşımı benimseyen yazar, bu konulara ilişkin konferans, sempozyum ve eğitimlerde onlarca sunum yapmıştır.

Umut'a...

İÇİNDEKİLER

Giriş 11

BİRİNCİ BÖLÜM

HER ŞEYİN BAŞLANGICINA GİDEN YOL 19

Hastalıklarımın Artmaya Başlaması ve Çareyi
Doktor(lar)da Arayışım 27

Bağlantıları Nasıl Gördüm? 31

Deprem ve Çaresizlik 34

Yıkılmamıştım Ama Çatlaklarım Vardı 38

Parçadan Bütüne 43

İyileşmeden İyileştiremezdim 47

Bütün Olarak İyileşme, Bütüncül Tıp 54

İKİNCİ BÖLÜM

RUHSAL SİSTEM 57

Bugünün İzleri Öykülerde mi Gizli 61

Stresi Gerçek Anlamda Öğrenmeye Hoş Geldiniz 66

Psikiyatrik Hastalıklara Yaklaşım 83

Psikiyatrinin Gizli Kahramanları: Vitamin ve
Mineral Takviyeleri 89

Bir Dil Bir İnsan: Sinirsel Habercilerin Dili 92

İyileşmeye Giden Yolun Anahtarları 97

Bütüncül Yaklaşımın Üç Ayağı 105

ÜÇÜNCÜ BÖLÜM

*KUTSAL ÜÇLÜ: BESLENME, SİNDİRİM SİSTEMİ ve
BAĞIRSAKLAR* 111

Sindirim Nasıl Gerçekleşiyor? 121
Sindirim Sistemi Nasıl Çalışır ? 123
Bağırsak Sağlığımızın Olmazsa Olmazları: Lifler, Prebiyotikler, Probiyotikler ve Kısa Zincirli Yağ Asitleri 136
SIBO (İnce Bağırsaklar Düzeyinde Bakteri Çoğalması) 140
Bağırsak Mikrobiyotası Ne İş Yapar? 151
Müthiş Bir Organ: Karaciğer 152
Beslenmede Dikkat Edilmesi Gereken Ayrıntılar 155
Neredeyse Tüm Kronik Hastalıklar İçin Örnek Beslenme Programı 156

DÖRDÜNCÜ BÖLÜM
İNFLAMASYON 161
İnflamasyona Etki Eden Takviyeler 171
Omega3 171
Kurkumin 177
Alfa Lipoik Asit 180
N-Asetil Sistein 181
D Vitamini 182
Davetsiz Misafir Koronavirüs ve Bağışıklık Sisteminin Önemi 183

BEŞİNCİ BÖLÜM
İNSÜLİN DİRENCİ: METABOLİZMA, MİTOKONDRİ, TİROİT FONKSİYONLARI VE HORMONAL DENGE 187
İnsülin Direnci ve Mitokondri 189
İnsülin Direnci ve Şeker Hastalığı Bulguları 201
İnsülin Direnci ve Şeker Hastalığını Önlemek için Neler Yapılabilir? 204

Tiroit Fonksiyonları 210
Hormonal Sistem Komutanı: Hipotalamus-Hipofiz-
Adrenal Bez Aksı 221
Östrojenin Önemi ve Kadınlık Hormonları Dengesi 222
Progesteronun Önemi ve Menopoz Kavramı 232

ALTINCI BÖLÜM
METİLASYON VE DÖNÜŞÜM 237
Metilasyon Neden Önemli ? 239
Metilasyon Nedir ? 240
Metilasyon Döngüsü Nasıl Sağlıklı Çalışır ? 243
B12 Vitamini Size Ne İfade Ediyor? 245
Homosistein Bir Neden mi Yoksa Bir Sonuç mu? 249
Metilasyon ve Folik Asit 252
Fosfatidilkolin Sentezi 257
Histamin İntoleransı ve Metilasyon 259
Histamin Nedir? 261
Metilasyon ve Östrojen Detoksifikasyonu 264
Metilasyon, Glutatyon ve Melatonin 270
Metilasyonla İlişkili Vitaminler ve Mineraller 276

YEDİNCİ BÖLÜM
BAZI HASTALIKLAR İÇİN ÖRNEK VAKALAR 287
Gastrit ve Reflü 287
İnsülin Direnci, Ülseratif Kolit, Depresyon,
Kronik Yorgunluk 293
Danışanlarımın Ağzından 301
Kaynakça 313

GİRİŞ

"Bu kitap, sağlığa yaklaşım anlamında bir devir kapanırken, belirsizliğin gölgesinde ışığını arayanlar için bir umuttur..."

Sağlık adına bildiğiniz kavramların büyük kısmının illüzyonlardan ve hatalı kodlardan ibaret olduğu gerçeğiyle yüzleşmeye hazır mısınız? Cevabınız hayırsa zamanınızı boşa harcamayın, az önce televizyon reklamlarında bahsi geçen vitamin komplekslerinden biriyle ya da şehir merkezindeki dev reklam panosunda, gösterişli kıyafetleriyle poz vermiş bakımlı obezite cerrahıyla yolunuza devam edebilirsiniz. Cevabı evet olanlar, sizlerin yolculuğu bu kadar kısa ve basit değil. İyi ki de değil dediğinizi duyar gibiyim, zaten insanı geliştiren hangi yol kolay ki?

Bu yol bilginin, bilincin yolu. Hipnozu bozanların, hatalı kodlara meydan okuyanların, sıranın dışındakilerin, bugünün ötesine geçenlerin, cesaretli olanların ve sorumluluk alanların yolu. Çünkü bu kitap sadece sağlıklı olmayı veya iyileşmeyi değil; kendini, özünü arayanların, ışığını yayacakların rehberi. Hazır olun! Çok şey öğrenecek, dönüşecek ve şunu asla unutmayacaksınız: Öğrenmenin sorumluluğu öğretmek, güzel olanı yaymak, farkındalığın rüzgârına güç katmaktır. Bizi bu ışığın başına üşüştürüp bir araya getiren ortak bilincimiz, paylaştıkça büyüyecek ve "iyileşmek" isteyenlerin yolunu aydınlatacaktır.

Son altı yıldır, yani hastalıklara bütüncül bir pencereden bakmam gerektiğini anladığım ilk andan bu zamana kadar, yaklaşık yirmi bin hastanın yolculuğuna eşlik ederken en sık duyduğum söz hep şu oldu: "Nasıl oluyor da yıllardır yaşadığım, hayatımı çileye dönüştüren ve iyileşmeyeceği söylenen bu hastalık kısa sürede bu kadar gerileyebiliyor? Bugüne kadar başvurduğum şu kadar sayıda, şu unvanlardaki doktorlar bunu göremedi mi?" Bu sorunun kısa bir cevabı olmadığını, tıp fakültesindeki öğrenciliğim ve akabinde psikiyatri asistanlığım süresince hayatımı ciddi düzeyde olumsuz etkileyen alerjik burun-geniz akıntılarımın, mide-bağırsak sorunlarımın, kronik yorgunluğumun, dönem dönem yoğunlaşan kaygı ataklarımın, dikkatimi sürdürme güçlüklerimin, yanı başımdaki çok değerli hocalarım tarafından tedavi edilemediği gerçeğiyle yüzleştiğimde fark ettim. Burada kullandığım "çok değerli" sözcüğü kinaye değil, gerçekten şu anki hislerimin ifadesidir. Gece gündüz çalışarak, iyi niyetleriyle binbir emek vererek, modern tıbbi yöntemleri büyük ustalıkla ortaya koyan hocalarımın, tedavim konusunda aslında ne kadar çaresiz olduklarıyla da yüzleşmiş oldum. Ama bu şu demekti: Hocalarım bilgisiz, değersiz, yetersiz değildi, bakış açıları farklıydı. Bu farkındalık beni şaşırttı, kaygılandırdı, çaresiz hissettirdi. Yolumu değiştirmem, öğrendiğim her şeyi gözden geçirip ezberlerimi bozmam gerekiyordu. Bu zor olandı, ben de sizler gibi kırmızı hapı seçtim ve sizlerin de okudukça heyecanlanacağınızdan şüphe duymadığım "farkındalık" yolculuğum başlamış oldu.

Her hekim özünde iyi niyetlidir, en önemli amacı sizin kendi derdinize derman olma sürecinize eşlik ederek konforunuzu artırmaktır. Bu anlamda bir hekimin aldığı tıbbi öğretiler ışığında, halihazırda mevcut şikâyetlerinize göre koyacağı tanı ve vereceği tedavi büyük oranda bellidir. Haliyle bende de öyle oldu, bir adet alerjik rinit, bir adet IBS (irritabl bağırsak sendromu), bir adet reflü ve bir adet anksiyete bozukluğu tanım oldu. Bu şu anlama geliyordu: Kulak burun boğaz, dahiliye, psikiyatri branşları tarafından takip edilecek, alerjilerim için antihistaminik, reflüm için mide asit salgımı engelleyici, bağırsak hareketlerimin düzenlenmesi ve anksiyetem için de serotonin geri alımını engelleyen bir ilaç kullanacaktım. Anksiyetemi yönetebildiğim için serotonerjik ilacım dışındakileri çok uzun süre kullandım, gittiğim her yere yanımda taşıdım. Hekim olmamın da sağladığı kolaylıklarla bu kronik sıkıntılarımın ilgili olduğu branştaki uzman arkadaşlarımdan (meslektaşlarımdan), akademisyenlerden destek aldım. Sonuç olarak bir doktorla diğeri arasında, tedavi anlamında, kullanılan ilaç etken maddeleri ve ilaç isimleri dışında bir fark göremedim. Kısa süreli "belirtilerin kontrolünü sağlamaya yönelik" tedavilerle yoluma devam etmek zorunda kaldım. Bu anlattığım kısım çok önemli, çünkü ben bir hekimdim ve modern tıbbın bilinen en iyi tedavi yöntemlerine ulaşabildim, buna rağmen sonuç, kısa süreli sızılarımın dindirildiği iyilik halleri dışında kocaman bir "HİÇ"ti. Hastalıklarım tedavi olmadı ve tekrarladı. Neden mi? Çünkü modern tıbbın bu kronik şikâyetlerimin zemininde olması muhtemel, kitabın ilerleyen bölümlerinde de bahsedeceğim histamin intoleransı, SIBO, geçirgen bağırsak, metilasyon bozuklukları,

HPA aksı gibi sorunlar hakkında neredeyse hiçbir fikri yoktu. Modern tıbbın bakmadığı bu açı, benim için farkındalık perdesini aralamış oldu. Bu duruma şaşırmış olabileceğinizin farkındayım, ancak bağlantıları kurmaya, bedeninizin gizemini çözmeye başladığınızda şaşkınlığınız ve öğrenme heyecanınız daha da artacak.

Peki, bu tedavi arayışı ve hayal kırıklıkları sadece benim için mi geçerliydi? Tabii ki hayır! Bugün sadece yakın çevrenize biraz daha dikkatli bakın. Uzun süredir ilaç kullanan, düzenli doktor takibinde olan ya da dikkati dağınık, enerjisi düşük, sabah kalkmakta güçlük çeken, yaşamının büyük bölümünü kaygılı, tedirgin, mutsuz geçiren, kronik alerjisi, reflüsü, bağırsak hareket sorunları olan ve bunları kanıksayıp hastalık olarak dahi görmeyen kaç insan var? Daha fazla sağlıklı insan aramanıza gerek yok, çünkü sağlıklı insan göremeyecek olmanız sağlık kavramını anlamanızı da epey zorlaştıracak. Bu kitabın yazılmasının en önemli sebebi de bu. Bilimsel zemini sıkı tutarak bedenin, zihnin ve ruhun gerçek potansiyeline ulaşması için neler yapılması gerektiğine dair bir rehberle birliktesiniz şu an. Sizlerle burada buluşma nedenimiz, aynı yolun yolcuları olarak "kendimizi aramamızdır."

Modern tıpta, hastalandığınızda, rahatsızlığınızla ilgili bölümün hekimi şikâyetlerinizi dinler, muayenenizi yapar, gerekli tetkikleri ister, bu tetkikler doğrultusunda tanısını koyar ve tedavi sürecine başlar. İyi niyetli hekimlerin izlediği bu yöntemde en büyük handikap, verilen tedavinin zemindeki fark edilmeyen, çözülememiş kök sorunların yaratacağı daha büyük hastalık riskleridir. Bu yöntemin eksik yanı, insanı bir ağaç olarak düşünürsek, zaman zaman dallarında ve yapraklarında oluşan hastalıkların tedavisi için kullanılan yöntemlerin, ağacın gövdesine, köküne, diğer dallarına ya da yapraklarına verdiği zararlardan habersiz, bütünden uzak bir bakış açısını yansıtmasıdır. Oysaki yüzeyde görünenler köklerdeki problemlerdir. İnsanlar için hastalıkları oluşturan kökler ise tam olarak bu kitapla açıklayacağım sistem olan kısaca BİRİM, yani bağırsak, inflamasyon, ruhsal sistem, insülin direnci ve hormonal sistem dengesi ve metilasyondur.

Aslında hastalıklarımız, insan doğasına bakış açımızı değiştirdiğimizde kolayca çözümlenebilir. Ana akım tıbbın insana bakışı sadece bedeni parçalara ayırmaz, tedavi sürecinde hem hastanın hem de hekimin ruhunu parçalara ayırır. Bir yandan belirtilerine odaklanılmış, her şikâyeti için farklı bir branşa yönlendirilmiş ama tedavi olamamış, mağdur hisseden onlarca hasta; diğer tarafta tatmin duygusu yaşayamayan, yetersiz hisseden, tükenmişlik sendromuna meyilli hekimler. Aynı hisleri ve durumları defalarca yaşayan bir hekim olarak beni ve hastalarımı bu kısır döngüden çıkaran yolu paylaşmam, inanıyorum ki meslektaşlarıma, hastalara ve kendini daha yakından anlamaya çalışan tüm insanlara hizmet edecektir. Farkındalık sürecim boyunca aldığım birçok eğitimden, okuduğum binlerce makaleden, onlarca kitaptan, eğitici olarak katıldığım onlarca kurs ve bütüncül tıp toplantılarından, takip ettiğim binlerce hastadan öğrendiklerimin, çıkardığım derslerin bir sentezidir bu kitap.

Bir hastalık ceza olsun, hayatı zindana çevirsin, mağdur kılsın, yok etsin veya acınacak duruma düşürsün diye gelmemiştir size. Her hastalığın bir mesajı vardır. Hastalık sizin gerçek anlamda iyileşmeniz; bedeninize, kimyanıza, bağırsaklarınıza, hücrelerinize, genlerinize, mitokondrilerinize ve en önemlisi ruhunuza olan "yabancılığınıza" dikkat çekmek için gelmiştir.

"Belirtiyi tedavi etmek savaş öncesi anlaşma amacıyla gönderilen elçiyi dinlemeden etkisiz hale getirmek gibidir. Haberciyi fark etmez, dinlemez veya görmezden gelirseniz ruh ve beden, mesajını size daha yüksek bir tınıdan, şiddetini artırarak verecektir."

Hastalığın tek isteği vardır: Fark et. Peki, verilen mesaj tek mi, yoksa bu şikâyetlerin gerisinde birbiriyle bağlantılı birçok sistem mi var? İşte bu noktada, "BİRİM" en iyi cevabı veriyor. Anahtar konumda olan beş başlığın her biri, size verilen mesajların şifrelerini içeriyor. Buradaki ana mesajın benim için ruhsal mesaj olduğunu, diğer habercilerin bu yolculuğa giden yolu kolaylaştırma potansiyeli olan yardımcı faktörler olduğunu rahatlıkla söyleyebilirim. Bu isim sadece temsil ettiği kavramların ilk harflerinin bir araya gelmesiyle oluşmuyor. "BİRİM" bir olmakla, en küçük hücremizden tüm bedenimize yarattığımız birlik haliyle ilgilidir. Bütünü parçasız, parçayı bütünsüz değerlendiremeyeceğimiz bu yoldaki başlıklar kitabın ana bölümlerini oluşturmaktadır.

- **B**ağırsaklar/Sindirim Sistemi (Trilyonlarca mikro canlının ev sahibi. Bağışıklık sisteminin ana merkezi.)
- **İ**nflamasyon (Neredeyse tüm kronik hastalıkların zeminindeki düşük yoğunluklu süreğen bağışıklık sistemi yanıtı.)
- **R**uhsal Sistem (Kendine, içe, varoluş amacına giden

yol, duyguların izinde, erken dönem çocukluk öykülerinin bugüne yansımalarının değerlendirilmesi.)

- **İ**nsülin Direnci/Tiroit Fonksiyonları/ Hormonal Denge/ HPA Aksı (Metabolik durum, mitokondriyal sistem.)
- **M**etilasyon/Biyokimya (Biyokimyasal sistemin merkezinde, bedende saniyede milyarlarca kez gerçekleşen reaksiyonlar zinciri. Epigenetik ve olmazsa olmaz vitaminlerin, minerallerin yerine konulması.)

Bu beş başlığın her biri, tüm sistemi derinden etkileme potansiyeline sahip, birbiriyle muazzam bir ilişkisi ve dengesi var. Bilimin son yıllarda ortaya attığı, bilimselliğe bakış açımızı allak bullak edecek potansiyeli olan iki önemli kavram "laniakea" ve "konnektom"dur. En basit şekilde anlatacak olursam, bu iki kavramın anlamı bağlantısallıktır ve bu karmaşık bağlantısallığa bugünkü matematik dahi cevap sunamıyor. Sistemden bağımsız, tek başına incelenecek hiçbir hücre, nöron, insan, dünya ya da gezegen bize gerçek yanıtları veremez. Bir bütünün parçası olarak "bir", bütünle ilişkisinin içinde anlamlı ve asıl yanıtlar bağlantısallığın dinamiklerinde gizlidir. İşte tam olarak bu noktada *Birim*, bağlantısallığın matematiğini anlamaya çalışma amacı taşıyan, içinde ruhun da olduğu bir üst bilişin ve bilincin ta kendisidir.

Aslında çoğu şikâyetimizi kanıksayarak, normal bir durummuş gibi benimseyerek yolumuza devam ediyoruz. Basit görünümlü şikâyetlerin hâkim tıp yaklaşımı itibariyle ilaçla tedaviye yönlendirilmesi, ilacın gerekli olmadığına kanaat getirilmişse de şikâyetlerin kayda değer bir önemi olmadığı ya da ciddi bir hastalığa işaret etmediği şeklinde sınıflandırılması muhtemeldir. Ve sonra baskılanması aşikâr sıkıntılar olmasına rağmen kişinin durumu çaresizlikle kabullenişi ve sağlık sistemi tarafından göz ardı edilmesidir.

Bu kitap iç yolculuğu merkez alan bir öğretiyi huzurunuza sunduğuna göre, asıl meselemiz, "Ben kimim, var oluş amacım ne, olmasam ne olurdu, en önemli seçimlerimin gerisindeki motivasyon nedir?" gibi soruları kendine sorabilme, alınan her yanıtta yaşanması olası derin acıya rağmen kararlılığını sürdürme, bütünün içindeki "bir"den, "bir"in içindeki "bütün"e olan yolculuğun sorumluluğunu ortaya koyma cesaretidir. İşte gerçek sağlık budur!

BİRİNCİ BÖLÜM

HER ŞEYİN BAŞLANGICINA GİDEN YOL

Sivas'tan Malatya'nın bir ilçesine taşındığımızda liseye gidiyordum. Okula ve dershaneye ulaşmak için her sabah bir buçuk saatlik bir otobüs seyahatinden sonra yaklaşık yarım saat de yürümem gerekiyordu. Güneşli bahar günlerinde çok sorun değildi, fakat özellikle kış aylarında, sabahın erken saatlerinde kar soğuğundan ellerimin ayaklarımın adeta kesildiğini hissederdim. Annem, sağ olsun her sabah dört civarında kalkar, kahvaltımı hazırlardı. Benzin araba için neyse, o zorlu seyahatte kahvaltı da benim için oydu. Köy yumurtam, peynirim, balım, yağım her sabah önümde hazırdı. Sıkı bir kahvaltının yanı sıra o upuzun yolu, canınızı acıtan soğuğa rağmen pes etmeden yürümenin tek yolu, beyninizi meşgul etmekti. Yüzüme vuran sabah ayazına inat Ege'nin bir sahil kasabasında doktorluk yaptığımı, güneşli bir günde, iş çıkışı uğradığım sahil kenarındaki mahalle kahvesini, orada yapacağım sohbetleri, kuracağım yakın ilişkileri, derdini dinleyip deva olacağım insanların yüzündeki mutluluk ifadelerini zihnimde canlandırırdım. Bir buçuk yıl boyunca sabahın beşinde bu hayallerle düştüm yollara. Bu motivasyonumun tıp fakültesini kazanmamı sağlayan en önemli etkenlerden biri olduğuna eminim. Tıp fakültesini bitirdikten sonra kazandığım uzmanlık sınavı sonrasında, psikiyatri asistanlığı sürecim başlamış oldu.

Beş yıldır Denizli'de asistanlık yapıyordum ve uzmanlık atamaları için kuraya gireceğim o gün gelip çatmıştı. Bu bir mecburi hizmet kurasıydı ve adı üzerinde mecburen bu kuraya girmek gerekiyordu. Girmeme gibi bir seçeneği kullanmak isterseniz uzmanlık diplomanız bakanlık bünyesinde, ulaşamayacağınız bir yerde misafir edilecekti. Kuraya girmeden önce açıklanan seçenekler üzerinden tercih yapmamız gerekiyordu. Tercih döneminde, internet üzerindeki gruplardan diğer doktor arkadaşlarla fikir alışverişi yapıyor, deneyimli arkadaşlardan çalıştıkları şehirlerle ilgili bilgi almaya çalışıyorduk. Her kafadan bir ses çıkar o gruplarda ve deneyimler genellikle sübjektif olur, ama yine de hiç bilmediğiniz bir yerle ilgili fikir almak ve çoğunluğun nereyi tercih edeceğini görmek için idealdir. Bu arada tercih belirtiyoruz dedim ama o yılki seçeneklerimiz şunlardı: Şırnak, Hakkari, Erzurum, Van... Elbette her yer vatan toprağı, her yerin kendine göre güzellikleri var, ama lise döneminde bile hayalini kurduğum Ege Bölgesi'nin bir sahil kasabasına atanmak hiç de fena olmazdı. Bu yüzden kuradaki şehirleri öğrendiğimde yaşadığım hayal kırıklığını tahmin edebilirsiniz.

Tercihlerdeki şehirlerde görev yapan tanıdıklarla konuşmaya başladım. Bir okul arkadaşım vasıtasıyla tanıştığım meslektaşım, Van'da görev yapıyordu ve bence bir Vanlıdan daha çok Van âşığıydı. Van'ın güzellikleriyle ilgili methiyeler, beni daha gitmeden fahri bir Vanlı yapmıştı bile. Van'ın kahvaltısı, gezilecek yerleri, sahilleri, halkının misafirperverliği, daha gitmeden hepsini öğrenmiştim ve bu durum Van'ı benim için neredeyse tek seçenek haline getirmişti.

Tercihleri verdikten sonra gergin bekleyiş başladı. Bir sonraki beş yüz elli gününüzü hangi iklimde, hangi bölgede, hangi şehirde geçireceğinizin haberini beklemek hiç de kolay değildi. Kura sonuçlarının açıklandığı günü dün gibi hatırlıyorum. Fethiye'deydim. Önce telefonumda bir hareketlilik başladı, herkes sonuçlar açıklandı diye birbirine mesaj atıyordu. "Ne olur Van olsun, ne olur Van olsun..." dilekleriyle kuranın açıklandığı sayfaya girdim ve Deniz Şimşek – Van Bölge Eğitim ve Araştırma Hastanesi eşleşmesini gördüm. Erzurum, Konya, Şırnak, Hakkari, Yüksekova yerine, aylardır araştırdığım, gitmek için heyecan duyduğum, en azından birkaç tanıdık yüz bildiğim Van'ın çıkması benim için büyük şanstı.

Üniversiteden arkadaşım Derviş de anestezi uzmanı olarak Van'a atanmıştı. Van'a ilk yolculuğumuzu beraber yaptık. Artık yol arkadaşı olmuştuk, daha sonraki yıllarda da tatillerde memlekete beraber gidip beraber dönecektik. Derviş'in neşesi, sohbeti bir başkaydı. Küçük şeylere takılıp kendini üzmezdi, cesareti ise hayranlık uyandırıcıydı.

Öğrenciyken hocalarımız, "Üniversite döneminde ve asistanlığınızda edindiğiniz arkadaşlıklar bir başkadır çocuklar," derdi de inanmazdık. Bunun ne kadar doğru olduğunu Van'a ilk gidişimizde Derviş'le beni evinde misafir eden Özgür sayesinde anladım. Özgür kadın doğum uzmanıydı, asistanlığımızı Denizli'de aynı hastanede yapmıştık. Evi, çalıştığı hastanenin tam karşısındaydı ve neredeyse tüm komşuları doktordu. Gurbette olmamızdan mı, bilmediğim bir şehirde hissettiğim kenara atılmışlık duygusundan mıdır bilmem ama orada yaşadığımız arkadaşlık bağları bir başkaydı. Van'dan ayrıldıktan sonra da görüşmeye devam ettik, ama o günlerdeki yakınlığı, sıcaklığı bir daha yakalayamadık.

Van'a giderken yaşadığım kaygılardan biri de görev alacağım hastanenin nasıl bir yer olduğuyla ilgiliydi. Yol boyunca kafamda milattan kalma cihazların olduğu, kırık dökük bir bina vardı. Kendimi olanaksızlığın ortasında insanlara yardım etmeye çalışan idealist genç bir doktor olarak görüyordum ama yine de korkuyordum. Arkadaşlarım çalışacağım binanın ne kadar eski olduğunu anlattığı için kendimi en kötüsüne hazırlamıştım.

İlk görev sabahı heyecanla uyandım. Ben artık bir uzmandım ve hastalarımdan sadece ama sadece ben sorumlu olacaktım. Hastaneye nasıl vardığımı hatırlamasam da binayı karşımda gördüğümde yaşadığım şoku hatırlıyorum. Bu yepyeni binanın benim kafamdaki harabeyle yakından uzaktan alakası yoktu. Yeni yapılmış beş yıldızlı bir otel gibiydi. Kantininden hasta odalarına, polikliniklerden ameliyathanelere her şey inanılmaz kaliteliydi. Şansıma, bölgenin en büyük eğitim ve araştırma hastanesinde çalışmaya başlamıştım.

Tesis Avrupa standartlarında olsa da çalışma koşullarının farklılığı ilk günden gözüme çarpmıştı. Hasta yoğunluğu inanılır gibi değildi. Denizli'de ortalama yirmi dakikada bir hasta görürken Van'da o süreyi üç beş dakikada bire düşürmeniz gerekiyordu. Sırf benim baktığım hasta sayısı, günde yetmiş seksen civarıydı. Yanlış duymadınız, hatta askeri doktor olmadığı için askeriyeden yönlendirilen muayenelerle birlikte sayının yüzü aştığı günler pek de az değildi. Altı psikiyatri hekimi vardı ve süreç hepimiz için benzer şekilde işliyordu. Van'ın bölge hastanesiydik ve polikliniklerimize bölgenin dört bir yanından hasta yağıyordu. Hastalarımın büyük çoğunluğu sırt, kas, eklem ağrılarıyla, çökkün ve kaygılı ruh hali şikâyetleriyle kliniğe başvuruyordu. Hasta başına düşen üç-beş dakika içinde tek yapabildiğimiz antidepresana başlamak, doz ayarlaması yapmak, yeni ilaç eklemek ya da ilaç değişikliğine karar vermekti.

İlk günler, hastaneden en geç çıkanlardan biriydim. Uzmanlıkta ilk günlerimin olması, arkamda vakayı danışacağım bir hocanın olmaması, yetersiz olma kaygısı beni yavaşlatıyordu. Zaman içinde kendime olan güvenim arttı ve vaktimi daha doğru kullanmayı öğrendim.

Adapte olduktan sonra hasta sayım daha da arttı, çünkü hastalarla kurduğum iletişim kulaktan kulağa yayılıyor ve memnun kalan her hasta ertesi gün akrabalarını da getiriyordu. Gerçi bu zinciri başlatan, Van'da göreve başladığım gün gelen ilk hastam olmuştu. Otuz beş yaşlarında, öfkesini ifade edemeyen, her şeyi içinde yaşayan, bu yüzden de psikosomatik (temelinde psikolojik etmenler yatan) ağrıları olan, evli ve iki çocuk annesi bir kadındı. Boyun, sırt ve eklem ağrılarına yıllardır çözüm bulamamıştı, çünkü sorunun kaynağı bel, boyun ya da eklemlerle sınırlı değildi. Hasta, duygusal durumunun farkında olmadığı için beden kendini bu şekilde ifade ediyordu. Kendisinin farkına varmadığı duyguları beden fark ediyor ve ağrı şeklinde dışa vuruyordu. Eşiyle gelmişti, çünkü eşinin ona eşlik edeceği tek yer hastane, tek ilgi göstereceği durum ise hastalıktı. Kadın fark edilme isteğini ve duygusal yakınlık ihtiyacını ancak böyle anlatabiliyordu. Yaşadığı bu coğrafya koşullarında duygusal ihtiyaçlarını fark etmeyi, kelimelere dökmeyi öğrenememişti, zira karşısındaki erkekte o kelimelerin bir karşılığı çoğu zaman yoktu.

Hastayı içeri alıp eşine beklemesini söyledim. Kadının Türkçesi yeterli değildi ama biz yine de bir şekilde anlaştık. Sanırım iletişim biraz da niyet işi. O anlatmaya niyetliydi, ben de anlamaya. İlaç ve psikoterapiyle hasta kısa zamanda iyileşmeye başladı. Ancak iyileşmeye başlamasının asıl nedeni onu anlamaya çalışan, varlığını fark eden birilerinin olmasıydı. Birinin onu dinlemesi, görmesi, söylediklerine cevap vermesi, iyi olması için uğraşması hastayı iyileştiren temel etmenlerdi. Van'daki hastalarımın neredeyse yüzde sekseni kadındı ve çoğunluğu benzer şikâyetlerden mustaripti. Diğer arkadaşlarımda da bu istatistik farklı bir veri ortaya koymuyordu.

"Sesi, serzenişi, çığlığı duyulmayan, dili çoktan umudunu yitirmiş kadınların bedeni bir şekilde dile geliyordu."

Bir kişi iyileşmek istiyorsa bağ kurmak zorundadır. Hayatımız boyunca, erken yaşlarda annemizle veya bize bakan kişiyle deneyimleyemediğimiz duyguları oluşturmaya, o bağı kurmaya çalışıyoruz. Hastalarımızla olan ilişkilerimizde de o bağı kurmak çok önemlidir. Van'da çalışırken başarılı hissettiğim alanlardan biri de bu bağı kurabilmekti. Hastaya ayrılan üç beş dakikada bunu yapmak imkânsıza yakındı ve ben bunu başarmıştım. Başlarda, dil bariyerini Vanlı sekreterim sayesinde kırıyordum. Daha sonra, doktorlar için verilen medikal Kürtçe derslerinde öğrendiğim on beş-yirmi kelime karşımdakini anlama niyetimle birleştiğinde, hastalarla daha sağlıklı iletişim kurmaya başladım.

Onların iyileşmesini istediğimi ve süreç boyunca onları terk etmeden yanlarında duracağımı anladıklarında, iyileşme süreci de başlıyordu.

Van'a geleli yaklaşık iki ay olmuştu ve ben hâlâ Özgür'ün evinde kalıyordum. Misafirliğin dozunu kaçırmadan kendi evime yerleşme zamanım gelmişti. Hiç bilmediğim, tanımadığım bir şehirdeydim ve bir yanım bana tanıdık olan, geçmişle bağ kurduğum bu evden bir türlü uzaklaşmak istemiyor, hatta bunun düşüncesi bile sırt kaslarımda ağrılara yol açıyordu. Kendimi ilkokula başladığında annesinin güvenli alanından uzaklaşmak istemeyen, okulun "tanımadık, güvensiz" ortamına girme düşüncesi bile karnında ağrılar yaratan, korunaksız bir çocuk gibi hissediyordum. Gerçeği söylemek gerekirse, birinin çok başarılı bir doktor, mühendis veya ünlü bir işadamı olması onun yalnızlıktan, mutsuzluktan veya yetersiz olmaktan korkmadığı anlamına gelmez. Belki de zaten az sayıda olan kiralık evlere bulduğum kusurların gerisinde bu bilinçdışı süreç yatıyordu. Biri çok katlıydı acaba depreme dayanıklı mıydı, diğeri küçüktü, bir diğeri şehirde zaman zaman çıkan karışıklıkların yaşandığı konuma çok yakındı ve riskli miydi acaba? Muhtemelen bunları kimse bilemezdi, ama aşırı kontrolcü yanım, kaygılı halimi ciddi anlamda besliyordu.

Tanımadığım bir şehir, yeni insanlar, güvende hissetmediğim bir hastane, yollar... Yeniden dünyaya gelmek gibiydi. Yer sarsılabilirdi, ortalık karışabilirdi, kestiremediğim bir durumdan dolayı zarar görebilirdim. Zihnim sürekli senaryolar yazıyor, bana oyunlar oynuyordu. Van'da kiralık ev olarak değerlendireceğimiz dördüncü eve bakacaktım. Şehrin merkezinde, işlek caddelerden birinin kenarında, büyük oranda öğretmenlerin ve öğrencilerin ikamet ettiği, yedi katlı bir binaydı. Bu bilgileri oraya gitmeden önce öğrenmiştim ve daha görmeden ev bana sıcak ve güvenli gelmişti, hemen tutabilirdim. Elbette giriş kısmını genişletmek için kolonlarının kesilmiş olabileceğini ve kırk beş gün sonra gerçekleşecek olan büyük Van depreminde yıkılacak ilk binalardan biri olacağını o an bilemezdim.

Randevulaştığımız apartman görevlisinin bizi bir saat bekletmesi ve o an yaşadığım güvensizlik hissime her zamanki kaygılı halim de eklenince evi kiralamaktan vazgeçtim. İyi ki de vazgeçmişim, zira ileriki aylarda meydana gelecek depremde çoğunluğu öğretmen ve öğrenci yaklaşık otuz kişinin hayatını kaybettiği bu binanın dördüncü katında eşim, çocuğum ve ben de yaşıyor olabilirdik.

Nihayet "ayakları yere sağlam" basan bir ev bulmuş ve ailemle yerleşmiştim. Van'da deprem olacağına dair bir söylenti yoktu, ama ben yine de evin; konumundan güvenliğine, komşularından zemin etüdüne, hatta kullanılan beton kalitesine kadar her şeyi araştırmıştım. Benim kontrolcü, tedbirci yanımın getirdiği ayrıntıcı özelliklerim, belki de arkadaşımın yanında duyduğum güven hissi ve bu ortamdan ayrılmaya gösterdiğim direnç ya da ait hissetmediğim ve zaman zaman yoğun korkular yaşadığım bu şehirde yanıma taşınacak olan eşim ve çocuğumun sorumluluğunu alma korkum, yerleşme sürecimi oldukça geciktirmişti. Muhtemelen bu, daha derinlerde büyük sarsıntılara maruz kalmış köklerimden, atalarımdan, genlerimden gelip bugüne dek kuşaklar boyu aktarılmış bir korkunun izleriydi.

"Çünkü bilincimizin dışında yaşanan; bedene miras kalan, duygularla kaydedilmiş öyküler gibi neredeyse hiç farkında olmadığımız süreçler, tüm karar alma mekanizmalarında başrolü oynarlar."

Bugün o günü yazdığım, anlattığım için bu tespitleri daha kolay yapabiliyorum, depreme dayanıklı ev arayan ben ve, "O da nereden çıktı," şeklinde bakış atan, şaşkınlığını gizlemeyen arkadaşlarıma o dönem için yaptığım, mantıklı olduğuna inandığım tek açıklama şuydu: "Van deprem bölgesi, tedbirli olmak gerekiyor."

Hastalıklarımın Artmaya Başlaması ve Çareyi Doktor(lar)da Arayışım

Van'a yerleştikten sonra yalnızlıktan öte canımı sıkan başka bir şey de yıllardır bana eşlik eden, dönem dönem ciddi anlamda artış gösteren ve yaşamımı kısıtlayan kronik hastalıklarımın artış göstermesiydi. Üniversite dönemi başlayan bu rahatsızlıklar yaşam kalitemi epey düşürüyordu. Özellikle sınav dönemleri ortaya çıkan, "benden beklenen," dahası "kendimden beklediğim" performansı ortaya koyamayacağım endişesi, bağırsak hareketliliğimi ve alerjik yakınmalarımı zirveye taşıyordu. Yanlış anlamayın, en iyisi olma zorunluluğu bende üniversite öncesinde de vardı. Sonuçta ben, sınavdan dokuz aldığımda, "Neden on değil?" diyen bir babanın oğluydum, fakat o dönem hem zaten başarılı olduğum hem de fazla rakibim olmadığı için çok zorlanmamıştım.

Üniversite üçüncü sınıfta yoğunluğu ve şiddeti artan şişkinlik, midemde yanma, karnımın sağ alt kısmında ağrı ve ishal şikâyetlerimin gerisinde neler olabileceğiyle ilgili aklımdan birçok kötü senaryo geçmişti. Bahsettiğim tüm bu şikâyetler tahmin edersiniz ki kişinin sosyal ve çalışma hayatını oldukça etkileyebilecek şeylerdi. Sevgilinizle tiyatro salonunda çok güzel bir oyun izlerken herkesin ayaklarına basa basa tuvalete gitmeye çalışmak inanın hiç hoş değil. Okulda dersin ortasında midemde oluşan ağrı nedeniyle kıvranışlarımdan ve gaz sancılarımdan ise hiç bahsetmiyorum.

Acaba son beş altı aydır artış gösteren bu ağrı ve bağırsak sorunlarımın gerisinde ciddi bir rahatsızlığım olabilir miydi? En olumsuzu ve en endişe duyduğum durum ise kanser şüphesiydi. Araştırmalarım sonucu bulduğum ülseratif kolit, crohn gibi hastalıkların habercisi miydi bu yaşadıklarım? Zihnimin ortaya koyduğu ve yüzleşmekten korktuğum bu olasılıklar nedeniyle doktora gitme kararını verdikten ancak birkaç ay sonra eyleme geçebilmiştim. Evet, bir doktor olarak olası teşhisten korkmuş ve bunu mümkün olduğunca geçiştirmek istemiştim. Söylemiş miydim bilmiyorum ama biz doktorlar da insanız ve başımıza kötü şeylerin gelmesinden bizler de korkarız.

Cesaretimi toplayıp hocalarımdan öğrencilere en yakın, en sempatik ve en babacan olanını seçtim. Kötü bir şey olsa bile güzel bir şekilde söyler ve çözüm arar, beni bu yolda yalnız bırakmazdı. Hocam dahiliye doçentiydi, bilgili, işini önemseyen, okuyan, araştıran değerli bir hekimdi. Tüm şikâyetlerimi ayrıntılı bir şekilde anlattım, şikâyetlerimin üniversiteyi kazanıp yurtta kaldığım dönemde, ev ortamımın, beslenme ve uyku düzenimin değiştiği bir süreçte başladığından bahsettim. Eşzamanlı yoğun burun, geniz akıntısı, üst üste hapşırmalar, geceleri beni uykudan uyandıracak düzeyde burun tıkanıklığı ve alerjiyle ilişkili şikâyetlerimi anlattım. Sabahları halsiz ve yorgun kalktığımdan, kafamın içindeki durduramadığım kötü durum senaryolarından, kısacası kaygı düzeyimin eskisine oranla belirgin artışından söz ettim.

Beni dinledi, muayene etti, kan tetkikleri istedi. Değerlendirmeleri sonucunda hastalığımın ciddi bir şey olmadığını, huzursuz bağırsak sendromu, başka bir deyişle irritabl bağırsak sendromu olabileceğini, altında psikolojik nedenlerin rol oynayabileceğini söyledi. Diğer şikâyetlerim için kulak burun boğaz doktoru ve psikiyatriden destek alabileceğim önerisini de eklemeyi unutmadı. Hastalık ismi kulağıma, zihnime yabancıydı, bu yüzden hastalık nasıl ortaya çıkmıştı, ne olmuştu, gerisinde hangi faktörler vardı, neye dikkat etmeliydim gibi sorulara tatmin edici bir yanıt alamadım, sonrasında yaptığım araştırmalarda da kayda değer bir bilgi bulamadım. Psikolojiyle ilişkisi ise hiç aklıma yatmamıştı, hangi psikolojik durum bedeni fiziksel olarak bu kadar yoğun etkileyebilirdi ki! Birkaç ilaç kullanacaktım, şikâyetlerim devam ederse kameralı bir cihaz yardımıyla mide ve bağırsaklarıma bakılacaktı, yani endoskopi yapılacaktı.

Tümör, kanser ve diğer ağır hastalıklarımın olma riskinin düşük olması beni biraz olsun rahatlatmıştı elbette, ama yanımda taşıdığım ve kullanımı konusunda titiz davrandığım bu ilaçlar, şikâyetlerime neredeyse hiçbir fayda sağlamamıştı. Yaklaşık yirmi yıl önce mide asidimi azaltacak, bağırsak hareketlerimi düzenleyecek ve stresimi yönetmeme yardımcı olacak, her bir amaç için birer tane reçetelenen toplamda üç ilaç, bugün hâlâ bu hastalığın tedavisine yardımcı olarak kullanılan tedavi protokollerinin en tepesinde bulunuyor. Ben elbette hocamın önerilerine uydum ve kulak burun boğaz hocamıza gittim. Son derece ilgili davrandı ve muayene etti, hatta kamerayla ses tellerimin olduğu bölgeye bile baktı.

Durumumun alerjik olduğu kanaatine varmıştı ve nur topu gibi bir antihistaminik ilaç, ara ara kullanabileceğim, burun tıkanıklığımın açılmasına yardımcı sprey ve bir de steroid içeren bir burun fısfısım olmuştu. Bu ilaçlar etkili olmuştu ve fayda görmüştüm ama sadece kullandığım zamanlarda işlevsellerdi. İlaçları unuttuğumda, ertelemeyi denediğimde çok kısa bir sürede rahatsızlıklarım tekrar alevleniyorlardı. İlaçlarımı almayı unuttuğumda, en temel ihtiyaç olan nefes almada bile zorlanıyordum. Bakın nefes almaktan bahsediyorum. Nezle olup burnunuz tıkandığınızda ne kadar rahatsız olduğunuzu, yediğiniz hiçbir şeyden zevk almadığınızı hatırlayın. Şimdi de bunu sürekli yaşadığınızı düşünün. Nefes almak, ama özellikle doğru nefes almak yaşam kalitenizi doğrudan etkiler. Merak etmeyin, ilaçlarımı almayı unuttuğumda veya ertelediğimde yaşadığım bağırsak problemlerini anlatıp tadınızı kaçırmayacağım. Kısacası, bu ilaçlar olmadan yaşam kalitem belirgin şekilde düşüyordu. İlaçlarımı yanımdan ayıramadığımdan onları sürekli taşımak için bir çanta bile edinmiştim. Düşünsenize "koskoca" doktorsunuz ve bir çanta dolusu ilaçla geziyorsunuz.

Neşeli, hareketli, mizahi yönü kuvvetli kişilik özelliklerimle maskelediğim, dışarıdan fark edilemeyen yoğun kaygı ataklarım, bağırsak problemlerim ve alerjilerim hayatımı ciddi anlamda olumsuz etkiliyordu. Bir noktada, hekimlerle birlikte "bu hastalıkların kesin çözümünün olmadığı, bu hastalıklarla yaşamayı öğrenmem gerektiği" görüşünde birleştik. İyi niyetleriyle binbir emek, gece gündüz çalışma sonrası modern tıbbi yöntemleri büyük ustalıkla ortaya koyan hocalarım, tedavim konusunda aslında ne kadar da çaresizdiler. Artık ilaçlarımı stoklama konusunda tereddüt yaşamıyordum. Sindirim sistemim ve alerjik yakınmalarım için kullandığım ilaçlar yakın dostlarım olmuştu.

Bağlantıları Nasıl Gördüm?

Peki, bu şikâyetlerin birbiriyle ilişkisi hiç yok muydu? Beden, kendi içerisinde ayrı bölümler halinde birbirinden bağımsız, tıpkı branşlara ayrılmış biz doktorlar gibi mi çalışıyordu? Beslenmede dikkat edeceğim herhangi bir ayrıntı, uzak durmam gereken bir gıda listesi, uyguladığımda bir nebze de olsa faydası olacak bir beslenme programı olamaz mıydı? Tıp fakültesi öğrencilik sürecimde "ucuz ve güvenilir" ürünler sunan zincir marketlerden birinin, besin kaynaklarımızın tamamına yakınını temin ettiğimiz yer oluşunun da hiçbir katkısı yok muydu? Şimdi diyebilirsiniz ki üniversite döneminde bir sen mi kötü beslendin? Elbette öğrenci evlerinde makarna ve ekmeğe dayalı beslenme bir klasiktir, ama ben o beslenmenin de bir tık ötesine geçmiştim. Öncelikle, olmazsa olmazım ucuz, kalitesiz malzemelerle, mısır şurubuyla yapılan çikolatalardı. Güne ayçiçek yağında kızartılmış patatesle başlayıp, günü abur cuburla geçiştirirdim. Akşam yemeğimin vazgeçilmezi ise dürüm veya tosttu.

Vücudum bu döngüye iki yıl dayanabilmişti. İkinci yılın sonunda mide şişkinliği, karın ağrısı, düzensiz bağırsak hareketleri gibi şikâyetlerim tavan yapmıştı. Şimdi düşündüğümde garipsediğim bir durum da o dönem gittiğim doktorlardan hiçbirinin, beslenmemle ilgili herhangi bir şey sormamasıdır. Karşınızda mide ve bağırsak şikâyetleriyle oturan bir hasta var ve siz beslenme şekliyle ilgilenmiyorsunuz bile. Şaşırtıcı değil mi? Ya da mesela beni rahatlatacak bir vitamin, mineral, bitkisel bir karışım veya bedenimle uyumlu çalışabilecek biyokimyasal bir destek yok muydu? Bu sorular yıllarca kafamın içinde döndü durdu ve her defasında işinde "üst düzey" noktalara ulaşmış bunca doktorun bunu bilmemesinin ve biliyorlarsa bile bu bilgileri benden saklamalarının mümkün olmadığı sonucuna vardım. Elbette sırf beslenme değil, psikolojimi etkileyen durumların da bedenimi ciddi oranda harekete geçirdiğini, her ne kadar mekanizmasını bilmesem de defalarca yaşadığım için anlamıştım.

Van'a atanma ve bilmediğim sulara yelken açma sürecimle birlikte şikâyetlerimin artış göstermesi bu bağı bir kez daha gözler önüne sermişti. Üniversiteye başladığımda güvenli, sorumluluklarımın az olduğu, korunaklı ev ortamımdan annem ve ablamın gözyaşlarıyla uğurlanarak ayrılışım, kilometrelerce uzakta hiç bilmediğim bir şehirdeki öğrenci yurdunda yaşamaya başlamam, zeminde var olan suskun hastalıklarımı görünür hale getirmişti. Uzunca bir süredir orta şiddette, yönetilebilir halde devam eden hastalıklar, Van'da "yeni bir belirsizlik ortamında" tekrar kendini hissettirmeye başlamıştı. Kas ağrıları, tekrarlayan üst solunum yolu enfeksiyonları, sabahları artmış yorgunluk ve hafif eklem ağrıları da yeni misafirlerim olmuştu.

Van'a bir psikiyatri uzmanı olarak atanmıştım, artık psikoloji konusunda en yetkin insanlardan biriydim, tanılar koyup bu tanılar doğrultusunda ilaçlar yazacak, insanların dertlerine derman olacaktım. Kendi sıkıntılarımın kaynağına inmeden belirtileri bastırmayı seçmiştim, ama hastalarımın gözlerinin içine bakacaktım, en mahrem yerlerine, ruhlarına dokunacaktım. Geçmişten bu yana fark edilmemiş, duyulamamış, anlaşılmamış, belki yok sayılmışlardı ve ben onları anlamaya adaydım, onların gün geçtikçe artan iyilik hallerini gördükçe, ağrıları dindikçe belki ben de iyileşecektim.

Zaman ilerledikçe hastaların, tedavilerin çoğuna kısa süreli yanıtlar verip bir süre sonra tekrar aynı sıkıntılarla baş başa kaldıklarını fark ettim. İşin ilginç tarafı, psikiyatrik şikâyetlerin yanı sıra birçoğu yıllardır tiroit, fibromiyalji, bağırsak sıkıntıları, kronik yorgunluk, insülin direnci gibi kronik sorunlardan mustaripti. Dilin duygusal ihtiyaçları ifade edemediği bir ortamda bedenler konuşmaya başlıyordu ve verdiğimiz antidepresanlar bedenin çığlığını dindiremiyordu. Bir şeyler yanlış gidiyordu. Daha önce şüphe duyduğum kısa süreli görüşmeler sonrasında dakikalar içinde konulan tanılar, çözüm olarak sunulan birkaç sentetik hapla tedavi anlayışı, kendi hastalıklarımda çaresiz kalışım ve şimdi aynı durumu hastalarımda gözlemliyor oluşum zihnimi yoğun olarak meşgul ediyordu. Beş yıllık psikiyatri asistanlık eğitimim boyunca ilaç seçiminin önemi ve psikoterapi süreci üzerinde çokça durulmuştu ve elbette bu yaklaşımlar çok önemliydi. Diğer taraftan, psikiyatri bölümü tüm bunlardan ayrı, bağımsız bir branş gibi sunulmuştu, ama hastalarımın neredeyse tamamının bedensel hastalıklarına ve öykülerine dikkatli bakıldığında, bu hastalıkların birbirleriyle nasıl ilişkili olduğu görülüyordu.

"Uyanış" dediğim ilk sorgulama sürecine kendi yolculuğumla başlamıştım. Yavaş yavaş beden içerisindeki muazzam işleyişe ve aktif haberleşme sisteminin varlığına yoğun merak duyar olmuştum. Beş yaşlarında, aldığım onca uyarıya rağmen bana alınan her mekanik oyuncağı kırıp içindeki sürücüyü, pilotu incelemem veya motorunun çalışma prensibine duyduğum merak gibi bir şeydi bu.

İnsan bedeninin de bir çalışma prensibi vardı ve mevcut yaklaşım bu sistemle uyumlu değildi. Elbette bildiğim, öğrendiğim, uyguladığım tedavi sistemi, ben ve tüm doktor arkadaşlarım için güvenli alandı. Bilinmezlerle dolu başka bir yol için gerekli cesaret, bilgi ve donanım olmadığı için tek çıkar yol olan ilaç reçete etmeye ve kendi şikâyetlerimle ilgili ilaçlarımı kullanmaya devam ettim. Hastaya ayırabildiğimiz üç-beş dakika içinde muhtemelen bundan öte bir şey yapılamazdı. Kendi adıma da yüz hastayla geçen bir günün sonunda, şikâyetlerimi bastırmak için ilaçlarımı almak dışında yapabileceğim pek bir şey yoktu.

Deprem ve Çaresizlik

Bazen öyle anlar vardır ki yaşamınızda büyük dönüşümlere yol açabilir. O anı ne belirleyebilir, ne de kontrol edebilirsiniz. Evren hesabını yapmıştır. O gün, o anda yaşanacaklar gerçekleşecek ve hayatınız bir daha asla eskisi gibi olmayacaktır. Bir pazar günü oğlum, annesi ve ben Van'da arkadaşlarımızla yaptığımız kahvaltı sonrasında eve dönüş yoluna çıkmıştık. Evin önüne geldiğimizde bir anda fikir değiştirdik. Eve girmek yerine şehir merkezine gidip alışveriş yapmaya karar verdik. Bir otelin önünden geçerken oğlum bebek arabasındaydı, ben ve annesi yaya olarak hareket ediyorduk. Şehir merkezinde sıklıkla çıkan kargaşalar ve beklenmedik çatışmalar yüzünden hafif tedirgin ve gergin bir ruh halinin eşlik ettiği bu gezide, nereden geldiğini anlayamadığım o büyük uğultuya kadar her şey gayet normaldi.

Uğultuyla beraber yer sarsıntısını hissettim. Sarsıntı giderek şiddetleniyordu, sokakta herkes panik halinde, amaçsızca bir yerlere kaçışıyordu. Ne olduğunu tam olarak anlayamamıştım. Evimize yerleştikten birkaç gün sonra, önümüzdeki caddede bir ekip otosuna saldırı düzenlendiğine şahit olmuştuk. Acaba bu da öyle bir şey miydi? Bombalı bir saldırı olsa bu kadar sarsıntı yaratır mıydı ve eğer bu bir saldırıysa, hangi taraftan yapılmıştı? Oğlumu bebek arabasından kucağıma aldığımda tüm bu sorularla donakalmıştım. Ne tarafa gitmeliydim, hangi yön bizim için güvenli olacaktı? Yaşadığımızın bir deprem olduğunu fark ettiğimde, sarsıntı tüm şiddetiyle devam ediyordu. Üzerimize bir şeylerin düşme olasılığının en az olduğu güvenli bir alana doğru herkesle birlikte hareket ettik.

Aklıma hemen annem geldi. "Meraktan yüreğine inecek kadının," diye düşündüm ve daha sarsıntı bitmeden annemi aradım. İyi olduğumuzu ama muhtemelen hatların birazdan kesileceğini ve bize ulaşamazsa panik yapmaması gerektiğini söyledim. Kalbimin bu hızda çarptığı, zihnimin bu kadar çok olasılık hesabı yaptığı, çaresizlik ve korku hissini bu kadar derinden hissettiğim başka bir günü daha hatırlamıyorum. Kiralamaktan son anda vazgeçtiğim, ilk sarsıntıda çöken evin içinde veya yerleştiğim orta hasarlı, sıkıştığı için kapısını ancak balyozla açabildiğimiz evimde de olabilirdim.

Sarsıntı bittiğinde etrafımızı ciddi bir toz bulutu kaplamıştı. Herkes yakınlarına ulaşma, durumlarıyla ilgili haber alma ve kendileriyle ilgili bilgi verme telaşındaydı. Yaklaşık iki saat güvenli olduğunu düşündüğümüz bu alanda hareketsiz kaldık. Evimiz ne durumdaydı, kilitlenen telefonlar nedeniyle haber alamadığımız arkadaşlarımız iyi miydi, hayatta mıydı? Bu şehre adım attığımdan bu yana hissettiğim güvensizlik duygusu, içimi kemiren kaygı ataklarım, depreme dayanıklı ev arayışım adeta kendini doğrulayan bir kehanete dönüşmüştü. Her şeyi kontrol edebileceğime dair inancım, bu şehir ve sarsıntıyla birlikte kısa zamanda yerle bir olmuştu.

Ertesi gün eşim ve oğlumu ilk uçakla Van'dan gönderdim. Enkaz altında kalan bu şehir kendimi iyice yalnız hissetmeme yol açmıştı. Şehir boşalmaya ve şehrin çıkışına doğru uzun kuyruklar oluşmaya başlamıştı. Depremden sonraki birkaç gün arkadaşımda, daha sonra ise görev aldığım hastanede kalmaya başladım. Bina yeni olduğu için birkaç çatlak dışında önemli bir hasar yoktu.

Herkesin hızla uzaklaştığı, yalnızlığa terk ettiği, sokakları, caddeleri artık ıssız olan bir şehirdeydim. Bağ kurduğum yuvamdan, eşyalarımdan, yastığımdan, kitaplığımdan ayrıydım. Sanki görünmez bir güç beni tutunduğum, anlam yüklediğim her şeyden çekip ayırıvermişti. Hissettiğim şey yalnızlık değil, terk edilmişlik duygusuydu. Tıpkı anasız babasız, yurtsuz kalmış bir çocuk gibi kaybolmaktan, yok olup gitmekten, sahipsiz bir şekilde gömülmekten korkuyordum. En çok da kendi çocuğumu babasız bırakmaktan... Küçücük bir çocuğun anne veya babasının ölme ihtimali üzerine yaşadığı çaresizlik çok acıdır. Hiç unutmam, annem bir operasyon geçirecekti. Aslında çok hayati tehlikesi olan bir operasyon değildi, ama bunu beş yaşındaki Deniz'in bilmesine imkân yoktu. Beş yaşındaki Deniz, tehlikeyi babasının tepkilerinden, duygularından anlamaya çalışıyordu. Annem ameliyathanedeyken babam yaşadığı yoğun kaybetme korkusunu bana öyle bir yansıtmıştı ki annemin içeriden sağ çıkamayacağına neredeyse emindim. Zihnimde o an yankılanan hislerin merkezinde korku ve çaresizlik vardı: Annesiz kalmış küçük bir çocuk ve duygusal olarak orada olamayan bir baba. Bu hisleri kendi çocuğuma yaşatmamalıydım, ama bunu nasıl yapacaktım? Onu bu tehlikeli yerde tutamazdım. Görevimi bırakıp Van'dan da ayrılamazdım, zira tamamlamam gereken beş yüz elli gün hizmetin dört yüz ellisi henüz bitmemişti. Oğlumu uçağa bindirirken aklımda tek bir soru vardı: Ben iyi bir baba mıyım?

Kendi güvenliğim ve ailemin geleceğiyle ilgili yaşadığım kaygılar, güvende hissetmediğim bir ortamda defalarca uyanarak sürdürmeye çalıştığım uykularım ve kafamda kurduğum kötü durum senaryoları beni tüketmeye başlamıştı. O dönem bu kaygılarımı oldukça derinlere itmiştim; hiçbir şey olmamış gibi davranan, güçlü, yardım talep etmeyen, korkusuz görünümümden taviz vermeyen bir hale bürünmüştüm. Hareketli, yerinde duramayan, enerjik görünen maskeli ruh halim aktif hale gelmişti. Bu ruh halim depremden yaklaşık elli saat sonra enkaz altından çıkarılan, ruhsal muayene için getirilen ve hislerini sorduğumda, "Yakında sınavım var, ben nasıl ders çalışacağım?" yanıtını aldığım şoktaki liseli gencin ruh haliyle çok örtüşüyordu. Duygusal yakınlık ihtiyaçlarımı fark etme ve bunları karşılama becerisi konusunda iyi bir mirasa sahip olmayışımın getirdiği kendine yabancılık hali mi yoksa acı veren duyguları görmezden gelerek ruhsal sancıyı dindirme amaçlı bir baş etme hali miydi bu, bilmiyorum. Ama şunu iyi biliyorum ki bedensel olarak hiç iyi değildim.

“*Ruhuma yabancılaştıkça, duygularımı halı altına süpürdükçe bağırsaklarım sesini yükseltmeye başlamıştı.*”

Bugüne kadar bastırdığım tüm duygular dalgalar halinde büyüyerek üstüme üstüme geliyordu. Kendimi sanki hiç sevilmemiş, değer verilmemiş gibi hissediyordum ve bu duyguların nereden geldiğini anlamaya çalışıyordum. Evet başarısız, değersiz, güçsüz olmaktan, sevilmemekten çok korkuyordum. Ablam doğduğunda erkek çocuk bekleyen babamın yaşadığı hüznü, hayal kırıklığını ve annemden uzaklaşarak ortaya koyduğu sitemi öğrendiğimde, onu bir kez daha hayal kırıklığına uğratmamak üzere programlanmıştım sanki. Bir başarı elde ettiğimde sevincini, duygularını belli etmeyen, ama bakışlarından ve beden dilinden haz duyduğunu bildiğim babamın o hali, "sevilmeye değer olduğumu" hissettiriyordu. Sevgiyi elde etmek için çırpınan, kıvranan, koşulları yerine getirmeye çalışan çocuk parçam dile gelmişti sanki. "Gör beni, ilgilen, ihtiyaçlarımı fark et," diyordu. Biraz durursam, korkarsam, işe yaramazsam, başaramazsam, çaresiz hissedersem beni sevmezler miydi acaba? Tüm çocukluk kodlarım, şemalarım açığa çıkmıştı. Rahatlıkla ifade edebilirim ki, çocuklarımızla ilgili kurguladığımız kaygılı birçok senaryonun gerisinde kendi çocukluk öykümüze dair fark edilmemiş, karşılanmamış duygusal ihtiyaçların varlığı yatar. Bu yaşadıklarım, sorunu dışarıda değil, içeride aramaya başladığım dönemin emekleme süreciydi.

Yıkılmamıştım ama Çatlaklarım Vardı...

Deprem büyük bir travmaydı ve içimdeki korunaksız, terk edilmiş çocuğun derinlerden yüzeye çıkmasına aracı olarak ya fark etmemi sağlayacak ya da beni yeni ruhsal travmalara açık hale getirecekti. Bedenimde asırlar boyunca aktarılmış, kodlanmış, saklı kalmış, belki enkarne olmuş kim bilir hangi sahneler tetikte bekliyordu. Evet, benim için dönüşüm çoktan başlamıştı ve bunu ben planlamamıştım. Sarsıntıyla birlikte yıkılmayan ama sıvaları dökülmüş, gösterişli aydınlatmalarının derin çatlaklarını ele verdiği, terk edilmiş ama dik durmaya çalışan bir bina gibiydim. Ruhumda yer yerinden oynamıştı bir kere. Temelime, köklerime, nereden geldiğime, kim olduğuma ve neden burada olduğuma bakma vaktim artık gelmişti.

Yeni bir dönem başlamıştı yaşamımda, dış dünyada sergilediğim ben ile iç dünyamdaki ben arasındaki uçurumun farkına vardığım ve bedensel sancılarımın giderek yoğunlaştığı bir evreye girdiğimi hissediyordum. İç dünyamız ile dışarısı arasındaki fark, kendimize olan yabancılığın düzeyiyle ilgili önemli veriler sunabilir. İç dünyanızda fırtınalar koparken, kaygı denizinde boğulmak üzereyken dış dünyanız neşeli, rahat ve tek başına her türlü problemin üstesinden gelebilecek bir izlenim bırakıyorsa ortada büyük bir sorun var demektir. Bu farkın kapanması için duygusal ihtiyaçlarımızı fark etmemiz gerekiyor. Çünkü fark edemediğimiz her duygusal ihtiyacın benzer ihtiyaçlara sahip kişiler tarafından bilinçdışı olarak karşılanması ve bağımlı ilişkilere yatkınlığın artması muhtemeldir.

Kronik ilişki ve iletişim sorunlarının temelinde bu mekanizmalar yatar. İçinizdeki terk edilmiş, sevgiye, ilgiye, yakınlığa muhtaç yanlarınızı fark edemediğinizde, karşınızdakinin yaşı kaç olursa olsun, içindeki çocukluk dönemine ait karşılanmamış benzer duygusal ihtiyaçları tıpkı bir radar gibi tespit eder ve oraya doğru çekilirsiniz. Bu müthiş bir sensör mekanizması gibidir, eşleştiği an kuvvetli bir bağ kurulur ve kendinle yakınlaşma hissinin heyecanıyla karşı konulamaz bir çekim etkisi gerçekleşir. Çocukluk dönemine ait benzer duygusal ihtiyaçları olanların, farkında olmadan birbirleriyle eşleşme olasılıkları yüksektir. Burada asıl kodlar; yüzün taşıdığı duygusal ifadelerde, bakışlarda, konuşurken başın boyunla yaptığı açıda, duygusal tepkilerde, yüzün simetrisinde ve davranışlarda gizlidir. O yüzden konuştuklarınız değil; hüzünlendiğiniz, küstüğünüz, öfkelendiğiniz, çocuklaştığınız, boynunuzu büktüğünüz, dudağınızı ısırdığınız, tırnaklarınızı kemirdiğiniz veya coşku duyduğunuz anlar sizinle ilgili çok daha fazla bilgi sunabilir. Birini tanımanın en iyi yolu onu dinlemek değil izlemektir.

Bir arkadaşım, çok kısa bir sürede âşık olduğunu hissettiği kız arkadaşını anlatırken bu hissin gerisinde mantıklı tek bir neden gösterememiş, ardından sohbetimiz derinleştiğinde ise yaşamı boyunca mağdur kimliği taşımış annesinin hüznünü taşıyan bir kadına karşı duygusal yoğunluk yaşamış olabileceğini fark etmişti. Bu farkındalığın büyük önemi vardır, yaşadığımız olayların zaman zaman gözlemcisi olabilme yetimiz, yaralayıcı, acı veren kısır döngülerin gerisindeki duygusal ihtiyaçlarımızı fark edip onları kendi başımıza karşılamamız için bize imkân sağlar ve bu kısır döngülerin tek ilacı budur.

Van'daki günlerim tekrar bir rutine oturmaya başlamıştı. Sabah dokuz akşam beş çalışıyordum, Türk Psikiyatri Derneği'nin depremden sonra bize sağladığı konteynerde hayatımın en huzurlu uykularından birini uyumuş olabilirim. Şehirde yavaş yavaş hareketlenme başlıyordu, hastaneye, doktor arkadaşlarıma, gelen hastalara ve en önemlisi kendime artık daha farklı bir pencereden bakmaya başlamıştım. Birkaç ay konteynerde kaldıktan sonra sağlam oluğunu düşündüğümüz geniş bir evde, üç doktor arkadaş birlikte kalmaya başladık. Travmatik bir şehirde, şehrin yabancıları olarak samimi bir ortam kurmamız hiç de zor olmamıştı.

Eve taşınacağımız gün eskiden yaşadığım karın ağrılardan farklı bir karın ağrısı geldi ziyaretime. Taşınma süresince bekleyip sabrettim, hatta ben de gün boyunca epey çalıştım. Ağrı geçmemişti. Ev arkadaşlarımdan biri dahiliye hekimi olduğu için beni muayene etmesini rica ettim. Arkadaşım, karnımdaki hassasiyetin durumunu göz önünde bulundurarak apandisit olabileceğimi, hastaneye gitmemiz gerektiğini söyledi. Bense ağrının baş edilebilir olduğu ve kendi kliniğimin daha iyi olduğu düşüncesiyle sabahı bekledim. Hastaneye gittiğimde ultrason sonrası beni apar topar ameliyathaneye aldılar. Apandisitim perfore olmuştu, yani doku hasar görerek delinmiş ve içerisindeki enfeksiyon çevre dokular tarafından sınırlandırılmıştı. Operasyon açık yapılmıştı, ciddi bir tehlike yaşamadan bu durumu atlatmıştım. Şimdi düşündüğümde bana ilginç gelen şey ise bu operasyondan hiçbir yakınımın, ailemin hatta neredeyse benim bile haberimin olmayışıydı. Yine iç dünyamdaki kaygılarımı bastırıp dış dünyaya her şey yolunda mesajı veriyordum. Operasyona girerken yaptığım şakalar herkesi kahkahaya boğmuştu, birçok kişi yanımdaydı, yakınımdaydı ama ben yalnızdım. Hangisi gerçek "ben"dim? Hiçbir şey olmamış gibi davranan, yaşadığı tüm travmaları sanki başkası yaşamış rahatlığında olan "ben" neyin temsiliydi? Böyle davranmayı nereden öğrenmiştim? Canımın acısını gizleme, kimseye ihtiyacım olmadığını ortaya koyma güdüsü ne anlama geliyordu?

Herkesin acısını, derdini ağrısını anlama motivasyonunda olan ben, kendime gelince neden bu kadar ihmalkâr davranıyordum? Elbette cevaplar epey derinlerdeydi, yol aktıkça isyan ettiğim süreçler beni bana tanıtacaktı.

Bu operasyon, deprem sonrası beni ölümle yüzleştiren ikinci olaydı. Hayatım boyunca derinlerde sakladığım kaygılarımla, su yüzüne çıkmaya başlayan korkularımla yüzleşiyordum. Operasyon sonrasında artık tam olarak çökmüş bir ruh hali içindeydim. Mutsuzluk, değersizlik, huzursuzluk, kaygı, dikkat sorunları belirginleşmişti. Hayat bana zevk vermiyordu, bir şeylerin cezasını mı çekiyordum, bilmeden, fark etmeden yaşattığım bir şeylerin bedelini mi ödüyordum veya terk depresyonu mu yaşıyordum bilmiyordum, ama ruhum acı içindeydi. Ameliyat sonrası güçlü narkotik ağrı kesicilere ihtiyaç duyacak kadar şiddetlenen ağrılarım bile bu kadar canımı yakmamıştı. Kronik bağırsak sorunlarım, mide ağrılarım, yaşam konforumu belirgin şekilde düşüren alerjik geniz ve burun akıntılarım, egzamam hatta kaygı ataklarım... Bu son durum hepsini unutturmuştu. Durumum belliydi, ben yavaş yavaş ölüyor, yok oluyordum ve bu yaşadıklarımı bir ben biliyordum!

Yaşadığım bu depresif durum sonrası uzman bir psikiyatrist olarak elbette ki kendime antidepresan yazmaya başladım. Aldığım ilaç kısmen de olsa işlevseldi, çünkü en azından yaşadığım olaylara karşı bir miktar duyarsızlaşmamı sağlıyordu. Operasyon sonrasında çabuk toparlanıp kısa süreli bir rapor sonrası görevime tekrar başladım. Hastalara ayrılan süre kısaydı ama gözlem yeteneğim çok gelişmişti, özellikle psikosomatik hastalıklar olarak adlandırılan ve çaresizce ilaç değiştirilip doz ayarlaması yapılan hastaların kendilerini anlamalarına yardımcı olamadığınız sürece, verilen hiçbir tedavinin işlevsel olamayacağını defalarca deneyimlemiş oldum. Eşlik eden birçok kronik hastalık için elden gelen tek çözüm ise, mevcut şikâyetle ilgili branşa yönlendirmek ve yeni ek bir ilaca gerek var mı diye bakmaktı.

Van'da yaşadığım travmatik sürece rağmen birçok güzel anı da biriktirmiştim. Buradaki mecburi hizmet sürem artık yavaş yavaş sona eriyordu. Bundan sonrası için ne yapacağıma karar vermem gerekiyordu. Devlete bağlı bir kurum için tekrar atamaya mı başvurmalıydım, istifa edip özel bir hastaneye mi geçmeliydim, yoksa akademik bir kariyer mi planlamalıydım? Ne yöne gitmem gerektiğine dair net bir fikrim yoktu. Tek bildiğim, mesleğimi bu şekilde icra etmek istemediğimdi. Hastalarıma, problemlerinin kaynağını bulmadan sadece semptomlarını baskılayıcı ilaçlar vererek doktorluk yapmak istemiyordum.

Parçadan Bütüne

Van'dan sonra ne yapacağıma karar vermem çok da zor olmadı, çünkü asistanlık yıllarımdaki hastaya yaklaşım ve hastayı ele alma süreciyle sahadaki yaklaşım birbirine benzer öğeler taşıyordu; hedefe ve tanıya yönelikti. Bütüncül pencerenin ışığını göremediğim bir nokta belli ki beni cezp edemeyecekti. Mecburi hizmet sürem dolar dolmaz Van'dan ayrılma kararı aldım. Bu karar tahmin ettiğim kadar kolay olmamıştı. Şehre gelişimle birlikte karşılaştıklarım, yaşadıklarım baş edilmesi kolay durumlar değildi. Geride birçok öykü, dostluk ve yol arkadaşlıkları kaldı. Hastalarımla kurduğum bağlar kuvvetliydi ve en çok da onlardan uzaklaşmak beni üzüyordu. Birkaç kez bu şehirde özel bir klinikte çalışma fikrini zihnimde kendi kendime tartışmış olsam da etkisi uzun sürmedi ve sonunda Antalya'ya gitmek üzere şehirden ayrıldım.

Van'a giden ve Van'dan ayrılan Deniz arasında büyük farklar vardı. İnsana, bedene, ruha, doğaya, taşa, toprağa, ağaca, karıncaya, gökyüzüne bir bütün olarak bakmaya başlamıştım. Hepsi yaşadığımız gezegeni oluşturan unsurlar gibiydi ve her birinin bir anlamı vardı. Her şey iletişim halindeydi ve bu dil hakkında ne kadar fikir sahibi olursam kendimi de o derece anlayabilmem ve iyileştirebilmem mümkün olacaktı.

Antalya'ya yerleşmem kolay oldu, evimi kiralayıp kısa bir süre sonra göreve başladım. Odağında tanı koymak ve ilaç tedavisi düzenlemek olan mevcut tıbbın ötesinde; hastalıkların kökeninde neler olabilir, farklı ve bedenle uyumlu bir yaklaşım mümkün müdür gibi soruların yanıtlarını aramak üzere okumalar ve araştırmalar yapmaya başladım. Fakat her ne kadar bu konuları araştırsam da ilaçlar ve onların etki mekanizmaları konusunda sahip olduğum donanımın da getirdiği özgüvenle, "bilimsel" başlığı altında zihnime yerleşmiş bilgilerin hâlâ savunucusuydum! Beş yıllık psikiyatri asistanlığım süresince ilaçlar konusuna, özellikle farmakoloji, farmakogenetik konularına üst düzeyde ilgim vardı. Kullanmakta olduğum antidepresanların neredeyse tamamının karaciğer üzerindeki etkilerine ve ilaç etkileşimlerine hâkimdim. O dönem bölüm başkanlığımızı yürüten, özellikle farmakogenetik alanında uluslararası ses getiren çalışmalara imza atan Hasan Herken hocamızın da bu konuda büyük emeği geçmişti bizlere. Bu derin bilgiler ışığında ilaçların çalışma sistemini tekrar tekrar irdelemiş, alternatif olarak neden biyokimyasal yolların kullanılmadığına dair tatmin edici tek bir cevap bulamamıştım. Belki de tüm bu sorular beni bir sürece hazırlıyordu. Aslında dönüşüm için bir uyaran, bir ışık bekliyordum. Tek temennim, bu seferki dönüşümün bir öncekine göre daha acısız olmasıydı.

Şükürler olsun ki öyle de oldu. Özel hastanede poliklinik yapmaya başlamıştım, hatta hasta yatırıp izleme yapabileceğim bir servisim bile olmuştu. Benim yönettiğim, benim karar aldığım, benim kurduğum bir sistemdi. Bir şeylerin kontrolünün bende olduğunu hissetmem, içimdeki kaosa bir denge getirmeye başlamıştı. Hastayı yatırıp gözlemlemek veya ayrıntılı kan değerlerini kontrol etmek istediğimde bunu yapabiliyordum. Burası, bu manada bana çok iyi gelmişti.

Bir gün poliklinik kapısından orta yaşlarda bir baba, sonradan otizmli olduğunu öğreneceğim beş yaşındaki oğluyla birlikte içeri girdi. Çocuğun otizm hastası olduğuna dair bir işaret görememiştim. Karşımda göz teması kurabilen, sözlü iletişimi olağan, öz bakımı iyi düzeyde bir çocuk vardı. Çocuğunun otizm yolculuğunu ve iyileşme serüvenini anlatırken babanın gözlerindeki parıltıyı görmenizi çok isterdim, müthiş bir heyecan içindeydi, elbette bu noktaya başlangıçta yaşadığı onlarca hayal kırıklığının ardından gelebilmişti.

Baba, en çok çocuğunun beslenmesine odaklanmış, glütensiz ve kazeinsiz beslenmesine dikkat etmiş, paketli gıdaları hayatından tamamen çıkarmıştı. Televizyon ve diğer tüm yoğun uyaran içeren renkli ekranları ortamdan uzaklaştırmıştı. Eksik vitamin-mineralleriyle ilgili uygulamaları yurtdışından rehberlik aldıkları bir hekim aracılığıyla yürütmüşlerdi. Uygulamalı davranış analizi denilen bir eğitim yöntemini benimseyerek hem anne baba, hem de özel öğretmenle birlikte ekip olarak yürütmüşlerdi bu programı. Bir buçuk yılda çocukta inanılmaz bir gelişim izlemişlerdi.

Öncesinde başvurdukları, birçoğu akademisyen olan onlarca doktorun yaklaşımını ve sonuçlarıyla ilgili yolculuklarını heyecan ve sabırla dinledim. Bir sonraki hastamın randevu saatini ertelemeyi rica ettikten sonra bende heyecan yaratan bu öykünün ayrıntılarını dinlemeye devam ettim. Evladı otizm tanısı almış bir babanın hastalığı ve tanıları kader olarak kabul etmeyip defalarca duydukları, "Bu hastalığın tedavisi yok, çocuğunuzu bu şekilde kabul edin. Fayda görebileceği tek alan özel eğitim," sözlerine rağmen bıkmadan, usanmadan, vazgeçmeden yaptığı araştırmalar, çocuğunun ufak da olsa klinik anlamda alabileceği yola dair inancı müthiş bir azim örneğiydi. Babanın bana geliş nedeni, uzmanlık tezimin dikkat eksikliği ve hiperaktivite üzerine olması ve bu konu hakkındaki bilgi birikimimin oğlunun dikkat sürecine bir katkı sağlayabileceği umuduydu.

Konu bu kısma geldiğinde, karşımdaki kişi bir sağlık profesyoneli olmamasına rağmen sahip olduğu bilgi birikimini ve deneyimi de hesaba katarak, dikkat eksikliği ve hiperaktivite alanındaki tüm ilaçların etki mekanizmalarını, beyindeki reseptör ilişkilerini son derece ayrıntılı bir şekilde anlattım. Ama babanın teorisi, çok daha kuvvetli biyokimyasal mekanizmalarla donatılmış zengin açıklamaları, kendimi "yetersiz" hissettirmişti. Bu aşamada aşırı araştırma yapmış, ciddi düzeyde bilgiye sahip bu babaya, "Google doktorluğu yapmayın lütfen, biz sizin işinize karışıyor muyuz? Oradan buradan okuyup kafanızı karıştırıyorsunuz, bir tatile çıksanız çok iyi olur!" diyebilsem o an biraz rahatlayabilir, yetersizlik hissiyle baş edebilirdim sanırım. Karşımdaki kişi de tıpkı benim gibi kolay bir yolculuktan gelmiyordu, hatta çok daha ağır bir sürece maruz kalmıştı ve yaşam onu kendi göbek bağını kendisinin kesmesine zorlamıştı. Üç yaşında hiç iletişim, göz teması kuramayan, hareketliliği ve takıntıları nedeniyle evden dışarıya çıkaramadıkları oğlu tam karşımda, bu öyküden bağımsız bir şekilde sessizce oturuyordu. Ellerindeki kalın dosyada geçmişini anlatan doktor muayene notları olmasa anlatılanlara inanmam pek de mümkün olmayabilirdi.

Beynin gelişim sürecindeki mimari yapıyı bozan ana etkenin genetik olduğuna inandırıldığımız bir hastalığa meydan okuyan, kolay kolay pes etmeyen bir kahraman vardı karşımda ve beni uyandırmak için gelmişti. Bana gelmişti, çünkü uyanmaya hazırdım, rutin tıbbi uygulamaların büyük bir parçayı ıskaladığına emindim.

İyileşmeden İyileştiremezdim

Bu görüşmede hissettiğim heyecan ve yetersizlik hissi ikinci bir dönüm noktası oldu hayatımda. İlk olarak, beyinde etkili olan tüm biyokimyasal yolakların haritalarını çıkardım; nöronal (sinir hücresi) habercilerin ne olduğunu, nasıl üretildiğini, bunu etkileyen diğer faktörleri gece gündüz demeden okumaya ve araştırmaya başladım. Bu konunun merkezinde, o dönem için zihnimde şimşekler çaktıran kavramlardan birinin durduğunu fark ettim. Asıl meselenin genetik değil epigenetik[1] olduğu gerçeği, tüm karmaşıklığımın kalbine damgasını vurmuştu. Bu şu anlama geliyordu: Genetiğin suçlayarak kadersel bir gerçekmiş gibi sunulan birçok hastalıkta, epigenetik faktörler çok daha önemlidir. Çevresel faktörleri daha iyi hale getirdiğinizde genler çok daha sağlıklı çalışabilecek, biyokimyasal reaksiyonlar daha düzenli yürür hale gelebilecekti. Bu mucizevi bir gerçekti ve tüm

1 Epigenetik: Genler üstü bir yaklaşım, genlerin çalışma sürecini etkileyen tüm çevresel faktörler.

bildiklerimizi tersine çeviren, umutlarımızı yeşertecek bir dönemin anahtar kavramıydı.

Bağırsak, beslenme, metabolizma kök faktörlerinin ve ileriki yıllarda hekimlere yönelik onlarca toplantıda defalarca anlatacağım; bu ülkede tanınmasına, öğrenilmesine katkı sağlayacağım "metilasyon"[2] sürecinin epigenetikle yakından ilişkili kavramlar olduğunu zaman geçtikçe çok daha iyi anlamış olacaktım. Vurucu noktalardan biri de kendi şikâyetlerimin Van'dan ayrıldıktan sonra kısmen azalmasına rağmen hâlâ devam etmesiydi. Okuyup öğrendikçe, bütüncül sistemin parçalarını anlamaya başladıkça karşıma bağırsakların, sindirim siteminin önemi ve diğer sistemlerle olan ilişkisi çıkıyordu. Neredeyse 2500 yıl önce bağırsaklar hastaysa, bedenin geri kalanının da hasta olacağını dillendiren "tıbbın babası" Hipokrat'ı düşününce, şu anki sancılı durumumuzun gerisinde, mevcut tıbbın kendi babasını yok sayması mı vardı acaba?

Evet, bağırsaklarda çok şey gizliydi. Coşan anksiyetem, hareketliliğim, burun ve geniz akıntılarım, sabah yorgunluklarım, kas ağrılarım acaba bozulan bağırsaklarımın klinik yansımaları mıydı? Beni o dönem dışarıdan gözlemliyor olmanızı çok isterdim. Hayatım boyunca ihmal etmediğim en önemli konulardan biriydi uykum, ta ki bu konulara bulaşana kadar. Günde ortalama altı yedi saat okumaya başlamış, arkadaşlarıma, sevdiklerime, kendime, günlük etkinliklerime yeterli zaman ayıramaz hale gelmiştim. Ama tüm bunlara rağmen engellenemez bir heves ve coşkuyla okuyup araştırıyordum.

Çaresiz kalmış binlerce hasta için başka bir yolun ola-

2 Metilasyon: Saniyede milyarlarca kez, her hücrede gerçekleşen ve enerji üretiminden, DNA, RNA oluşturulmasına, tamirine, hücre zarı yapısının sağlığına kadar birçok görev üstlenen reaksiyonlar zinciri.

bileceği gerçeği heyecandan uykularımı bölüyordu. Konunun detaylarını öğrendikçe ilk hastamın kendim olacağını biliyordum. Kendime dokunabilmem demek birçok kişinin yolculuğuna dokunabileceğim anlamına geliyordu. Ben demek "biz" demekti. İyileşmeden iyileştirmeye çalışmanın sonuçsuz kalacağını fark etmiştim artık.

Bağırsak sağlığının ve dolayısıyla beslenmenin merkezinin bir noktada bulunduğu muhakkaktı. İlk iş olarak kendimde, yakın çevremde ve hastalarımda bu noktaya dokunmaya karar verdim. Sevgiyle andığım rahmetli Dr. Ahmet Aydın'ın *Taş Devri Diyeti* kitabı tıpkı bir uyanış kitabı niteliğindeydi. O dönem için ortaya konulan bu eserin, bu alanda farkındalık yaratması açısından ülkemizde yayımlanmış derli toplu ilk kitaplardan biri olduğunu söyleyebiliriz. Kitaptaki beslenme önerilerini, kendi araştırmalarım doğrultusunda edindiğim bilgilerle harmanlayarak bir beslenme programı hazırladım. Bu programda un, tüm tahıl ürünleri, işlenmiş şeker, süt ve süt ürünleri, makarna, patates, pirinç hatta bir süre kurubaklagil diyetin dışında tutuluyordu. Kemik suyu, fermente lahana, fermente kırmızı pancar, doğal yumurta, sebzeler, doğal elma sirkesi, soğuk sıkım zeytinyağı, yeşil yapraklı bitkiler, küçük balıklar, kuzu eti, bazı meyve ve kuruyemişler tüketilebilir gıdalar listesindeydi.

Hazırladığım beslenme programını derhal uygulamaya başladım. Henüz programın on beşinci günü geçmişti ki enerjimde ciddi bir artış, sabah yorgunluğumda, burun ve geniz akıntımda hafif azalma, bağırsak hareketliliğimde kısmen iyilik hali hissetmiştim. Yıllardır, onlarca çeşitte ve binlerce sayıda ilaç kullanmıştım, ama tüm bedenimde hissettiğim böylesine olumlu bir dokunuşa ilk kez şahit oluyordum. Acaba beslenme programının kısa sürede yarattığı bu olumlu etki, inanmak istediğim sistemin yarattığı bir "plasebo" etkisi olabilir miydi? Bir süre sonra her şey eski haline mi dönecekti, yoksa bu iyilik hali artarak devam edecek miydi? Beslenme kavramına kalori hesabının ötesinde, hiç bu kadar yakından bakmadığımı anladım.

Beslenmenin düzenlenmesi, basit bir kalori hesabının ötesinde devasa bir biyokimyasal sistemi içerisinde barındıran "gıda beden ilişkisinin tamamen yeniden tanımlandığı", yakından takip gerektiren bir süreci kapsıyordu. Artık tüm hastalarıma bir beslenme programı veriyordum, bir yandan da vitaminler, mineraller ve metilasyon takviyeleri hakkında müthiş bir hızla bilgi topluyordum. Yaklaşık altı yıl önce, şu an istisnasız her hasta muayenesinde istediğim rutin tetkik içeriğine çok yakın, "olmazsa olmaz" bir liste çıkardım. Hastane yöneticisinin, "Bu kadar tetkik çok fazla değil mi, bunu kimse yaptırmaz," dedikten kısa bir süre sonra tüm testleri yaptırarak benden danışmanlık alan ilk kişilerden biri oluşu, zorlu yolculuğun habercisiydi.

O dönem için metilasyon kavramını kapsamlı bir şekilde dünyaya ilk duyuran Amy Yasko, Benjamin Lynch gibi öncülerin yayınlarını defalarca okumuş, biyokimyasal mekanizmaları iyi düzeyde öğrenmiştim. Evimin her tarafı yeni kitaplarla, telefonum ve bilgisayarım makaleler ve şemalarla dolup taşmıştı. Bugün kendi klinik uygulamalarıma baktığımda tüm takip ettiğim, kitaplarını okuduğum, eğitim aldığım, ufkumu açan onlarca öncüden çok daha farklı sentez bir klinik yaklaşım ortaya çıkıyordu. Ben giderek iyileşiyordum, bağırsaklarım çok daha rahattı, alerjim büyük oranda azalmıştı, sabahları enerjik kalkıyordum ve dikkat sürem oldukça uzamıştı.

Yaşamımdaki fırtına bir süreliğine dinmişti artık, tüm motivasyonum giderek artan hasta potansiyelinin takibini yakından yapmak ve onlarla birlikte öğrenmekti. Çevremdeki hekim arkadaşlarımın benimle "Homosistein[3] Deniz, Metilasyon Deniz" söylemleriyle yaptıkları alaycı şakalara artık ben de güler olmuştum. Bu şakanın yapıldığı günlerden birinde, muayene için başvuran, iki yıldır bir psikiyatristin birkaç ilaçla takibini sürdürdüğü, ancak tedaviden hiç yanıt alamamış genç bir hastama yaptırdığım rutin tetkiklerde, hayatında ilk kez bakılan ve 6-8 aralığında olması gereken homosistein değeri 150'lerde çıkmıştı. Kalp ritim bozuklukları, depresyon, dikkat sorunları, tekrarlayan tendon hasarları, metabolik sorunlar hastamı hayatından bezdirmişti. Hastamın MTHFR C677T[4] geni bozuk çıkmıştı. O dönem yurtdışından sipariş vererek getirdiğimiz kitapta yazan ve ilerleyen bölümlerde "metilasyon" başlığı altında bahsedeceğim bir metil kombinasyonu beslenme önerileri sayesinde, hastamın deyimiyle hayatında yeni bir sayfa açılmıştı. Neredeyse dört-beş branşı ilgilendiren tüm şikâyetler çok kısa sürede ortadan kalkmıştı. Üç ay sonra baktığımız homosistein değeri 10'un altına düşmüştü. Altı yıl önce inanılmaz bir hızda öğrendiğim bilgilerin insanlarda ve kendi hayatımda yarattığı müthiş dönüşümlere şahit oluyordum.

Hastanemizin teknik servisinde çalışan arkadaşımla merdivenlerden inerken ayaküstü yaptığımız sohbette, arkadaşımın bir hafta sonra ritim bozukluğu sebebiyle ekstra

3 Homosistein: Metilasyon döngüsünde ortaya çıkan, miktarı arttığında damar hasarı, hücreye zarar verme gibi durumlara yol açabilen bir aminoasittir.

4 MTHFR C677T geni metilasyonun merkezindeki en önemli gendir ve ülkemizde yüzde 20-25 oranında bozukluk öngörülmektedir. Bu genin bozuk olması; kalp ve damar hastalıkları, erken düşükler, erken yaşta beyin damarı tıkanıklığı ve şeker gibi birçok hastalığa zemin hazırlar.

uyarıya neden olan kalp odağının yakılacağını öğrendim. Tetkiklerini istedim ve bu arkadaşımda çok ciddi düzeyde magnezyum düşüklüğü ve homosistein yüksekliği saptadım. Yüksek doz magnezyum ve metil destekleri verdiğim hastane çalışanımızın günler içerisinde ritim sorunları ortadan kalktı. Sonrasında öğrendiğim (konuşmamızda bahsetmediği) yoğun kaygı ataklarında da belirgin azalma saptanmıştı.

Hiç ilaç kullanmadan, yan etkisi olmayan, bedene zarar vermeyen ve mucizevi sonuçlara yol açan biyokimyasal mekanizmalardaki bu ufak dokunuşlardan kimsenin haberi yok muydu? Hastalarımdan istediğim tetkik listesini gören başka bir doktorun bana Mars'tan gelmişim gibi tepki vermesinin gerisinde ne vardı? Defalarca doktora başvurmuştum, ama tek bir hocamın veya uzman doktor arkadaşımın metilasyondan, magnezyumdan, histaminden, bağırsaklardan veya beslenmeden bahsettiğini duymamıştım. Eminim bu bilgiler zihinlerinin ardında vardı, ama rutin değerlendirmelerde pek de hesaba katılmıyordu. Merak etmeyin! Bu kitapta, bu kavramların hepsiyle yakından tanışacaksınız.

Bütüncül bakışı hastalarımda, kendimde, çevremde, annemde, oğlumda, kız kardeşimde uyguladıkça gördüğüm müthiş sonuçlar doğru yolda olduğum, karşılaşacağım zorluklara rağmen vazgeçmemem gerektiği mesajını veriyordu. Bu yol başkaydı, zorluklarla doluydu, hastalıkların isimleriyle değil kök faktörleriyle ilgileniyordu. Beni iyileştiren yol bizi de iyileştirecekti. Evet, ben giderek çok daha iyi hissediyordum, aralıksız takip ettiğim her hasta bana yeni kapılar açıyor ve yeni bilgiler öğretiyordu.

Hastalarımın beslenme süreçlerini, ruhsal durumlarını, vitamin-minerallerini ve gıda desteklerini tek başıma takip ediyordum. Gece geç saatlerde sorulan soruları dahi yanıtsız bırakmıyordum. Epigenetik kavramının merkezinde yer alan biyokimyasal mekanizmalardan biri olan metilasyon reaksiyonlara olan derinlemesine ilgim, bu alanla yakından ilişkili olan otizm, dikkat eksikliği ve hiperaktivite bozukluğu olan, farkındalığı yüksek vakanın bana başvurmasını sağlamıştı. Beslenme uyumu, düzenli metilasyon takviyeleri ve gıda destekleri sayesinde özel eğitim konularında uyumlu davranan ailelerde ciddi anlamda yol almıştık. "Asla iyileşemeyeceğim" fikriyle gelen Parla, Şima, Aylin ve daha birçok hastamın süreçleriyle ilgili anlattıklarını kitabın sonunda okuyabilirsiniz.

"İmkânsız, kader, genetik, tedavisi yok, bununla yaşamayı öğren" denilen birçok hastalığın kökenindeki ana faktörlere dokunduğunuzda, umutsuz vaka olarak inanılan birçok hastalıkta belirgin fayda sağlanabileceğini görmüştüm. İyi ki kafasında yüzlerce soru işareti olan "ben"in karşısına ana tetikleyicilerden biri olarak o otizmli çocuğun babası çıkmıştı, iyi ki bildiklerini pürdikkat dinlemiştim ve iyi ki bilgi sahibi olmadan fikir sahibi olup bu haberciyi reddetmemiştim. Bu sayede Parla'ya da dokunabilmiştim. Yoksa Parla'nın değerli, özverili, inatçı, tedaviyi bırakmayan annesinin tüm çevresine yaydığı yoğun coşku ve mutluluk veren bu paylaşımına şahit olabilir miydik?

"Parla artık kendi başına resim çizebiliyor, alfabeyi ve sayıları yardımsız yazabiliyor, dışarıda gördüğü tabelalardaki harfleri tanıyabiliyor, duygularını ifade edebiliyor, daha uyumlu ve işbirliği içinde davranıyor, bunları söylediğime, yaşadığıma inanamıyorum, çok teşekkür ederiz, çok teşekkür ederiz, çok teşekkür ederiz..."

Bütün Olarak İyileşme, Bütüncül Tıp

Her hasta ayrı bir deneyim ve ayrı bir yolculuktu. Altı yıl önce başladığım ve iyileşmenin merkezine insanın ruhunu, sevgisini koyduğum bu yolda; bağırsaklar, biyokimyasal mekanizmalar, metabolizma, insülin direnci, hormonal denge, metilasyon ve detoksifikasyon, bu sürecin ana aktörlerindendi. Kapıdan içeri giren neredeyse her hastam bana gelmeden önce alternatif tıp başlığı altında, çalışma prensibi, nereye dokunduğu uygulayıcı tarafından bilinmeyen cihazlarla; içeriği, üretim koşulları, üretim tekniği belirsiz bitkilerle veya kapsüllerle tedavi görmüşlerdi. Şunun altını çizmek isterim: İlerleyen bölümlerde ayrıntılarıyla bahsedeceğim bu sistem, alternatif ya da tamamlayıcı değildir. Kök faktörlere odaklanan, merkezinde ruh sağlığının olduğu; önerilen her takviyenin, vitamin-mineralin teorisinin en ince ayrıntısına kadar ortaya konulduğu bedenle uyumlu bir sentez yaklaşımdır. Nöral terapi, manuel terapi, akupunktur, ozon tedavisi gibi değerli tamamlayıcı yardımcı yöntemler, kök mekanizmalara dokunulduktan sonra planlanmalıdır.

Başlangıçta ara vermeden okuyup öğrendiğim teorik bilgilerin de etkisiyle, rutin kan tetkiklerine ek olarak genetik analizler, yurtdışına gönderdiğim pahalı dışkı analizleri, gıda intolerans testleri, histamin düzeyleri, idrarda organik asit testleri ve SIBO testleri gibi yapılma süreci ve değerlendirmesi epey meşakkatli, maliyeti yüksek testler de istemiştim. Burada muhtemelen Amerika kökenli, bütüncül yaklaşımı bilimsel gerçeklerle sunma hedefiyle yola çıkan, başlangıçta ciddi bir heyecan rüzgârı yaratan, yeni başlayan bir hekim için çok işlevsel olabilecek ama biraz derinine indiğinizde hastayı tetkik, gıda takviyesi, hormon desteği bombardımanına tutma öğretisini empoze etme olasılığını barındıran ve ruha, Anadolu'nun sıcak, samimi, iyileştirici havasına oldukça uzak olan bu sistemden etkilenmiş olma olasılığım oldukça yüksek. Klinik deneyim ve hastanın ruhuna temas arttıkça, tetkik ve takviye miktarları da giderek azalacaktır.

"Bu kitabın asla kutuplaştırıcı bir rolü olmayacak, aksine birleştirici olma gibi bir hedefi var. Mevcut tıbbi yaklaşım ve uygulayıcısı hekimler, sahip oldukları bilgi ve donanımı, bugünkü sonuç odaklı yaklaşımdan bütüncül bakışa çevirmeye başladıklarında yaşayacakları dönüşümlere ve aydınlanmaya şahit olmak en büyük heyecanımdır. Bu heyecanı, coşkuyu yaptığı her sunum sonrası tekrar tekrar yaşayan bir hekim olarak, hepimizin birbirine ihtiyacı olduğunu, bütüncül bakışı bedenlerin ötesine taşıyarak sevginin iyileştirici gücü etrafında birleşmemiz gerektiğini düşünüyorum."

İyileşme tek başına yapılan bir yolculuk değildi. Ben iyileşecektim sana dokunacaktım, sen ona, o da bir başkasına. Çünkü bizler bir organa, bir dokuya ait birbirine ihtiyacı olan, birbirinden beslenen milyarlarca hücreden biri gibiyiz. Aramızda göremediğimiz bağlar var, göremediğimiz devasa bir sistemi oluşturan bilinçler gibi düşünebilirsiniz. Bu anlamda yolculuğumun ana amacı kendi iyileşme serüvenim ışığında, sizlerin; bedeninizi, hücrelerinizi, ruhunuzu, çocukluk öykülerinizin yarattığı kendiliklerinizi tanımanıza aracı olmak ve gerçek anlamda iyileşmenin "sırlarını" sizlerle "koşulsuz" bir şekilde paylaşmak.

Youtube, Instagram gibi sosyal medya platformlarında dillendirdiğim ve sizlerin de inanılmaz ilgi gösterdiği bilgi paylaşımlarımın gerisinde, hayatımda hiç karşılaşmadığım ama hayatında köklü değişiklikler olduğu mesajını bana bildiren yüzlerce insanın oluşturduğu bir motivasyon var. Bu kitabı siz talep ettiniz, yıllardır binlerce kez yazıp bu ihtiyacı dile getirdiniz. Sizlerin de yoğun çabalarıyla ortaya çıkan, bizim eserimiz olan bu kitap, kendi ışığını keşfetmek ve yaymak niyetinde olan herkes için, yol gösteren, öğretici ve değerli bir rehber olacaktır. Ve bu rehberin, verdiğim tüm seminerlerin, arkadaşlarımla sohbetlerimin ve sosyal medya paylaşımlarımın merkezinde hep ruhsal sistem bulunmaktadır.

İKİNCİ BÖLÜM

RUHSAL SİSTEM

Beni bugün buraya getiren, sizlerle buluşturan, bu satırları yazmamı sağlayan bir öyküm var. Bu, "gerçek anlamda" iyileşmenin yollarını arayan bedenli bir varlığın hikâyesi. Köklerden, atalardan, bağlı olduğumuz en son halka olan anne ve babamızdan aktarılanları anlamadan, görmeden, okumadan, fark etmeden iyileşebilir miyiz? Bu dünyaya doğmuş olmak ve şu an bunları okuyor olmak zaten "iyileşmeye, uyanmaya" olan ihtiyacımızdan kaynaklanmıyor mu? Asıl hastalık uyanmaktan, fark etmekten, görmekten korkmak değil midir? Nereden gelip nereye gittiği, neden var olduğu konusunda hiç düşünmemiş kişilerin, harika antioksidan takviyelerle beş yüz yıl yaşamaları bir şey ifade eder mi?

"*Onlar uzun yaşam formüllerini arayadursun, ben size bir sır vereyim. Dış dünyadan aktarılmış, birçoğu sahte olan korkularınızdan sıyrılıp iç yolculuğunuza odaklandığınızda ve bedene hücresel düzeyde şefkat gösterebildiğinizde 'zaman algınız' da değişecek.*"

Uzun değil, konsantre bir yaşamdan bahsediyorum. Son zamanlarda "an" kavramı üzerinde duran ve beraberinde öz şefkat yaklaşımını gündeme getiren öğretilerde de odak noktası bu değil midir? Bu öğretilerde savunulan noktalardan biri de geçmişin pek öneminin bulunmadığı, hatta çarpıtılmış öykülerle dolu olduğu, asıl önem vermemiz gereken şeyin şu "an" olduğudur. Yakın çevremde "anda" kalma konusunda teorik anlamda son derece yetkin olan, hatta eğitimler veren arkadaşlarımla sıkça tartıştığım konulardan biri budur. İster çarpıtılmış ya da abartılmış, ister gerçek, isterse de aşırı idealize ederek zihne kaydedilmiş bir geçmişiniz olsun, fark etmez, bugünün mimarisi geçmişin gölgesinde oluşmuş tasarımlardır. Bu anlamda iyi ya da kötü yoktur, "bugüne yansıyan bir geçmişte farkındalık kazanmanın" yollarını aramak, "gerçek beni" keşfetmenizin ve yaşamınızın bambaşka bir yöne evrilmesinin yolunu açabilir.

"Hastalıklar" birçok mesajı da içinde barındırır. Kendimize nasıl davrandığımız, ne kadar şefkat gösterdiğimiz ve yolculuğumuzun yönü hakkında bizi uyarırlar. "Hastalıklar" bir çırpınış, sesini duyurmak isteyen bir öykü, beni gör diye haykıran üzeri örtülmüş bir duygu olabilir.

Yıllardır meditasyon yapan, *mindfulness* (bilinçli farkındalık) seminerleri veren bir danışanıma, bana gelinceye kadar karaciğer yağlanması, insülin direnci ve sedef hastalığı tanıları konmuştu. Meditasyon ve öz şefkat çalışmalarının sedef hastalığının şiddetini kısmen azalttığını ifade etmişti. Kendini dünyanın en değerli kadını gibi hissettiği ilişkilerinde, adamların bir şekilde ortadan kaybolmalarına anlam veremiyordu. Defalarca terk edildiği bu ilişkilerde, çocukluğunda "iş yoğunluğu" nedeniyle eve uğra(ya)mayan bir babanın "prensesi" rolünü tekrar tekrar sahnelediğini fark etmesi, tedavi sürecimize çok farklı bir boyut kazandırmıştı.

Öyküsünün hayatına yansımalarını anlayarak kendine gerçek anlamda şefkat göstermeye başlayan bir kişinin kurduğu tüm ilişkiler, yediği içtiği gıdalar büyük oranda dönüşecektir.

“Hastalıkları doğru analiz ettiğimizde dönüşüm kaçınılmazdır.”

Tanı konmuş bir hastalığınızın bulunmaması “iyi” olduğunuz anlamına gelmez. İyileşme, varoluş yolculuğuna odaklanmış ruhların gözle görünmez bağlarla birbirine bağlı olduğunu, doğayla, kurtla, kuşla, gezegenimizle, güneş sistemimizle, galaksimizle hatta evrenle bir bütün olduğunu idrak etmekle başlar. Bedenimizi oluşturan trilyonlarca hücre, tıpkı bizler gibi canlı birer varlıktır. Kendine ait organları, özellikleri, haberleşme sistemleri, dili, ihtiyaçları, beklentileri vardır. Bedene yerleşmiş “ben” sandığınız minyatür bir evren var. Kendinizi tanımak ve anlamak istiyorsunuz. Peki öykünüze, hücrelerinize ve gökyüzüne başka bir pencereden bakmaya cesaretiniz var mı?

Gerçek iyileşme, yolunu, yolculuğunu, nereden gelip nereye gittiğini görme, anlama, “idrak” yetilerini geliştirme çabasına bağlıdır. Biyokimyadan, hormonlardan, nöronlardan bahsederken aynı yolda olduğumuzu ve hepimizin yolcu olduğu gerçeğini birlikte duyumsadığımızı hissediyorum. Birçok hastamın, “Sayenizde iyileştim,” sözlerine cevabım, “İyileşmeye çalışan bir yolcuyum ve sadece yollarımız kesişti,” oluyor.

“Sadece iyileşmeye çalışanlar, iyileştirme yetisine sahiptir.”

Burası kritik bir noktadır. Bedeninizi tanımak, ne yer ne içer bilmek, neyin rahatsız ettiğini, neyin iyi geldiğini fark etmek, neyi eksikse yerine koymak ve neleri fazlaysa uzaklaştırma konusunda destek olmak; ancak gerçek bir sevgi, özveri, şefkatle gerçekleştirilecek eylemlerdir. "Sevgi iyileştirir," kavramında bahsi geçen sevgi budur.

Şunu asla akıldan çıkarmamak gerekiyor: İnsan öyküsüyle, bedeniyle, duygularıyla yeteri kadar haşır neşir değilse, kendine yabancı bir varlıktır.

"Çevremdeki herkes bana karşı soğuk ve ilgisiz," sözleriyle yıllardır var olan bir durumu dile getiren bir danışanımın, durumun dışarıyla değil, kendisiyle ilgili olduğunu, beni bile kendisinden uzaklaştırmaya çalıştığını başlangıçta fark etmemiştim. İlerleyen dönemlerde uzaklaşmadığımı, tutarlı bir şekilde yanında olduğumu anlamasının ardından kendisine olan uzaklığı, yabancılığı ve hatta ihmalkâr davranışlarıyla yüzleşmesi, tedavi sürecimize olan bakış açısıyla ilgili bir dönüm noktası olmuştu.

"*Sıcaklık arayan bir kişi, özünde kendi yakınlığına muhtaçtır.*"

Bir bilgi, bir söz, bir dokunuş gerçek anlamda içselleştirildiğinde, yani sistem bunu tehdit olarak algılamayıp kendi içinde işler bir yapıya dönüştürdüğünde tüm sistemi etkileme potansiyeli taşır. Şu an okuduğunuz her satırın gerisinde bu niyet vardır. Hazır değilseniz tüm bilgiler, şifreler, mesajlar yanınızdan akıp gidecektir. Hatta, bazen sizi dönüştürme potansiyeli olan bu mesajlar; en çok kahrettiğiniz, sizi en çok kurban gibi hissettiren, korktuğunuz veya kaçtığınız durumların ardında gizli olacaktır.

Bugünün İzleri Öykülerde mi Gizli?

Hepimizin kendimizle ilgili kalıplaşmış yorumları vardır. Bunların çoğu otomatik olarak tekrarlanır ve iyi ya da kötü olması fark etmez. Bu özelliklerin varlığı kim olduğumuzu tanımlamaya yardım ettiği için, bir süreliğine iyi hissetmemizi sağlayabilir. Gelin hep birlikte kendimizi tanımlamamıza yardımcı olacak, kritik döneme bir göz atalım.

Maddesel yolculuğumuz, milyonlarca yumurtadan ve trilyonlarca spermden sadece "seçilmiş" olanlarının bir araya gelmesiyle başladı. Anne karnında acıktım veya üşüdüm demenize gerek yok, çünkü halihazırda anne bedeni, tüm bu ihtiyaçları karşılamaya programlıdır. Normalde, gebelikte anne karnındaki bebek, anne bedeni için yabancıdır. Bunu, tıpkı size ait olmayan bir organın nakli gibi düşünebilirsiniz. Böyle bir durumda, bağışıklık sistemi harekete geçip bebeği yabancı bir doku olarak algılayabilir, zarar verebilir ve bedenden uzaklaştırmaya çalışabilir. Ama bu öyle bir süreçtir ki, tüm sistem kendini dönüştürür ve bu mucizeyi gebelik boyunca yumuşayan, sakinleşen ve esneyen bir bağışıklık sistemiyle karşılar. Her birimiz böyle bir yoldan geliyoruz. Anne karnına düştüğümüzde dahil olduğumuz sistem sakinleşir, bizi kabul eder, besler, şefkat gösterir ve zamanı geldiğinde de bizi uğurlar.

Anne karnından ayrılmak... Belki de bir insanın yaşamı boyunca gösterebileceği en büyük cesaret. Anne rahminin güvenli, sıcak, doyurucu ortamından çıkıp korunaksız ve muhtaç bir konumda olduğumuz bir dünyaya geldik. Muhtacız, çünkü ihtiyaçlarımızı fark edecek ve bunu karşılayacak yetilerden mahrumuz. Bu haldeyken elimizden kim tutsa hayır demeyiz. Yeter ki sarsın, sevsin, beslesin ve şefkat göstersin. Acıkan, karnı ağrıyan, uykusu gelen, altına yapan, pişikten canı yanan, ateşi olan ve dokunulma ihtiyacını dile getiremeyen bir bebek olduğunuzu düşünün. Bu ihtiyaçlarınızı, dünyanın en deneyimli çocuk doktorundan ya da bu işe yıllarını vermiş bir yenidoğan bakım hemşiresinden çok daha iyi tespit etme olanağına sahip tek kişi var: anne. Bu dönem çok kritiktir, annenin ya da bakım verenin sensörleri sağlıklı çalışıyorsa bebeğin ihtiyaçlarını doğru tespit edebilir ve karşılayabilir.

Diğer taraftan bebek, bakım verenin ilgisini ve dikkatini üzerine çekmeye programlı bir varlıktır. Bu sayede, hayatta kalmaya, yaşamla bağlarını sağlamlaştırmaya çalışır.

“Bu dönem anne sevgisine ve varlığına olan ihtiyaç, beslenme ihtiyacından çok daha önemlidir. Bebeğin her meme arayışının gerisinde bedensel açlıktan öte, bağ kurmaya, şefkate, annenin varlığını ve sevgisini hissetmeye olan ihtiyaçları yatar.”

Bağlanma sürecinin kalitesi, hayatta kalabilme şansımızın artışıyla paraleldir. Anneleri tarafından daha çok yalanan ve bakım gören farelerin, “hipokampus” hücrelerindeki kortizol reseptör sayılarında artış olduğunu ortaya koyan çalışmalar, bir anlamda gelecekte yaşanacak stresli durumlarla baş etme güçlerinin, erken dönem bakımdan yoksun olan farelere göre daha yüksek olacağını işaret etmektedir. Başka bir çalışma da erken dönem çok yalanan, bakım alan farelerin, kendi yavrularına da bu davranışsal kalıbı aktardığını ortaya koymaktadır.

"Erken çocukluk dönemi bizim sırlar kapımızdır. Bu kapıdan içeri adım attığınızda, neler olduğuyla yüzleşmek için yardım aldığınızda ve bugüne olan yansımalarını anlamaya başladığınızda artık hiçbir şeyin eskisi gibi olmayacağını bilmelisiniz. Yaşamın ilk yıllarında anne babamız tarafından bize aynalanan her duygu, kendimize dair tasarımların ve gelecekte alacağımız tüm kararların, yol haritamızı oluşturan kodların, şemaların, döngülerin temelini oluşturur."

Değersiz, önemsiz, yok sayılmış, sevilmeyen, zarar görmekten, terk edilmekten korkan veya değerli, sevilmeye değer, yeterli, biricik... Aynalanan duygular, yaşama yön veren kodlardır. Genelde konuşulmazlar, ancak yol açtığı durumlar her zaman gündem konusudur. Dünyadaki her şey duygular etrafında döner. Yaşamda sahnelenen birçok olayın gerisinde halı altına süpürülmüş veya fark edilememiş duygularımız yatar. Bir kelime, ses tonu, durum, koku, tat, rüya, gıda, yüz, bakış, mimik en derinlerdeki duyguları tetikleyebilir.

"Duygular ve tetikleyici durum tamamen kişiye özgüdür. İşte bu kısım çok önemlidir: Herkesin, yolculuğu boyunca kendisi bile fark etmeden kayıt tutan, duygularla yüklü bir kara kutusu vardır."

Yaklaşık on iki yıllık ilişkisini isteyerek ve kararlılıkla bitirdikten dört ay sonra yeni bir ilişkiye başlayan, bu ilişkisinde çok mutlu olduğunu, işyerinde hiçbir sorun yaşamadığını, anne babasıyla daha önce hiç olmadığı kadar güzel ilişkiler kurduğunu vurgulayan danışanım, her şey yolunda gitmesine rağmen iki aydır, haftada bir iki kez yoğun kaygı atakları geçirmesine bir türlü anlam veremiyordu. Başvurduğu bir önceki doktorun panik atak teşhisi koyduğunu ve serotonin üzerinde etkili bir ilaç kullanması gerektiğini söylediğini aktarmıştı. Atakların nerede ve ne zaman gerçekleştiğini, eşlik eden bir durum veya duygu tetikleyici olup olmadığını anlamaya çalıştım. Ataklar esnasında bazı yemek kokularının varlığı dikkat çekiciydi. Son iki atak yemekhane ve restoranda gerçekleşmişti. Bunlardan birinde mercimek, diğerindeyse pişmiş ızgara köfte kokusu ön plana çıkıyordu. Öyküyü biraz derinleştirdiğimizde, aklına gelen ilk detayı benimle paylaştı. On yıl birlikte olduğu, birkaç kez uğradığı ihaneti yok sayarak yola devam etme kararı aldığı sevgilisiyle yemek yiyordu. Bu yemekte evlilik konuları konuşuluyordu ve her şey çok güzeldi. Sessiz, sakin bir ortamda keyifle yenen lokmalara uzaktan hafif bir müzik sesi eşlik ediyordu. Ta ki eski sevgilisinin telefonuna "şüpheli" bir mesaj gelene kadar. Yapılan açıklamaya ikna olmaması, sonrasında ortaya çıkan büyük bir tartışma ve ardından yaşadığı ciddi bir öfke atağının akabinde danışanım, o masada ayrılık kararı almıştı. Bu ayrılık kararı ilk değildi, ama bu kez durum farklıydı. O gün menüde köfte ve mercimek vardı. Yoğun değersizlik, ihanete uğramışlık hissi ve ilişkide yolunda gitmeyen birçok durum, adeta iki yemek kokusuna hapsolmuştu. Yas tutulmamış, duygular dile gelmemişti, hem de yıllardır.

Anneyle yaşadığı tartışmaları takiben defalarca evi terk eden bir babanın bavul toplayan görüntüsüne şahitlik etmiş beş yaşındaki küçük bir kız çocuğunun, bir daha hatırlanmamak üzere hücreye hapsedilmiş, elleri kolları bağlanmış, prangaya vurulmuş duyguları pusuda bekliyordu. Küçük kız çocuğu babasının bacağına yapışmış ağlıyordu, cılız sesiyle, "Gitme," diyordu. Tüm bu çabalarına rağmen acaba baba yine diğer kadına mı gidiyordu? Bu esnada zihnin derinliklerinden çok önemli bir ayrıntı geliverdi. O gün babanın son bavul toplayışı olmuştu, bir daha anne ve babası bir araya gelmemişti. Baba evden ayrılırken geride gözleri yaşlı bir anne, terk edilmiş küçük bir kız çocuğu, bir de "mercimek kokusu" kalmıştı.

Yıllardır büyük üzüntüler yaşamasına rağmen vazgeçemediği ilişkisinin gerisinde, gidişine engel olamadığı babasına karşı hissettiği suçluluk duygusunun tekrar gün yüzüne çıkacağına dair korkuları mı vardı? Eski sevgilisiyle kesin bir şekilde ayrılık kararı almasını tetikleyen etken, şüpheli bir mesaj mı, yoksa bir kokunun tetiklediği duygular mıydı? Bu soruların kesin cevaplarını bilmesek de şunu biliyoruz:

"*Yetim bırakılan her duygu, kendini ortaya koyabileceği bir öyküyü, gerekirse farklı figüranlarla, farklı zamanlarda tekrar tekrar sahnelemek için fırsat kollar.*"

Bu pencereden bakıldığında bugün yaşananlar asla tesadüf değildir. Bugünü anlamanın yolu geçmişi, yarını görebilmenin yolu ise bugünü iyi analiz etmekten geçer.

Ruhsal sistemin bütüncül yaklaşım içerisindeki önemini vurgularken, ruhsal sistemimizi derinden etkileme potansiyeli taşıyan öykülerimizin, bugüne önemli yansımaları olabileceğine dair bir fikir oluşturabildiğimi düşünüyorum.

Stresi Gerçek Anlamda Öğrenmeye Hoş Geldiniz

Ruhsal sistem içinde çok önemli bir yeri olan sorunlardan bir diğeri de günümüz yaşamında aklımıza gelecek tüm hastalıklarda bahsi geçen "stres"tir. Gerçekten de yapılan çalışmalar, strese maruz kalmanın hormonal sistemi bozduğunu, metabolizmayı olumsuz etkilediğini, bağışıklık sistemini zayıflattığını, sindirim sistemine, enzim üretimine ve peristaltizm[5] aşamalarına ciddi anlamda zarar verdiğini gösteriyor. Bu saydığımız sistemlerin, tüm hastalıklarda kök faktörler olduğunu artık biliyoruz.

Peki, öncelikle stresin ne olduğunu anlamaya çalışalım. Stres, Latince *estrictia* fiilinden türemiştir; zorlanma, gerilme, baskı anlamlarına gelir. Günümüze kadar çeşitli dönemlerde yapılan stres tanımları şöyledir:

Robert Hooke (17. yy)'a göre stres, elastik yapılarda değişime neden olan dış güçlerdir. (fizik yasası)

Claude Bernard (19. yy)'a göre, organizmanın iç dengesini bozan uyaranlara karşı organizmanın uyum sağlamak için verdiği yanıttır.

Hans Selye (1950)'ye göre, organizmada zorlanma sonucu ortaya çıkan tepkidir. Bu tepki uyaran ortadan kalktıktan sonra da devam edebilir.

Mandler (1976)'a göreyse, zararlı etkilerin yarattığı tehlike işaretidir.

Robert Hooke'un tanımı, yani elastik yaylara asılan ağırlıklara (stres) karşı yayların uzayarak tepki vermesi ve ağırlık (stres) ortadan kaldırıldığında eski haline dönmesi, fiziki tanım anlamında çok değerlidir. Burada yayın hangi

5 Peristaltizm: Sindirim sistemi organları gibi bazı organların çeperlerinde görülen ritmik ve kuvvetli kasılıp gevşeme hareketleri. Bu ritmik kasılma dalgaları, organ içindeki maddeyi hareket ettirmeye yardımcı olur.

maddeden yapıldığı, uygulanan ağırlığın miktarı, stresi ve yol açtığı etkileri büyük oranda etkileyecektir. Ağırlık çok artarsa yay üzerindeki değişiklik kalıcı olur, bunun adı plastik yanıttır. Yay eski haline dönebiliyorsa bu da elastik yanıttır. Stres ve verilen yanıt, birçok faktöre bağlı olarak değişkenlik gösterir.

İnsan stresle şekillenmiş, stres yanıtlarına adapte olarak varlığını sürdürebilmiş bir canlıdır. Stresi sisteminizden tamamen kaldırmak bu yaşamla bağdaşmaz. Bir şekilde yolumuz bu gezegene düştü. Yerçekimine maruz kaldığımız hücrelerimiz oksijenle enerji ürettiği için ya da yaşamın ilk yıllarında bakım verenin insafına kaldığımızda ortaya çıkan büyük streslerden bahsediyorum.

Oksijen en büyük stres kaynaklarından biridir, enerji üretmenin, yani nefes almanın, düşünmenin, sindirmenin maliyeti paslanmaktır. Belli bir düzeyde pasın, yani oksidatif stresin hücre fonksiyonlarında önemli rolü vardır, kısaca biraz pas iyidir. Ben stres istemiyorum, o yüzden de oksijen kullanmıyorum diyorsanız, muhtemelen nitrojenle çalışan bir robot olmanın yolunu bulmuşsunuz demektir.

Yerçekimi, ayaklarımızın yere basması demektir, büyük bir yük kas ve kemikler üzerine binmiştir. Kemiklerin varoluş nedeni belki de bu yük, yani strestir. Astronotların en büyük sorunlarından biri, yerçekimi olmayan ortamlarda hızla ortaya çıkan kemik erimesidir. Astronot örneğinden hemen yakınlara, üst kat komşumuz Necla Teyze'ye göz atalım. Doktoru hiç hareket etmediği için kemik erimesinin hızlandığını söyleyerek düzenli yürüyüş önermiş. "Kasların ve kemiklerin varlığının bir anlamı var, ara sıra kemiklerini strese maruz bırak" tavsiyesini bu yolla anlatmış olmalı.

Stresin hiç olmadığı ya da abartılı dozda olduğu bir durum yaşamla bağdaşmaz. Özellikle bedensel ve hatta ruhsal anlamda düzenli olarak ufak dozlarda strese maruz kalmak, yaşadığımızı, var olduğumuzu, tepki verebildiğimizi fark etmek için birer fırsattır. Koşarken, spor yaparken, avlanırken, yüzerken stres yaşarsınız. Kalbiniz çarpar, oksijen tüketiminiz artar, yağ yakar ve enerji üretirsiniz. Sınava hazırlanırken, kitap yazarken, iş görüşmesine giderken strese girersiniz. Uygun dozlarda stres, performansınızı olumlu etkileyecektir. Hiç strese girmeyen ya da çok stres üreten bir kişi sınava çalışamaz. Stres minik dozlarda olsa bile genel olarak konforundan ödün vermek istemeyen kişinin pek hoşuna gitmez.

Binlerce yıl öncesine döndüğümüzde, avlanırken ciddi bedensel ve psikolojik strese maruz kalan insanın ana motivasyonu hayatta kalmaktı. Açlıktan ya da yırtıcı bir hayvanın saldırısı yüzünden ölme olasılığını hesaba kattığınızda, maruz kaldığınız bu durum "gerçek strestir". Peki, neden gerçek stres diyorum, bunun gerçek olmayanı da var mı?

Gerçek stres ve sahte stres kavramları, bu kitabın en önemli konularından biri. Daha önce hiçbir yerde karşılaşmadığım ve duymadığım bu terimsel ayrım, tamamen benim kendime has yorumladığım bütüncül bakışın bir yansımasıdır.

"Gerçek stres diri tutar, savaşmayı, kaçmayı ve hayatta kalmayı sağlar. Konfor alanı dışına çıkarken yeni deneyimlere, yeni yollara, yeni işlere yelken açarken stres sizinledir. Hayatınızda stresi en düşük seviyede tutmak için çaba harcarsanız, keşfetmeyi unutursunuz. Sürekli plan yapmak, konfora aşırı yönelmek, tüm riskleri hesap etme ve kontrol çabası, gerçek stresten sahte strese geçişin kilit noktasıdır."

Düşmekten ve canımızın yanmasından endişe etmeden yürümeyi, kaza yapmaktan kaygılanmadan araba sürmeyi, terk edilmekten korkmadan sevmeyi öğrenebilir miyiz? Bakın hep duygulardan bahsediyorum. Gerçek stres yerine sahte strese yönelenler dünyanın en korkak, değersiz, yetersiz, beceriksiz insanı gibi hissetmektense uzak durmayı, çabalamamayı, hiçbir zaman gelmeyecek olan o en uygun zamanın gelmesini beklemeyi, suçlamayı, sorumluluk almayı reddetmeyi, bahaneler üretmeyi hatta hasta olmayı tercih ederler. Korkmaktan ve kaygılanmaktan korkanlar, yetim bırakılmış duygularının esiri olurlar.

Bir gün uçakta, yan koltuğunda seyahat edeceğim orta yaşlı bir kadının tedirginliği dikkatimi çekmişti. Dalgalı saçları vardı ve yüzünün rengi, beni kansızlığından şüphelendirecek kadar açık renkliydi. Ortam sıcaklığı iyi olmasına rağmen siyah deri montunu çıkarmamıştı. Dik bir şekilde koltuğun ucunda oturuyordu ve ovuşturduğu ellerini iki dizinin arasına yerleştirmişti. Makyaj malzemelerini taşıdığını tahmin ettiğim kırmızı parlak çantasını kucağıyla dirseklerinin arasına sıkıştırmıştı. Çene bölgesindeki birkaç akne, üzerine sürülmüş fondötenden kurtularak kendini fark ettirmeyi başarmıştı. Hızlı soluk alıp veriyor, ayaklarının ön kısımlarını zemine vuruyordu, yani stresliydi. Uçak daha kalkmadan kabin memurunun gerçekleşebilecek tüm kötü senaryolarla ilgili bilgilendirmelerinden sonra kırmızı çantasından bana gayet tanıdık gelen bir ilaç çıkardı. Kaygı esnasında kullanılan ve var olan kaygı hissini en aza indirme amacı taşıyan yeşil reçeteli bir ilaçtı. Bu ilacı yanından ayıramayan, ilaç olmasa bile kutusunu yanında taşıyan birçok hastam olmuştur. İlacı içmemişti ama elinde tutuyordu. Elinde tuttuğu ilaç, içse de içmese de onun yol arkadaşıydı. Acaba sorsam mı sormasam mı, sorsam nasıl bir yanıt alırım belirsizliği içinde cesaretimi toplayıp onunla konuşmaya başladım:

"Biraz kaygılısınız sanırım."

"Evet, her uçak yolculuğum sıkıntılı geçer, çok kaygılanıyorum."

"Bakın bugün şanslı gününüzdesiniz! Yanı başınızda bir psikiyatri hekimiyle seyahat edeceksiniz."

"Günün en güzel haberi bu, ama hâlâ çok kaygılıyım," dedi gülümseyerek.

"Uçakla ilgili sizi kaygılandıran durum nedir?"

"Uçağın sallanma, türbülansa girme olasılığı..."

"Sallanır ya da türbülansa girerse ne olur?"

"Çok kaygılanırım ve korkarım."

"Korkarsanız ne olur?"

Bu kısım biraz durakladığımız nokta oldu. Uçağın düşmesinden veya ölmekten korkmuyordu, yıllardır gittiği psikiyatrıyla bu konuyu defalarca konuşmuştu. Ama korkarsa ne olacağı belli ki yabancı olduğu, cevabını aramadığı bir soruydu. Uçağın en güvenli yolcu taşıma aracı olduğu kendisine istatiksel verilerle defalarca sunulmuştu. Yani terapisti tarafından bazı bilgiler sunularak, "bilişsel" bir yaklaşımla uçakta ve bedeninde olup bitenlere farkındalık sağlanmıştı. Bu farkındalık bir dönem için işlevsel de olmuştu ama köklere dokunulmamıştı. Uçak türbülansa girdiğinde ve sallandığında dahi korkmaya izni yoktu. Yaşamadığı, tanımlayamadığı tüm duyguları tek bir başlık altında toplamıştı: yoğun kaygı.

Korkmaktan çok korkuyordu. Evin en büyük kız çocuğuydu. Annesi kendini bildi bileli hep hastaydı. Yıllar boyunca onlarca doktor ziyareti gerçekleştirmişti ve bu süreçte evin işleri, yemeği, annelik görevleri kendisine kalmıştı. Erken büyümüştü belli ki ve kendisiyle ilgili anlatılan tüm öykülerde hep cesaretine, güçlü ve korkusuz oluşuna atıflar yapılırdı. Nasıl olurdu da böylesine güçlü atfedilen bir kişi, uçağın sallanmasından korkardı! Uçak korkusu güçsüzlüğün değil, aksine aşırı güçlü olma çabasının bir yansımasıydı.

"Büyüdüğümüz evde varlığı hissedilen, duygusal ihtiyaçları fark eden, sevgi dolu ve yumuşak bir otorite, yaşam boyu güvende hissetmemize kapı aralayan büyük nimetlerden biridir."

Çocukken anneyi, babayı, bakım verenlerimizi hatırlayalım. Bunda korkacak, üzülecek, ağlayacak ne var ki gibi sözleri sarf ederken seslerinin titreyişini, kendi korkularını gizlemeye çalışmalarını hangimiz fark etmedik ki! Uçakta tanıştığım bu hanımefendiyle bir saat süren yolculuğumuzda korkmaktan korkmayı, erken yaşlarda duygusal ihtiyaçlarımıza bakım verenlerin tepkilerini ya da tepkisizliğini ve bunların bugüne yansımalarını konuştuk. Sohbet esnasında rutin uçak yolculuklarımda hiç olmadığı kadar sallandık, türbülansa girdik. Birlikte korktuk, birlikte kalpler çarptı, nefesler hızlandı ve birlikte sakinleştik. Ne zaman bildiğinizin dışına çıksanız "sistem" sizi orada test eder, uçağı sallar, türbülansın dozunu artırır, vazgeçmediğinizi görmek ister. Uçak yere temas ettikten sonra kızını arayarak ilk kez bu kadar rahat bir uçak yolculuğu yapmanın ve hiç ilaç kullanmasına gerek kalmadan yolculuğunu tamamlamasının sevincini paylaştı. Bana teşekkür ettiğinde, duygularını yaşamasına izin verdiği ve kontrolü bırakabildiğini görmeyi tercih ettiği için "kendisine" teşekkür etmesi gerektiğini ifade ettim.

"*Korkmaktan korkmak, korkuyu hissederken deneyimleyeceğimizi öngördüğümüz durumlardan kaçınmaya çalışmak, süreğen ve sahte bir stres etkisi yaratır.*"

Yaşamı boyunca tek bir insanı ısırmamış bir köpeğin sizi ısırmasından, size havlamasından duyduğunuz korku, tamamen semboliktir. Köpek sizi gerçekten ısıracaksa, orada ortaya çıkacak stres gerçektir ve kendinizi savunmanız açısından koruyucudur. Caddede yürürken her an bir köpeğin karşınıza çıkacağına dair duyduğunuz korku, belki de yaşamınızdaki güvenli alandan çıkmaya duyduğunuz büyük ihtiyaç ve bu ihtiyacı karşılama konusunda çıkacağınız yeni yollarda elinizdekilerin yetersizliğine olan inançlarınızdır. Alınan terapi desteklerine rağmen evliliğinde ciddi düzeyde kronik mutsuzluklar yaşayan bir kişi, bu ilişki dışına çıktığında konforu bırakıp sorumluluk alma, ekonomik güçlüklerle, "güvensiz-tanınmayan dış dünya koşullarıyla" ve bir daha sevilmeyeceğine dair olan inançlarıyla mücadele etme gibi "gerçek stres" yaratacak durumlarla karşılaşmak yerine evliliğine devam edip; kediden, köpekten, uçağa binmekten, araba kullanmayı öğrenmekten yoğun kaygı duyabilir. Benzer durum, "anne babasının sağlık durumundan duyduğu endişe" nedeniyle yıllardır anne babasının yanında yaşayan yetişkin bireylerin, kendileriyle ilgili gerçek strese yol açacak yüzleşmeler (bir başına yaşama, belirsizliğe tahammül etme, sorumluluk alma) yaşamak yerine, nedenini bilmediği, "her şey yolundayken" nasıl ortaya çıktığına anlam veremediği yoğun kaygı atakları yaşamalarında da mevcuttur.

Yaşam bir uçak yolculuğu gibidir, doğduğumuz gezegenin dönüş hızı kendi etrafında 1670 kilometre, güneş etrafında 107 bin kilometre hızındadır. İçinde bulunduğumuz güneş sistemi ve hatta Samanyolu Galaksisi dahi hareket etmektedir. Tüm bu hareket süreci hesaba katıldığında, saatte 720 bin kilometre hızla bir bilinmeze doğru hareket ettiğimizi söyleyebiliriz. Her an sallanabilir, türbülansa girebiliriz. Tıpkı dış dünyada olduğu gibi bedenimizde de muazzam bir işleyiş vardır. Bu devran içerisinde, döngünün bir noktasından sisteme dahil olan misafirler olarak işleyişi kavramak, öze giden yolculuğumuza büyük katkılar sunacaktır. Öyleyse "gerçek stres" ve "sahte stres" kavramlarını yaşamımıza sokmalıyız.

Herkesin dillendirdiğinin aksine, meslek ayrımı olmaksızın işe giderken yolda geçirdiğiniz vakit, ev ve araba kredisi ödeme süreçleri "gerçek stres" değildir. Ana başvuru nedeni yorgunluk ve nedeni bulunamayan eklem ağrıları olan bir hastam, Antalya'nın bir ucundan diğer ucuna işe gitmek için sabahın erken saatlerinde yola çıktığını, "işkolik" olduğu için işten geç ayrıldığını ve çok geç saatlerde eve döndüğünü, neredeyse tüm haftanın bu şekilde geçtiğini belirtmişti. Bu durumun kendisinde büyük stres yarattığını, başka bir seçeneği de olmadığını ifade etmişti. Belki de haklıydı, "bildiği" başka bir seçenek yoktu, çünkü çocuklarının, evinin sorumluluklarını alabilme, onlarla daha yoğun vakit geçirebilme, taleplerini karşılayabilme, onlara iyi bir ebeveyn olabilme konusundaki "yetersizlik" kaygısıyla yüzleşmek yerine çözümü, bilinçdışı işleyen süreçlerle iş yoğunluğunu ve işyerine gidiş mesafesini artırmakta bulmak, kendisi ve dış dünya tarafından daha kabul edilebilirdi. Bu yöntem onun için çok tanıdıktı, çünkü çocukluğuna dair hatırladığı en önemli anekdot, evde çok az vakit geçiren, yoğun çalışan, evden çıkışına ve eve girişine nadiren şahit olduğu bir baba ve bu durumla ilgili şu anki eşinin duyduğuna benzer rahatsızlıkları taşıyan, ama durumu kabullenmiş bir anne vardı. Günümüzün en büyük sorunu sahte streslerdir. Sahte stresleri fark ettiğimizde kökeninde yatan öyküleri ve duyguları anlamaya çalışmak, bizi "gerçek strese" yaklaştırır.

Örneğin, zor koşullarda kredi borcuna girerek yeni bir ev veya yeni bir araba alan bir kişi, hangi duyguyu satın almak istiyordur? Krediyi öderken yaşayacağı sahte stres, gerçek anlamda hangi stresi maskelemektedir?

Çocukluğumda köyüme dair net olarak hatırladığım anılarımdan biri aile büyüklerinin yaptığı sohbetlerdi. Babam, dayılarım, amcalarım bir araya geldiğinde çevrelerindeki insanların evi olup olmadığından, varsa kaç tane olduğundan konuşurlardı. Bir kişiyle ilgili en önemli başarı götergesi yaptığı meslek ya da kazandığı para değil, buydu. Şu kadar yıldır çalışmasına rağmen hâlâ bir ev alamamışların eleştirel hikâyelerini ya da kapıcı (apartman görevlisi) dairesinde çalışarak üçüncü evini almışların başarı hikâyelerini çok dinledim. Şunu çok iyi biliyorum ki Anadolu'da ev almak, bir anlamda köklenme, ait hissetme duygusunun yansıması gibidir. Çekilen her kredinin yarattığı stres değil, yapılan bu harcamaya neden olan, elde edilmek istenen duyguyu ve kökenlerini ele almak gerekiyor.

Günlük yaşam penceresinden bakarak stresin sahtesi ve gerçeği arasındaki farkı artık daha iyi anladığımızı düşünüyorum. Peki, madem stres sahte, zararı da sahte midir? Stres ister sahte ister gerçek olsun, sistem üzerinde bir yük ve "tehdit" oluşturur. Bedenimiz üzerindeki etkileri gayet gerçektir. Binlerce yıl önce açlıktan, soğuktan, yırtıcı bir hayvan saldırısından, dışlanmaktan korunmak ve neslinin devamlılığını sağlamak için beynimizin geliştirdiği birtakım alarm sistemleri mevcuttur. Bunlar bilinçli bir şekilde yapılmaz, tehdit algıladığında otomatik olarak harekete geçer ve tek amacı vardır: Tehlike atlatılıncaya kadar teyakkuz halini sürdürmek. Elinde sopalarla üzerinize doğru yürüyen öfkeli bir kalabalığı fark ettiniz diyelim, oturup bir konuşalım bakalım neymiş dertleri ya da daha mesafe var, yanıma gelinceye kadar bir çay içeyim, o esnada da plan yapayım derseniz bu, türünüzün devamlılığı açısından risk oluşturabilir. Böyle bir tehlike ve gerçek bir stres ortaya çıktığında, beyninizde ilk uyarılan organ "amigdala"dır.

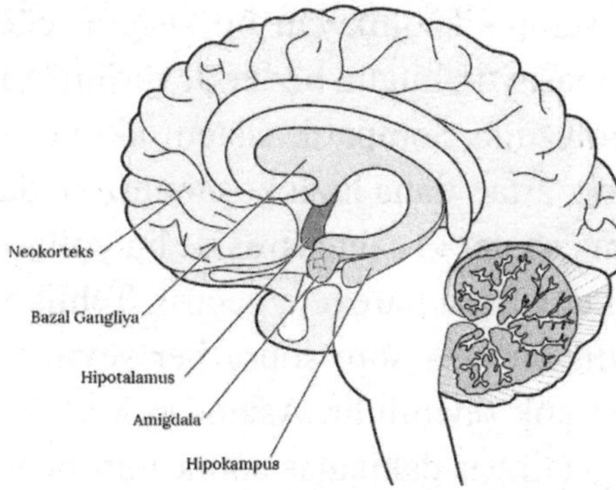

Şekil 1: Amigdala

Amigdala şekli bademe benzediği için Latince *amygdaloideum* kelimesinden türemiştir. Amigdala, limbik sistem dediğimiz korku, kaygı, haz gibi duygularımızın oluştuğu beyin bölgesinin önemli parçalarından biridir. Tehdit oluşturabilecek durumlarda uyarıldığında, çok hızlı bir şekilde "hipotalamus"u alarma geçirir. Hipotalamus hipofizi, hipofiz ise böbrek üstü bezlerini uyararak, bedenin tümünde etkisini gösterecek bir sistem yanıtını devreye sokar. Bu yanıt sonrası, böbrek üstü bezlerinden çok önemli iki haberci salgılanır. Kortizol ve noradrenalin.

"Sinir hücrelerinin aktivasyonuyla hormonal sistem de durumdan etkilenir. Kortizol ve noradrenalinin etkileriyle beden; sindirim, bağışıklık, hormon üretimi, üreme gibi tüm fonksiyonları durdurarak kaslara ve kalbe enerji sağlayacaktır. Kalp daha hızlı çarpacak, soluk alışverişi hızlanacak, ellere ayaklara daha çok kan pompalanacaktır. Savaşmak ya da kaçmak için tüm beden hazır hale gelecektir. Kendini korumak üzere tasarlanmış bu sistemin adı sempatik sistemdir."

İsmi kadar sempatik olmayan bu sistem, eğer atalarımızda iyi çalışmasaydı, bugün bizler de türümüzün devamı olarak var olamazdık. Sempatik sistem aktive olduğunda mücadele yetiniz artar, daha hızlı koşarsınız ve daha iyi tırmanırsınız. Ama ne var ki sahte stres de bu yolları uyararak aynı hormonal devreleri harekete geçirir. Tehlike ve tehdit algısı sona erdikten kısa süre sonra her şeyin tekrar eski haline dönmesi çok önemlidir. Aslandan kurtulan bir zebranın, tehlike geçtikten dakikalar sonra tüm beden fonksiyonları normale döner ve karnını doyurmanın yollarını arar. Aynı durum bugün bizlerden birinin başına gelse, "Aslan acaba beni takip etmiş midir, çoluğumu çocuğumu da yemeye çalışır mı, oğlan nerede kaldı yoksa aslan mı yedi, acaba beni yeseydi de çocuklar birkaç gün rahat mı etseydi, sürüde o kadar zebra var, diğerleri değil de neden ben, babam yanımda olsa böyle olmazdı, ne işin var senin tanımadığın antilop sürüsünün içinde, bunu kimin planladığını biliyorum," gibi iç seslerimiz günlerce hatta aylarca devam edebilirdi.

Kafamızın içinde dönüp duran bu zihinsel faaliyetler, sürekli olarak sempatik sistemi, yani "tehdit algısını" canlı tutar. Ancak zihin sustuğunda "parasempatik sistem" devreye girebilir.

"*Sindirim sisteminin çalışması, bağışıklık fonksiyonlarının normale dönmesi, kalp atım hızının normal seviyelere gerilemesi, hormonal sistemin yıkım durumundan yapım aşamasına geçmesi ve sempatik sistemin görevini parasempatik sistem olarak adlandırdığımız 'dinlen ve beslen' moduna devretmesi çok önemlidir. Parasempatik sistem, daha huzurlu, güvende hissettiğimiz, beslenme, kadınlık ve erkeklik hormonlarının üretim sürecinin gerçekleştiği, günün büyük kısmında baskın olması sağlık açısından son derece önemli bir sinir sistemi devresidir. Bu iki sisteme, kendiliğinden işleyen anlamına gelen 'otonom sinir sitemi' adı verilir.*"

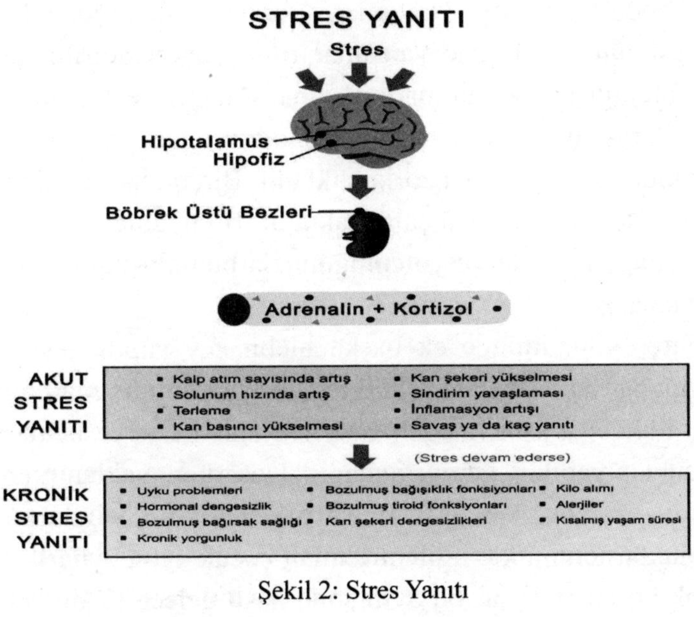

Şekil 2: Stres Yanıtı

Sempatik ve parasempatik sistem, yani otonom sinir sitemi dengesi, tüm hormonal süreçlerin üzerindedir. Uzun yıllardır devam eden ister psikolojik isterse biyolojik bir hastalık olsun, sempatik parasempatik sistem dengesini sağlamadan yapılacak müdahalelerin hiçbiri kalıcı etkinlik sağlamayacaktır. Tehdit algısı varlığının hâkim olduğu bir sistem, tabir yerindeyse diken üstündedir. Binlerce yıl öncesinde hayatta kalmamızı sağlayan bu sistemin, bugün sahte streslerle sürekli aktif olması kronik hastalıkların en önemli nedenidir. Sahte stresler ve tetiklediği zihinsel uğraşılar, yıllardır tedavi sürecini üstlendiğim hastalarımda dokunulması gereken temel alanlardan biri olmuştur. Bu kısma dokunmak, duygularımızla ve kendimizle yüzleşmek, sahte stresten gerçek strese geçiş süreci demektir.

"Stres" kavramı konusunda derinliği olmayan tanımlamalar sonucunda ortaya çıkmış çözümlerden en ünlüsü, "anda kalma"dır. Duyguların, erken dönem çocukluk öyküsünün ve bugüne yansımalarının değerlendirilmediği, ruhumuza dokunulmadığı, ama yöntem ve teknikleri anlatılarak anda kalmanın vurgulandığı öğretiler, bizi bir anlamda anda kalmaya zorlamaktadır. Birçok hastam anda kalarak anı kurtarmaya çalışmaktadır. Bu uygulamalar ancak duygularınızla ve yolculuğunuzla bütünleştiğinde anlam kazanır.

Stres yönetiminde ek başka hiçbir şey yapılmaksızın uygulanan anda kalma teknikleri, ortaya çıkmış olan ağrıya kökeni araştırılmadan önerilen ağrı kesiciye benzer. Çocuklar yapıları gereği andadır. Koşarken, saklanırken, resim çizerken, kaydıraktan kayarken sadece içinde bulundukları etkinlikle ilgilenirler. Bir çocuk oyun oynarken, "Çok borcumuz var, bu ayın sonu nasıl gelecek," diyorsa o artık çocuk değildir. Bebeğiyle oynayan bir kız çocuğunun zihni, annesinin teyzesi tarafından büyük haksızlığa uğratıldığı düşüncesiyle meşgulse, yolunda gitmeyen bir şeyler olduğuna emin olabilirsiniz. Yani anda kalmak için çaba harcamanıza gerek yoktur. Çocukken anda kalmak için teknikler uygulamadık. Bugünü oluşturan dünümüz, duygularımız ve bu kitabın diğer ana başlıklarında ortaya konulacak motivasyon, sizi ana taşıyacaktır. Şüphesiz anda kalma çalışmalarını uygulamak, parasempatik sistem lehine olumlu katkılar sağlayacaktır. Burada vurgulamak istediğim temel nokta, tek başına bu çalışmaların stresin tedavisi olamayacağıdır.

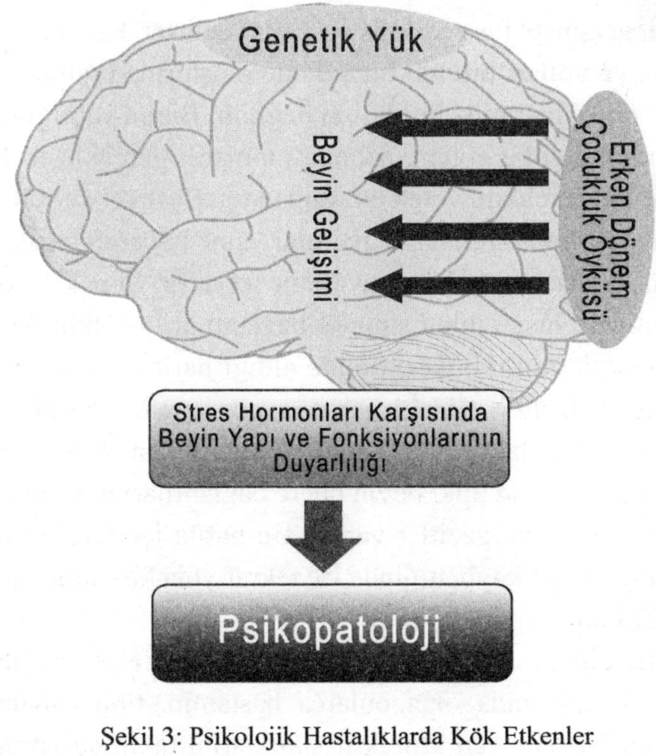

Şekil 3: Psikolojik Hastalıklarda Kök Etkenler

Şekil 3 bizim bugünümüze büyük etkisi olan ve zihnimizde olması gereken bir bilgiyi paylaşıyor. Genetik miras olarak devraldığımız bir beyin yapımız var. Büyük bir aksilik olmadıysa doğduğumuz an itibariyle hepimizde şekli, ağırlığı, içerdiği yapıların fonksiyonları açısından birbirine benzer bir organ var. Bu organ, müthiş bir kayıt cihazı gibi çalışır. Tuttuğu kayıtlar ışığında birtakım sinirsel yollar geliştirir. Sahip olduğumuz düşünceler, duygular, davranışlar, beyin hücrelerimiz (nöron) arasındaki bağlantılar ve yollar gibidir. Tıpkı evinizden işyerinize giderken tercih ettiğiniz yollar gibi.

Yaşamın özellikle ilk yedi yılında, temel devreler şekillenir. Bugünkü yaşamsal olaylar esnasında verdiğiniz tepkileri, geçmişte inşa edilmiş bu yollar belirler. Fakat bu kayıtları ve yolları bilinçli bir şekilde oluşturmadığımız için haberdar olduğumuz bir durum değildir. Bizim yaptığımızı sandığımız çoğu eylem, aslında otomatik gerçekleşir. Erken yaşlarda bakım veren tarafından tutarlı sevgi ve şefkatle oluşturulmuş sinirsel bağlantılar, anne babanın sunduğu yüklü mirastan çok daha büyük bir servettir. Çocukluk dönemimizde inşa edilen sinirsel bağlantılar, yetişkinlikteki yol haritalarıdır. Herkesin eline aldığı harita, kişinin yolculuğuna özeldir. Eldeki haritaya göz atmaya başlamak, kadersel gerçeklerle yüzleşmeyi de göze almak anlamına gelir. Haritada da tıpkı beyin hücre bağlantıları gibi sayısız yollar, yönler ve geçitler vardır. Bu harita içerisinde yolu kaybetmemek, kaybettiğinde ise tekrar yola koyulmak için gereken pusula, duygulardır.

Kliniğimde, yıllardır geçmişe sırt çevirerek bugünü yaşama arzusunda olan onlarca hastamın, tüm çabalara rağmen iyileşmeyen kronik hastalıklarını takip ediyorum.

Araştırmacı, çok okuyan, anda kalma çalışmaları, yoga, meditasyon ve *tai chi* yapan hastalardan bahsediyorum. Bu grup hastalarımda en sık karşılaştığım ortak özellik, öykülerini, duygularını ve yaralarını yok saymalarıdır.

"Gerçek duygusu yaşanmadan üzeri kapatılan her ayrılık, hüzün ve kayıp, ölmeden gömülmeye çalışılan bedenler gibidir."

Otuzlu yaşlardaki genç bir kadın hastam, kronik eklem ağrıları, astım atakları ve yaşadığı yoğun kaygı atakları nedeniyle gelmişti. Birçok doktor başvurusu olmuştu, farklı etken maddelerde ilaçlar kullanmıştı. Hatta bana başvurmadan önce beslenme programları uygulamış, takviyeler almıştı. Birkaç psikiyatrist ve psikoterapist deneyimi sonrası bu anlamdaki yardım arayışını rafa kaldırmıştı. Büyük umutlarla katıldığı meditasyon, aile dizimi çalışmaları ve hipnoz uygulamaları da beklediği faydayı sağlamamıştı. Dönemsel rahatlamalar yaşasa da son birkaç aydır yaşam kalitesi epey düşmüştü. Bu hastalıkların zemininde bir duygu değil de kan tetkiklerine yansıyan bir bozukluk veya vitamin-mineral eksikliği bulma motivasyonu daha yüksekti.

Çocukluk dönemi boyunca yoğun çatışmalar yaşadığı, kendi deyimiyle sorumsuz, alkolik bir babası vardı, ama artık geçmişte kalmıştı. Yakın zamanda kaybettiği babasının ölümünü, sanki başka biri yaşamış gibi rahatça anlatıyordu. Duygu yoktu. Babasının iletişim kurma çabalarına zaten yıllarca kayıtsız kalmıştı. Ortamda duygu yerine öfke, kaygı, takıntı varsa muhakkak kendimizden saklamaya çalıştığımız bir şeyler vardır. Babayı konuşma konusundaki isteksizliğini hissetmiştim, ama bir yanım da karşımdaki yetişkin kadının içindeki terk edilmiş "küçük kız çocuğunu" fark etmişti. Kendisinin değil ama içindeki küçük kız çocuğunun babayla ilgili duygularını sormuş bulundum. Duygulardan yalıtılmış ifadeleri aniden öfkeyle kol kola yürür hale geldi. Birden çocukluk dönemine ait detaylardan bahseder olmuştu. Baba sorumsuzdu, alkol kullanıyordu, eviyle ilgilenmiyordu, ama bir yandan da evdeki en değerli varlığı karşımda oturmakta olan kızıydı. Annesi ve ablasına son derece uzak olan babanın sığındığı limandı kızı. İsminin, babasının annesiyle aynı oluşu bir tesadüf olamazdı. Daha yaşamının ilk yıllarında babasının annesinin ismini alacağını, hatta rollerini de üstleneceğini kimse bilemezdi. Babaya duyduğu yoğun öfke, derinden hissettiği sevgiyle harmanlanmıştı. Bağrına bastığı, sevdiği babanın içindeki haylaz çocuktu. Öfkesi ise yanında güvende, korunaklı, sevilmeye değer hissedeceği bir baba figürünün yokluğundandı. Ben buna "duygusal yetimlik" diyorum. Duygusal yetimlik, var olanların duygusal olarak yokluğu demektir. Bedeni, ruhu, duygusu, yakınlığıyla gerçek anlamda orada olanlardan ayrıldığınızda, yasınızı ve hüznünüzü yaşayıp sağlıklı bir vedalaşma yaşayabilirsiniz. Zor olan "var olan yokların" gidişidir. Anne ve babası ayrıldığında, "Göğsüme sanki bir fil oturmuştu, nefes alamıyordum," hissini ilk kez bizim görüşmemizde hatırlamıştı. Ağlamamıştı, hüznü de yoktu, ama nefesi kesiliyordu. Duygulara olan uzaklığın yükünü taşımak, yine bedene düşmüştü. Elindeki yol haritasında, kendi sorumluluğunu alamayan bağımlı adamların değerlisi, prensesi ve yol göstereni olmaya doğru bir çekilme vardı. Sevgilileri veya boşandığı eşi, fark edilmeyi bekleyen benzer duyguları yaşatmak üzere hikâyesine dahil olup, rollerini tamamlayıp uzaklaşmışlardı. Hastamla yolumuz ayrıntılı kan tetkiklerini ve geçirgen bağırsakları olup olmadığını değerlendirmem niyetiyle kesişmişti, ama yolculuk bizi bambaşka bir noktaya taşımıştı. Birkaç ay içerisinde bedensel şikâyetleri neredeyse tamamen kaybolan hastam, hücresine dokunmanın ötesinde ruhuna dokunmanın yollarını da öğreniyordu.

Bu ve karşılaştığım onlarca benzer öyküde hastalarımdan sıkça aldığım sorulardan biri de, "Benim hastalığım psikolojik mi yoksa biyolojik mi?" sorusudur. Aklınıza gelebilecek tüm hastalıklarda, hastalığın gelişim ya da alevlenme sürecinde psikolojik faktörler rol oynar. Hiçbir hastalık tamamen biyolojik ya da psikolojik değildir. İkisinden birinin ağırlığının daha fazla olduğu durumlar elbette olacaktır, ama sistem genel olarak bir bütün halinde çalışır. Kendinize ve çevrenize dikkat edin, psikolojik bir stres varlığında çok daha çabuk hastalanırsınız ya da zor iyileşirsiniz. Uzun süren hastalıklar genelde bir ayrılığı, ölümü, kaybı, reddedilmeyi takiben başlar. Hatta bazen tetikleyici duyguyu tespit etmek pek de kolay değildir. Psikoloji ve biyoloji birbirinden çok etkilenir. Tedavi planlama sürecinde ikisi birlikte ele alınmalıdır.

Psikiyatrik Hastalıklara Yaklaşım

Psikiyatr denildiğinde aklınıza ilk ne geliyor? Deli doktoru, ruh hastalıkları uzmanı, psikolog, doktor, tanı koyan, ilk bakışta kişilik analizi yapan, ilaç yazan... Örnekleri çoğaltabiliriz, birçok psikiyatri uzmanı psikologla arasındaki farkı anlatmak için epey çaba harcar. Birçok kişide psikiyatrın ne iş yaptığı konusunda kafa karışıklığı hâkimdir. En yaygın kanı, "Psikolog konuşur, psikiyatr ilaç yazar"dır. Ortada bir bozukluk ya da sorun varsa, konuşularak, ilaç verilerek bazen de her ikisi birlikte uygulanarak çözüm yolları aranacaktır. Bu kısım psikiyatrik desteğe ihtiyaç duymuş olan herkes için tanıdık olmalı. Peki, psikiyatri hekimi olarak bizler neye göre tanı koyarız ve nasıl ilaç tedavisine başlarız? Bir psikiyatri hekimi tanı koymak için Amerika (DSM) ve Dünya Sağlık Örgütü (Avrupa etkisinde-ICD) tarafından hazırlanmış rehberlerden faydalanır. Bu rehberler bir hastalıkta istatiksel olarak en sık görülen belirtileri sıralar ve bunlardan şu kadar sayıda şu kadar süre varsa, günlük yaşantınızı da etkilemişse tanı konulur. Gelin depresyona bu pencereden göz atalım.

DSM V tanı kriterlerine göre, majör depresif bozukluk tanısı için aşağıdakilerden en az beşinin en az on beş gün süreyle gün boyu görülmesi gereklidir.

(1.veya 2. kriter mutlaka bulunmalı)

1. Depresif duygu durumu (çökkün ruh hali)
2. Anhedoni, ilgi-istek azalması
3. İştah azalması ya da artması
4. Uyku azalması ya da artması
5. Psikomotor yavaşlama ya da ajitasyon
6. Enerji azalması, yorgunluk
7. Suçluluk, değersizlik hissi
8. Konsantrasyon güçlüğü
9. İntihar eğilimi

Tıpkı depresyonda olduğu gibi anksiyete, panik, bipolar, psikotik bozuklukların da tanısı bu şekilde konur. Bu yaklaşım *deskriptif* yani *tanımlayıcı psikiyatri* olarak adlandırılır. Günümüzde yaygın olan psikiyatri yaklaşımı anlayışı bu şekildedir.

Hangi sebeple olursa olsun, bu tanı kriterlerini karşılıyorsanız ve intihar riski taşımadığınıza ikna olunmuşsa, ayaktan ilaç tedavisiyle takip edilme olasılığınız çok yüksektir. Çok nadiren, ek olarak psikoterapi desteği de önerilir. Klasik yaklaşımda tanıyı koymak için herhangi bir kan tetkikine, beyin görüntüleme yöntemine ihtiyaç yoktur. Psikiyatri asistanlık sürecim boyunca asistan arkadaşlarımla sürekli olarak birbirimize ve çevremizdekilere tanı koyduk. Duygularımızdan daha çok tanılarımızı konuştuk. Hasta takipleri esnasında tüm odak noktamız aldığımız öykülere tanı ya da tanılar yakıştırmaktı. Tanı konulduktan sonra geriye hangi ilacı seçeceğimiz kalıyordu. Depresyonda, kaygı, takıntı bozukluklarında en çok kullanılan ilaçlar serotonin geri alım engelleyicileri (SSRI) olarak adlandırılan ilaçlardır. Bu ilaçlar iki sinir hücresi arasındaki serotonin taşıyıcılarını engeller, yani depresyonun varsa buna serotonin eksikliği yol açmıştır kanısı hâkimdir. Peki, gerçekten öyle midir? İki sinir hücresi arasındaki serotonin miktarını ilaçlarla değiştirmek tedavi için yeterli midir?

Serotonin sinirsel habercilerden biridir. Yeterli düzeyde varlığı ve etkileşim kurduğu reseptör tipi çok önemlidir. Reseptörler genel olarak hücrelerin yüzeyinde bulunan, gelen haberci moleküllerin anahtar kilit ilişkisi kurabilmesi için özelleşmiş alanlardır. Yani her haberci molekül için ayrılmış özel bir bölge vardır.

Şu anda bilinen on dört farklı serotonin reseptör alt tipi vardır[6]. Farklı reseptörlerin serotoninle birleşmesi farklı etkilere yol açar. Verilen ilaç, etkilediği reseptöre göre etki gösterecektir. Örneğin, 5HT1A kaygı ve takıntıyla, 5HT1D

6 5-HT1A, 5-HT1B, 5-HT1D, 5-HT1E, 5-HT1F, 5-HT2A, 5-HT2B, 5-HT2C, 5-HT3, 5-HT4, 5-HT5A, 5-HT5B, 5-HT6 ve 5-HT7.

migrenle, 5HT2A depresyonla, 5HT2C iştahla, 5HT3 bulantı ve kusmayla yakından ilişkili bulunmuştur. Yani "serotonin eşittir depresyon" yanılgısından kurtulmamız gerekiyor. Hatta bazı antidepresan ilaçlar (tianeptin), hücreler arasında serotonin taşınmasını artırarak sinir hücreleri arasındaki miktarı azaltırlar. Öyleyse sadece serotonin azlığı ya da çokluğu değil, serotoninin reseptörlerle ilişkisi de büyük önem taşır.

Serotonin iyi hissetmenin haberci molekülü olmasının yanı sıra beden ısısı, enerji balansı, uyku-uyanıklık döngüsü, kemik yapım-yıkım dengesi, bağırsak hareketleri, trombosit (pıhtılaşma fonksiyonlarında görevli kan hücresi) fonksiyonları gibi birçok hayati reaksiyonda görev alır. Serotonin yetersizliğiyle ilişkilendirilen depresyon, anksiyete, takıntı bozukluklarında, serotonin bir neden değil sonuçtur. Sonuca yani sadece serotonine yönelik her türlü tedavi, kökendeki sorunları çözmeyecektir.

"*Motor arıza lambası yanan bir araçta seyahat ediyorsanız, bu son derece rahatsız edicidir. Çünkü ortada bir sorun ve belirsizlik vardır. Aracınızı bu arıza lambasını en hızlı şekilde söndürecek ve hemen mutlu mesut yola koyulmanızı sağlayacak marka sahibi bir yetkili servis ustasına mı, yoksa sizi biraz yolunuzdan alıkoyacak ve yanan bu lambanın gerisinde neler olduğunu araştıracak, alışıldık bir yol izlemeyen bir ustaya mı teslim ederdiniz? Bu soruya cevap vermeyin, çünkü büyük çoğunluğu mevcut sistemde konforunu bozmak istemeyen varlıklar olarak en hızlı, en kolay ve en az sorumluluk alacağımız yolu tercih edeceğiz. Bu tercih, bize ileride çok daha büyük problemlere yol açacak olsa bile...*"

Kökendeki sorunlara meraklı bir usta olarak serotonin kısmına biraz daha yakından bakalım. Serotonin, yediğimiz gıdaları iyi sindirdiğimizde ortaya çıkan proteinin en küçük parçasından, yani "triptofan aminoasitinden" elde edilir. Triptofan, gıdayla alınması zorunlu bir aminoasittir. Vücut kendisi üretemez. Yeterli mide asidi olan, kaynağı belli hindi eti, muz, çiğ kabak çekirdeği yiyen bir kişi, yeterli miktarda triptofan almış olur. Bağırsaklarda triptofanı parçalayan (örn. kandida) serotonine ya da başka organik bileşiklere (indol, skatol) çeviren mikroplar olduğunda triptofan yetersizliği ortaya çıkabilir. Burada önemli bir ayrıntıdan bahsetmek istiyorum. Vücutta bulunan serotoninin büyük kısmı bağırsaklarda sentezlenir. Daha önce de bahsettiğimiz gibi serotonin sadece beyinde görev yapmaz. Bağırsaklara olan ilgi artsa da depresyona serotonin penceresinden bakış hâlâ değişmediği için, sanki bağırsaklarda oluşan serotonin kan dolaşımına, buradan da beyne geçip depresyondan koruyormuş gibi bir algı oluşmuş durumda. Serotonin bağırsaklardan kana geçtiğinde, beyinle kan dolaşımı arasında yer alan ve kan beyin bariyeri adını taşıyan yapıdan beyne geçemez. Ancak bazı çalışmalar, bağırsak ve beyin arasında uzanan ve vücudun en uzun siniri olan "vagus" aracılığıyla serotoninin taşınabileceği iddiasında bulunmaktadır.

Kesin olan durum şu ki bağırsaklar, beyin sağlığımız için son derece önemli bir noktada yer almaktadır. Bağırsaklarda dönüşüme uğramaktan kurtulmuş triptofan, dolaşıma geçtikten sonra kan beyin bariyerini aşar ve beyne geçer. Beyinde eğer işler yolundaysa, yani inflamasyon, oksidatif hasar yoksa ve yeterli vitamin-mineral varsa, serotonin sentezi yapılabilir. Triptofan aminoasitinin beyinde dönüşebileceği birçok bileşik vardır ve aslına bakarsanız normal koşullarda sadece yüzde üçü serotonine dönüşür. Serotoninden de melatonin sentezlenir. Sabah gün ışığıyla birlikte serotonin, gece saat on itibariyle da melatonin sentezi ağırlık kazanır. Çok ayrıntıya girmeden şunu belirtmeliyim ki triptofanın serotonin dışı gideceği yollar, gelecekte özellikle nörobilim alanının başta gelen araştırma konularından biri olacaktır.

Moralinizin biraz bozuk veya canınızın sıkkın olması depresyon değildir. Depresyonu gerçek anlamda bir kez tatmış bir kişi, nasıl büyük bir acı olduğunu çok iyi tarif edebilir. Bir hastam sanki bir gölün içindeymiş gibi hissettiğini, çırpındıkça daha da battığını ve artık çırpınacak halinin de kalmadığını dile getirmişti. Başka bir hastam, yıllardır büyük bir çukurun içindeymiş gibi hissettiğini, çukurun dibinde yalnız olduğunu ve artık hava alamadığı benzetmesiyle dile getirmişti acısını. En çok etkilendiğim benzetmelerden biri de bedenin içinde hapsolmuşluk hissi yaşadığını belirten bir hastamdan gelmişti. Depresyon, çaresizlik ve umutsuzluk tablosunun belirgin olduğu bir sendromdur. Bu hastalıkta ister ilaç kullanılsın ister kullanılmasın, bütüncül pencereden destek sunmak son derece önemlidir.

Sıkça karşılaştığım sorulardan biri şu: "Hocam bütüncül yaklaşımla ilaçlardan kurtulabilecek miyim?" Bir şeyden kurtulmayı düşündünüz mü hiç? Bir şeyden kurtulma isteği, esaret hissinin yansımasıdır. Bu ilaçla ilgili bir durum değildir, ilaçlar tıpkı hayatınıza zor zamanlarda giren davetsiz misafirler gibidir. Bedendeki işleyiş yoluna girdiğinde kendiliğinden sessizce uzaklaşacaklardır.

Ülke olarak bir yılda yaklaşık kırk-elli milyon kutu antidepresan ilaç kullanmaktayız. Özellikle psikiyatri dışı branşlar da bu devasa satış rakamlarına büyük destek vermektedirler. "Biyolojik bir hastalığın psikolojik boyutu," hissedildiğinde ya da hafif bir anksiyete, keyifsizlik varlığında psikiyatri görüşü alınmaksızın ilaç reçetelenmesi, mevcut problemi çözmekten öte baskılamaktadır.

Genelde depresyon yalnız gezmez, yanına en az birkaç hastalık ya da klinik durum daha eşlik eder. Anksiyete, onu neredeyse hiç yalnız bırakmayan hastalıklardan biridir. Anksiyete kavramı, nedeni bilinmeyen kaygı durumu gibi adlandırılabilir. Bazen kötü bir şey olacakmış, amansız bir hastalığa yakalanacakmış hissi, bazen de nefes alamıyormuş, boğuluyormuş, ölecekmiş hissiyle kendini gösterebilir. Depresyon ve anksiyete hastalarımın neredeyse tamamında çok ciddi düzeyde D vitamini ve magnezyum eksikliği, büyük kısmında ise çinko, demir, B12 ve iyot düzeylerinde yetersizlikler saptamaktayım. Bölümün sonunda psikiyatrik hastalıklara bütüncül planlamalar konusuna değineceğiz.

Psikiyatrinin Gizli Kahramanları: Vitamin ve Mineral Takviyeleri

Depresyon, kaygı ve takıntı durumunda en önemli sinirsel habercilerden biri serotonin demiştik. Depresyonun hücresel düzeydeki ana nedeni inflamasyondur. İnflamasyon varlığında serotonin üretimi azalır, serotonin kaynaklarından başka moleküller oluşmaya başlar. Bağırsaktan sızan toksinlerin ve mikrop kaynaklı ürünlerin, beyin üzerinde ciddi etkileri vardır. Bağırsaklardaki mikrop topluluğu, "vagus" üzerinden beyinle diyalog halindedir. Ne konuştuklarını ve dillerini çözmek, bilim penceresinden epey zaman alacak gibi görünse de biz bağırsaktaki mikroplarımıza çok iyi bakım vermeyi öğrenmeliyiz.

"Bağırsak ve beyin arasında güçlü bir iletişim olduğu muhakkak, ama bağırsaklar ikinci beyin değildir."

Dördüncü Bölüm'de ayrıntılı olarak inceleyeceğimiz, basitçe, bedende tehdit oluşturabilecek bir sürecin ortadan kaldırılması sırasında bağışıklık sisteminin verdiği yanıt olarak tanımlayabileceğimiz inflamasyon, birçok hastalıkta olduğu gibi tüm psikiyatrik hastalıklarda da büyük rol oynar. Diğer önemli etkenler insülin direnci, kan şekeri oynamaları, tiroit fonksiyonları ve oksidatif hasardır. Bu kök faktörler depresyon, anksiyete bozukluklarıyla birlikte bipolar ve psikotik bozukluklarda da önemli rol sahibidir.

Depresyon, anksiyete bozukluğu tanısı almış ve ilaç kullanan bir hasta, ilaçlarını başlatan doktorun kontrolünde olmalıdır. Psikiyatride kullanılan ilaçların, mekanizması basit gibi sunulsa da, karaciğer, bağırsaklar ve beyin üzerindeki etkilerinin iyi bilinmesi gerekmektedir. Örneğin, en sık reçetelenen ilaçlardan olan "fluoksetin" ve "paroksetin", karaciğerin Faz 1 toksin temizleyici enzim reaksiyonlarını etkiler. Bu durum, başka ilaçlarla etkileşim ve bazı hormonların bedenden uzaklaştırılması konusunda da problemler yaratabilir. Diğer dikkat edilmesi gereken nokta, ilaç dozunun psikiyatri hekimiyle ayarlanmasıdır, ilaçlar aniden kendi kararımızla bırakılamaz.

Bütüncül yaklaşımla birlikte fayda sağlandıkça, ilaçlara olan ihtiyacın azalmasına karar verecek olan psikiyatri hekimidir. Bütüncül yaklaşımın amacı asla ilaç bıraktırmak değil, sistem işleyişinin düzenlenmesidir. Son sözü zaten beden söyleyecektir.

"Depresyon ve anksiyete bozukluğunda D vitamini, Magnezyum, B12, Folat, Çinko, B6, İyot, tetkiklerde ölçülmesi ve eksikliğinin giderilmesi gereken ilk desteklerdir."

Depresyonla ve stres yönetimiyle ilgili en sık faydalandığım destek "rhodiola"dır. Rhodiola, özellikle depresyon ve kaygı durumlarında önemli bir bitkisel destektir. Strese bağlı kortizol yüksekliklerinin dengelemesinde rol oynar.

Anksiyete ve kaygı yönetiminde, yeşil çaydan elde edilen L-theanine ve fosfatidil serin, çarkıfelek, kediotu en sık önerdiğim takviyelerdir. Kadın hastalarda özellikle östrojen yetersizliği, depresyon ve progesteron eksikliği anksiyete ve uyku problemleriyle ilişkilidir. Tüm bu vitamin-minerallerin ve takviyelerin formları, dozları, kullanım süreleri ve ilaç etkileşimleri bir doktor tarafından yönetilmelidir.

Sık soru aldığım başlıklardan biri de psikotik ve bipolar bozukluklar konusu. Bir beslenme programı ya da takviyelerle bu hastalıklar iyileşir demek büyük bir iddiadır. Bu hastalıklarda atak esnasında klinik tablolar çok ağırdır ve gerçek tabloya ilk başvurulan doktor hâkimdir. Bir psikiyatri hekimi olmama rağmen bana başvuran hastalarımın ilaç dozlarının ayarlamasını, hasta takibini yapan doktor arkadaşıma bırakmaktayım. Özellikle son yıllarda geliştirilen atipik antipsikotiklerin yan etkilerinin çok daha az olması büyük bir avantajdır. Bu hasta gruplarında ilaç tedavisi devam ederken beslenmenin düzenlenmesi, antioksidan kapasitenin artırılması, inflamasyon kontrolü, metabolik dengenin sağlanması, hormonal denge ve metilasyon sorunlarının giderilmesi tedaviye büyük katkı sağlamaktadır.

Bir Dil Bir İnsan: Sinirsel Habercilerin Dili

İnsanlar konuşarak anlaştıkları için "gerçek" iletişim kurmaları neredeyse mümkün değildir. O yüzden genelde anlaşıyormuş gibi görünmeye çalışırız. Sözler zihinde bir resme dönüşür ve o resim üzerinden sizde daha önceden kayıtlı olan bir duygu, düşünce veya davranış harekete geçer. Her bireyin zihinsel kayıtları, öyküleri ve tetiklenecek duyguları birbirinden farklıdır. "Sandalye üzerindeki bir elmayı hayal edelim," dediğimde, muhtemelen her birimiz farklı özellikler hayal ederiz. Ne o sandalyenin ne de o elmanın öyküsü, yolculuğu, varoluşu hakkında tek bir şey bilmeden kendi zihinsel tasarımlarımızla, kendi deneyimlerimiz ışığında yapay renkler, tatlar, şekiller gelir zihinlerimize. İnsan ilişkilerine baktığımızda da benzer durumlar söz konusu değil midir?

Diyelim bir sohbet esnasında başka bir kişiyle ilgili yapılan yorumları dinliyorsunuz. Bahsi geçen bireyin gerçek öyküsünü, gerçekliğini değil, anlatan kişinin zihinsel tasarımlarının yansımasını dinlemiş olursunuz. Sözler aktarılmadan önce, kişiye özgü zihinsel süzgeçlerden geçer. Söze dökülen her eylem gerçekliğinden uzaklaşır. Bu anlamda, dil öncesi dönemlerden itibaren beynimizde oluşan habercilerin dilini öğrenmek çok işimize yarayacaktır. Hücreler arası haberleşmeyi anlamak, gerçekliğe yaklaşmak için önemli bir fırsattır.

Gelin bedenimizdeki en önemli haberci moleküllerimizin ayrıntılarını, evrimsel pencereyi de içine alacak şekilde değerlendirelim.

Dopamin; dikkat, konsantrasyon, haz ve ödül sistemiyle yakından ilişkilidir. Dopamin bizleri aramaya, keşfetmeye teşvik eden önemli bir "itici" güçtür. Ödülle çalışır. Atalarımızın, bir şey onların heyecanını çekinceye kadar yiyecek arayışları zayıftı. Avlanabilecekleri bir hayvanın izini sürmeye başlamaları ve hayatta kalmak için enerjinin doğru yere yönlendirmeleri dopaminle ilgiliydi. Evrimsel pencereden dopamin, hayatta kalmakla ilgilidir. Dopamin salgılatan her deneyim, evrimsel anlamda varlığımızı sürdürmenin ve yaşama sevincinin bir göstergesidir. Bir sonraki öğün için avlanmanız gerekseydi, emin olun ki dopamini telefonunuza yüklediğiniz oyundan aldığınız puanlarla ya da sosyal medyada paylaşımınıza gelen beğenilerle salgılamazdınız.

Dopamin salgılandığında nasıl hissettiğinizi aslında biliyorsunuz. Dopamin, "Ben başardım, ben yaptım," hissidir. Kurulan dopamin devresi kuvvetliyse, aynı hissi yaşamak için tekrar denemek istersiniz. Bu nedenle dopamin, bağımlılıkla yakın ilişkisi olan bir habercidir. Örneğin, kokaine maruz kalan bir beyinde çok yüksek miktarlarda dopamin salgılanarak güçlü bir haz devresi kurulur. Kokaine benzer beyaz bir tozu görmek bile dopamini artırır. Dopamin sizi harekete geçiren şeydir.

"Hangi yöntemle dopamin salgıladığınıza çok dikkat etmelisiniz! Kumar, alkol, kokain, tehlikeli sporlar, yeni bir bilgi, yeni yerler keşfetme, yeni bir program yazma, yeni bir dil öğrenme ya da yeni bir kariyer..."

Erken yaşlarda kurulan dopamin devreleri kişiye özgüdür. Çocukluğumda, cep harçlığımla köydeki yaşlılara hayatlarını kolaylaştıracak hediyeler alırdım ya da bir işle meşgullerse gücüm yettiğince yardım ederdim. Bu davranışlarımın altında yatan motivasyonunun, annemin uzaktan gurur dolu bakışları olduğunu çok sonra anlayacaktım. Bakışlarla aynalanan değerlilik hissi, bugün beynimde bulunan ödül yollarımı çizmişti adeta. Çocukken dopamin devrelerimizi farkına varmadan inşa ettik ve bugün otomatik olarak benzer duyguların tekrarını içeren senaryolarla, dopamin salgılama yollarını arıyoruz. Erken çocukluk döneminde, bakım verenlerimizle yaşadığımız deneyimler ve bunlara eşlik eden duygularımız, biyokimyasal habercilerle kodlanmış olur.

Yaşamımızdaki ödül devrelerini, vitrinde gördüğünüz kırmızı çantayı satın alarak ya da sekiz saniyede yüz kilometre hıza ulaşacak arabaya sahip olarak da harekete geçirebilirsiniz. Fakat bu şekilde elde edeceğiniz dopamin yanıtı uzun süre devam etmeyecektir. Çünkü ortaya çıkan haberci kimyasallar, varlığını uzun süre devam ettiremezler. Tekrar tekrar deneyimlenmesi ve dozun artırılması gerekir. Ödül elde edildikten hemen sonra büyük miktarlarda salgılanan dopaminin ortaya çıkardığı haz, arkadaşınızın omzundaki büyük parlak taşları olan çantayı ya da komşunuzun yeni aldığı, beş saniyede yüz kilometre hıza ulaşan arabayı görünceye kadardır. Bu aşamadan sonra dopamin, yerini "kortizol"e bırakabilir. Öyleyse haz, sürekli sürdürülebilir bir his değildir. Hiçbir uyaran olmadığını varsayalım. Bu yöntemlerle elde ettiğiniz dopamin düşmeye başladığında, artırmak için satın alma davranışına doğru çekiliriz. Çantanın, ayakkabının, arabanın kendisinin değil salgılanmasına yol açacağı dopaminin esiri oluruz. Çoğu zaman satın alınan bir nesne değildir, nesnenin biyokimyasal haberciler aracılığıyla ortaya çıkardığı duygulardır. Zaten içinde yaşadığımız kurgunun merkezinde de bu vardır.

“İstek ve arzular ihtiyacımızmış gibi sunularak dopamin tüccarlığı yapılmaktadır. Dizilerde izlediğimiz kusursuz güzellikteki kadınlar ve kaslı, zengin, güçlü erkek figürleri, dopamini nerede aramamız gerektiğiyle ilgili satış mesajlarıyla doludur. Kendimizi zayıf, yetersiz, değersiz, çirkin hissettiren her uyaran, farkında olmadan ödül sistemini devreye sokmanın yollarını aramamıza yol açar. Dışarıya bakan satın alır, içe bakan paylaşır.”

Tekrarlayan tatlı yeme ataklarının, alkol kullanımının, madde kullanımının gerisinde, yaşamda sağlıklı yollarla çalıştıramadığımız ödül devrelerimiz vardır. Bunların içerisinde en korkulanı hangisidir? Muhtemelen tamamınız madde kullanımı cevabını verdi. Gelin bu konuya biraz daha farklı pencereden bakalım.

Fareler üzerinde yapılan madde bağımlılığı araştırmalarında, genelde kafesteki fareye biri kokainli biri saf olmak üzere iki farklı su sunulur. Başlangıçta iki suyu da içen fare, zamanla kokainli suyu tercih etmekte ve bağımlı olmaktadır, sonunda da aşırı doz sebebiyle ölmektedir. Zihnimizde, “bağımlılık ölümle sonuçlanır,” kodu hâkimdir. Bu deneylerde de bu durum doğrulanıyor gibi görünmektedir. Fare deneylerinin "bilime" kazandırdığı kuşkusuz çok değerli bilgiler mevcut. Kendi adıma kafese hapsedilmiş bir fareyle yapılan deneylerin sorgulanması gerektiği kanaatindeyim. Özellikle bağımlılık çalışmalarında, bu modele çok daha mesafeli durmaktayım.

1970'lerde Bruce Alexander, sıra dışı bir çalışma yaparak bu konuda aynı mesafeli duruşu ortaya koymuştur. Bruce Alexander, geçmişte yapılan modellerden farklı bir deney tasarlar. Hedefi, farenin ortamındaki değişken sayısını artırmaktır. Daha önceki deneylerde farenin kokainli su dışında tercih edebileceği eğlenceli ya da ilgi çekici başka bir eylem mevcut değildi. Bruce Alexander, içinde tekerlekler, tüneller, cazip fare yiyecekleri ve toplar olan, oynayacak ve çiftleşecek bir sürü başka farenin de bulunduğu büyük bir fare parkı hazırlar ve yine biri kokainli, biri saf olmak üzere iki şişe suyu deney ortamına ekler. Artık deneyin merkezinde hedeflenen ya da öngörülen sonuç değil, gerçeklere ulaşma motivasyonu vardır. Yeni koşullarla hazırlanan deneyde farklı sonuçlar ortaya çıkar. Fare parkında yaşayan fareler, kokainli suyu ya hiç tercih etmezler ya da nadiren içerler ve hiçbiri aşırı dozdan ölmez.

Daha sonra mevcut sonuçlar göz önünde bulundurularak bu deney genişletilmiştir. En baştaki sorunlu deneyde olduğu gibi, birkaç fare boş bir kafese kokainli su ile birlikte yerleştirilir ve fareler bağımlı hale gelir, bir süre sonra da hepsi fare parkına bırakılır. Bu deneyin sonucunda da fareler, ara sıra yoksunluk krizi yaşar, fakat kısa sürede bağımlılıklarından kurtulurlar.

Benzer bir durum Vietnam'da savaşan Amerikan askerlerinde gözlenmiştir. O dönem Amerikan ordusunun dörtte biri esrar kullanırken, Pentagon'un da kabul ettiği yaklaşık kırk bin asker de eroin bağımlısıydı. Savaşın sona ermesiyle bu durum, Amerika için büyük bir endişe yaratmaya başladı. Çünkü binlerce bağımlı asker, şehirlere karışacaktı, fakat beklenenin aksine normal yaşamlarına dönüp ailelerine kavuşan askerlerin çok büyük bir kısmında bağımlılık gelişmedi.

Yapılan deneyde ve Vietnam Savaşı örneğinde, temas edilen çok önemli noktalar var. Bağımlılığın kökeninde çok büyük oranda biyolojik bir etkenin varlığını savunan görüşe alternatif, bütünü hesaba katan dinamik bir anlayış ortaya konmuştur.

"Bağımlılık, 'bağ kuramayan' insanların yok olmaya karşı direnme çabalarıdır. Zihinsel bir kafeste özgürlüğünü kaybetmişlerin, telefonundan gelecek bir sinyale, yemeye, içmeye, dizilere, sığ ilişkilere olan muhtaçlığı, aslında çağımızın en büyük hastalığıdır."

Bağımlılık birey değil, toplum hastalığıdır. Yaşadığımız gezegende hızla artış gösteren bu tehlikeden korunma yollarını irdelemeye çalışalım.

İyileşmeye Giden Yolun Anahtarları

Size, sürekli mutlu olmanın formüllerini vermeyi çok isterdim, "Üç adımda sonsuz mutluluk", "On yedi günde kaygıya son" başlıklarıyla iştahınızı kabartmayı da... Ancak bulunduğumuz gezegen ve beden olarak adlandırılan evrenin özellikleri gereği, bu pek mümkün görünmüyor. Dünyaya eksik varlıklar olarak geldik. Gezegene ayak bastığında ağlaman gerekiyordu, çünkü ağlamadan nefes alamazsın. Bu, tıp fakültesinde okurken öğrendiğim ve çok şaşırdığım bir bilgiydi. "Hem ağlarım hem gelirim," tadında bir yolculuk... Ağlayarak ilk adımların atıldığı bu soğuk, tehlikeli ortam yetmezmiş gibi, bir de tamamen muhtaç bir haldesin. Öylece bıraksalar yaşama şansın yok. Doğduğun anda sıcak bir tenle, gelişine hazır şefkat dolu bir ruhla temas etmek, yaşam boyu elde edebileceğiniz en büyük şans olabilir. Oksitosin düzeyi yüksek bir annenin güvenli kolları, tüm beyin yapınızı olumlu yönde etkileme potansiyeline sahiptir.

Oksitosin bağlanma, bağ kurma hormonudur. Annenin göz teması, yakınlığı, ten teması, şefkati, bebeğin oksitosin sisteminin gelişimi açısından çok önemlidir. Annenin bu misafire hazır oluşunun, bebeğin beyin gelişiminde, hatta genleri düzeyinde olumlu etkileri vardır. Oksitosin, bebeğin beyin sinirleri bağlarının (sinaps) sağlığı açısından çok önemlidir. Bebeklik döneminde beyinde inşa edilen yolların ve devrelerin, oksitosinle yakın ilişkisi vardır.

Bir gün, sabahın erken saatlerinde kahvaltı ederken kapı çaldı ve içeriye hafif öne eğilmiş, karnını eliyle destekleyen, yüzüne bakıldığında acı hissettiği anlaşılan yirmi beş yaşlarında bir kadın ve daha sonra ebeveynleri olduğunu öğrendiğim iki kişi içeri girdi. Annem çok yakın ve son derece ilgili bir şekilde misafirlerimizi karşıladı. Kim olduklarını bilmediğim misafirlerimizden birinin babaannesi ile annemin dedesi arasında, benim hâlâ tam anlayamadığım bir akrabalık ilişkisi varmış. Annemin en son ne zaman görüştüğünü hatırlamadığı misafirleri, bir gün ansızın kapımızı çalmıştı. Sonrasında şahit olduğum konuşmalarda, genç kadının son bir aydır ciddi karın ağrılarının olduğu, durum ancak acil bir hal aldıktan sonra harekete geçtiklerini öğrendim. Bu yaşadığımız durum, bizim ev için alışıldık bir durumdu. Kapı her an çalabilir ve uzak bir akraba, Sivas'ta göreceği tedavi için annemi ansızın ziyaret edebilirdi.

Annem kucaklayıcı, sevecen, bakım vermeyi çok erken yaşlarda öğrenmek zorunda kalmış bir Anadolu kadınıydı. Daha beş yaşındayken bile annemle birçok acil vakanın tedavi sürecine katkı sağlamıştım; apandisit, dış gebelik, kolesistit bunlardan bazılarıydı. Gelen hiçbir misafiri, hastayı, karnı aç olanı geri çevirmeyen, verdiği bakımlar ve yaptığı yardım süresince en ufak şikâyetini duymadığım bir kadın emzirmişti, doyurmuştu, sevmişti, bağrına basmıştı beni. İlkokul döneminde birkaç kez mahalle değiştirmiştik ve yeni girdiğimiz her ortamda annemin birleştirici, anlayan, dinleyen, bağ kuran bir kadın olma özelliği sayesinde ortama çabucak uyum sağlıyorduk.

Annemin farkında olmadan onlarca insanın iyileşmesine aracı olan özellikleri, belki de atalarından aktarılan bir mirastı. Koşulsuz vermeyi, kucaklamayı, paylaşmayı ve şefkati ruhunda taşıyordu. Yardım ettiği birinin ona karşılığını vermesi gerekmezdi ya da kendisinde hayal kırıklığı yaratması muhtemel durumlarda asla tepkisel, suçlayıcı olmazdı. Olamazdı, çünkü annemin bedeninde böyle bir kayıt yoktu.

Annemi "oksitosin" hormonuna benzetebilirim. Besleyen, şefkat veren, empati kuran, anlayan, birleştiren, güvende hissettiren özellikleri, hücresel düzeyde taşıdığı haberlerin benzerliği nedeniyle annem oksitosine benzer. Annemden bana miras kaldığını düşündüğüm birçok özelliğin oksitosinle kodlandığını düşünüyorum. Oksitosin bir kişi olsa kim olurdu? Oksitosin mahalledeki en güvenilir kişidir, onun varlığında diğerleri iletişim kurar, birleşir. Oksitosin bağış yapan, sokakta kedi köpek besleyen şefkatli kişidir. Oksitosin bir ortama girdiğinde huzur verir. Hatırlayalım, stres karşısında ilk tepki veren ve savaş ya da kaç yanıtı uyaranı oluşturan yapımız amigdalaydı. Oksitosin amigdalayı sakinleştiren, gerginliği yumuşatan, sizi "an"a çekmeye yardımcı olan hormondur. Toprağa bastığınızda evrenle bütünleştiğiniz, güvende olduğunuz mesajını verir.

Van'da çalışırken yaygın ağrılarla başvuran kadın hasta oranımın çok yüksek olduğundan bahsetmiştim. Ağrı kesiciden yanıt alamamış birçok hastama ağrı kesiciyi ağızdan değil, ciltten uygulanabilir formlarda tavsiye ediyordum. Ama çok önemli bazı kurallar da ekliyordum. Önerdiğim kremi sadece eşi uygulayabilecekti. En az yirmi dakika süreyle, sessiz bir ortamda, acele etmeden, sakin bir şekilde, günde iki kez uygulanacaktı. Kısacık görüşme süremizde, düzenli psikoterapi desteği almayacağını bildiğim hastalarımın oksitosinlerine dokunabilmenin yöntemi olarak bunu bulmuştum. Bu yöntemle, ağrı kesicilerden hatta ağrı üzerinde etkin antidepresanlardan çok daha olumlu sonuçlar aldık. Başlangıçta bunu tuhaf bulan, hatta direnç gösteren bazı hastalarımın eşleri de bir süre sonra kendilerinin de daha iyi hissettiğini ifade etmeye başlamışlardı. Dokunmak, dokunulmak, sevildiğini hissetmek oksitosin salgımızı destekler. Güven hissi uyandırır ve bedenimizdeki tehdit kimyasallarını azaltır.

Panik atak, depresyon, takıntı bozukluğu, bağırsak hastalıkları ya da tiroit, şeker hastalığı, bağışıklık sistemi hastalıkları, fibromiyalji veya migren gibi hastalıklarda iyileşme, oksitosinden geçer. Kilo dengesini sağlamak, sağlıklı yaşamak, sağlıklı ilişkiler kurmak konusunda yardım arayışındaysanız önce oksitosini öğrenmelisiniz. Oksitosini en yoğun hissettiğimiz dönem, doğum sonrasında annemizle bağ kurduğumuz dönemdir. Anne memesiyle kurulan temas, bu dönemde çok önemlidir. Bağ kurmak ve beslenmek için en önemli kaynak memedir. Öyleyse beslenme, doyum ve yakınlık, güven hissiyle birlikte kodlanmıştır.

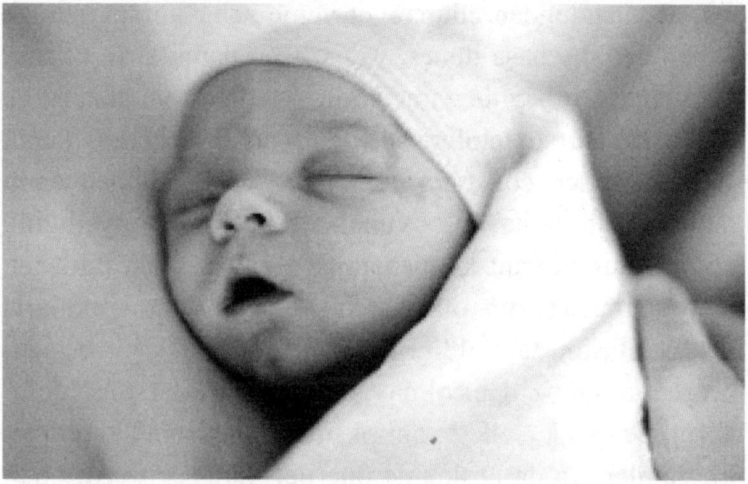

Fotoğrafta gördüğünüz bebek karnını doyurmuş ve şimdi ruhunu şefkatle, kimyasını ise oksitosinle dolduruyor. Bulunduğumuz coğrafyada, ortalama koşullar itibariyle bebeklikte karnımız aç kalmadı, ama ruhumuz konusunda aynı şeyi söylemek çok zor. Bugünkü yeme davranışımız, ilişkilerimiz, bağımlılıklarımız geçmişin gölgesinde oluşmuştur. Boşluk hissi, çökkün ruh hali ve kaygı varlığında güven, yakınlık ve şefkat ararız, yani "oksitosin" ararız. Yemek yeme, sigara içme, parmak emme davranışlarının temelinde bu sistemler yatabilir. Öyleyse bugün işlevselliğimizi bozan her davranışın arkasındaki duyguyu tespit etmek ve ilgili kimyasal habercileri dengeleme yoluna gitmek iyi bir fikir olacaktır. Yıllardır sürekli atıştıran, günde altı yedi öğün yemek yiyen, kilo problemi, yaygın kas ve eklem ağrıları olan bir kişinin eline tutuşturduğunuz "diyet" programı, hangi içerikte olursa olsun ruha dokunur mu?

Sosyal medyada, televizyon programlarında herkes ne yememiz gerektiğini anlatıyor. Glüten, laktoz, kazein tartışmaları almış başını gidiyor. "Glüten yeme, yirmi beş yıl vücudundan çıkmaz, et yeme zehir alırsın, ekmek yersen her şey başa döner; yağ yersen damarların tıkanır, yağ yemezsen beynin zarar görür, istediğini ye ama az ve sık ye..." Bu söylemleri sık duyuyoruz ve herkes kendi söylemlerinden çok emin. En rahat ve kendinden emin konuşanların da hayatı boyunca tek bir hastanın yediğini, içtiğini, duygularını konuşmamış deneysel tıpla ilgilenen doktor arkadaşlarım olması çok üzücü. Nano robotlarla DNA tamirinin tartışıldığı bir dönemde, ortak bir beslenme programımız dahi olmayışını nasıl açıklarsınız? İçinde ruh, yakınlık, şefkat yani oksitosin olamayan katı diyet programları ya da beslenme önerileri kalıcı bir iyilik hali oluşturabilir mi?

Binlerce hastamla yolum kesişti, birlikte iyileşmenin yollarını aradık. Onların gözlerinin içine baktım, davranışlarının gerisindeki duyguları anlamaya çalıştım. Bazen de anlayamadım, birbirimizi hayal kırıklığına uğrattığımız da oldu, mucizeler yarattığımız da... Ama yol arkadaşlığıydı bu ve yolda iniş çıkışlar vardı. Bir hastamla olan yolculuğumuzun küçük bir kısmını sizlerle paylaşmak istiyorum.

"Yıllardır onlarca doktor gezdim, birçok tedavi aldım. Onlarca farklı ilaç kullandım. Tedavideki her başarısızlıkta kendimi suçladım. Yine beceremedin diyorum kendi kendime. Kendimi suçladıkça kontrolü kaybediyorum ve daha çok yemeye başlıyorum. Bana beslenme programı veriyorsunuz ve ben kendimi sınavda gibi hissediyorum. Beslenme programının önemini çok iyi bilmeme rağmen gizli

gizli kaçamaklar yapıyorum. Size her gelişimde 'eksiksiz yaptım ve kendimi çok iyi hissediyorum' demeyi o kadar çok istiyorum ki. Hoşunuza gitmeyeceğini bildiğim yasak listesinden tükettiğim gıdaları size anlatırken çocuksu bir suçlulukla dile getiriyorum. Bir bilseniz şefkate, yakınlığa, fark edilemeye olan ihtiyacımı. Gözümün içine baktığınızda, beni anladığınızda, kabul ettiğinizde çok mutlu oluyorum. Dördüncü görüşmemizde beslenmeyi tamamen bozduğumu itiraf etmiştim size ve pişman olduğumu, artan ağrılarımı, iyice bozulan ruh halimi hak ettiğimi söylemiştim. Sizse kendime karşı daha yumuşak olmam gerektiğini, diyetimi ister bozayım ister tam yapayım, bu yolculukta bana eşlik edeceğinizi söylemiştiniz. O gün ilk kez bir doktorumun beni terk etmeyeceğini anlamıştım. Beslenmemi bozdum, randevulara geciktim hatta ücreti bahane ederek bazılarına gelmedim, takviyeleri eksik kullandım. Belki de bilinçdışım test etti hâlâ orada olacak mısınız diye? Anlıyorum ki art arda yönelttiğim, cevabını bildiğim sorularımın gerisinde de bu vardı.

Evet, artık biliyordum, oradaydınız. Emekleyen bir çocuğun kaygılı ilk adımlarına eşlik eden bir ebeveyn gibi sabrettiniz. Birkaç kez düştüm ve kalktım. Düştüğümde kendimi ve sizi suçladım. Beslenmenin, takviyelerin işe yaramadığını söyleyerek sizi suçladığımda siz, aslında benim suçlu hissettiğimi ve bu duyguyla baş edemediğim için size yansıttığımı hemen anlamıştınız. Bu suçlamaların gerisinde sorumluluk almaya, büyümeye bir anlamda iyileşmeye direnç gösterdiğimi göstermiştiniz bana. Siz düşmem, kalkmamla değil, çaba göstermemle daha yakından ilgiliydiniz. Kan tetkik sonuçlarımı her elinize alışınızda karne heyecanı yaşayan bir çocuğun küt küt atan kalbini taşıyordum sanki. Artık biliyorum ki çıkan sonuçlar nedeniyle suçlanmayacak, yargılanmayacaktım. Sizin bana karşı tutumunuz benim kendimle olan ilişkime yansımaya başlamıştı. Sanırım iyileşmeye başladığımı ilk kez o an hissetmiştim."

Her iyileşme yolculuğunun merkezinde, kişinin kendisiyle kurduğu ilişkinin yargılayıcı nitelikten şefkate dönüşmesi önemli yer tutar. Kendisine gerçek anlamda şefkatli olan bir kişi, hücresine de şefkatlidir. Yediği ve içtiği şeylerin hücresiyle olan ilişkisini öğrenir. Kimyasını oksitosinle besleyerek ruhunu ve fonksiyonel gerçek gıdalarla mitokondrisini doyurur, böylece gerçek olmayan açlık ataklarını daha az yaşar. Katı beslenme kuralları, aşırı takıntılı beslenme uğraşıları ve bunu dillendiren yargılayıcı, despot söylemlere maruziyet, kortizol düzeyinizi artırır ve siz dünyanın en güzel gıdalarını bile sindiremez hale gelebilirsiniz. Biliyorsunuz kortizol varsa savaş ya da kaç devresi aktiftir. Beden sindirimle ilgilenmez. Günümüzde gerçek stres kaynaklarından çok sahte streslere maruz kaldığımızı öğrenmiştik.

Sahte stresin ana kaynakları, yetersizlik, değersizlik, güvensizlik hisleri ve sevilmeye değer hissetmeme duygularıdır. Taşıdığımız bu duyguları harekete geçiren her uyaran, bizde tehlike sinyallerini harekete geçirir. Aylardır yogaya giden bir kişinin seanslarına geç kalmaktan aşırı kaygı duyması, duyguya uzak çözüm arayışlarındaki ironiyi ortaya koyar. Depresyonda (melankolik) kortizol düzeyleri yüksektir. Gerçek bir tehdit (üzerinize doğru gelen bir otomobil) varlığı olmamasına rağmen bedende sinirsel ve hormonal sistem harekete geçmiştir.

"En etkili ilacımız güvenli bağlar ve oksitosinle kurulmuş sinirsel yollar inşa etmektir."

Oksitosin salgısını nasıl destekleriz? Bu konuyla ilgili sıklıkla evcil hayvan beslemek, onlara dokunmak önerilerini duymuş olabilirsiniz. Bunlara ek olarak göz teması kurmak, bağış yapmak hatta doktorunuz kontrolünde nazal oksitosin spreyleri bile deneyebilirsiniz. Ama bu reçete şeklindeki önerilerden öte bağ kurmayı öğrenmenin yollarını aramak, en etkili yol gibi görünüyor. Bağ kurmak iyileştirir. Bağ kurabilmek için kendimizi koşulsuz kabule giden bir iç yolculuğa hazır hissetmemiz gerekiyor. Çok erken yaşlara gidip kodları değiştirmek ya da geçmişi silip yeniden yüklemek gibi kolay ve hızlı yöntemlerin olmadığını belirtmeliyim. Bu nedenle, bu alan psikoterapinin konusudur. "Ama birçok psikoterapi yöntemi var, biz hangisini kullanacağız?" diyeceksiniz. Hangi yöntem olursa olsun yardım almayı planladığınız psikoterapist, bir iç yolculuk esnasında karşılaşılabilecek iniş çıkışları, sarsıntıları ve tetiklenen süreçleri yönetebilme yetisine sahip olmalıdır.

Psikoterapist de doktor da bir insandır. Onların da beyninde ödül merkezleri, hazları, öfkeleri, korkuları, oksitosin devreleri vardır. Size yardım etmek isteyen bir kişi en çok hangi alana odaklanma eğilimindeyse, kendisinin de o alanına daha ayrıntılı bakması gerekir. Takıntılı beslenme programı, aşırı tetkik, abartılı gıda takviyesi odaklı, tek başına ilaç merkezli, ruhsal sistem konusunu basit bir stres yönetimine indirgeyen yaklaşımlar, mekanik ve bağ kurmayı zorlaştıran yöntemlerdir.

Bütüncül Yaklaşımın Üç Ayağı

Neredeyse tüm hastalıklarda geçerli olan bütüncül yaklaşımın üç ana ayağı vardır. Bunları sac ayağı gibi düşünebilirsiniz. Herhangi bir tanesi olmazsa yıkılır, eksik ya da fazla olursa ayaklar yere sağlam basmaz.

Bütüncül bakışa sahip, bağ kurabilme yetisi olan bir hekimin, bazal kan tetkikleri desteği ve aldığı öykünün ışığında hastanın; kimyası, hormonal sistemi, inflamasyonu, kan şekeri dengesi, bağırsakları ve metilasyon döngüsü hakkında bilgi edinmesi ilk ayaktır. Süreci planlayan ve yöneten hekim, hastanın bağlanma, bağ kurma kapasitesini değerlendirebilmeli ve onu yardım arayışına iten görünür nedenden öte kökendeki ruhsal sorunları fark edebilmelidir. Bunun için illa psikiyatri hekimi olmak gerekmez. Yalnızca kendi ruhuna, yolculuğuna yakınlaşmış bir kişi, ötekinin yarasına şifa olabilir. "Bütüncül yaklaşıma sahibim," iddiasında bulunan her hekim, kendisine yakınlaşmak için psikolojik eğitim, hatta gerekiyorsa psikoterapi desteği almalıdır. Bunu psikoterapi uygulamak için değil, karşısında şifa arayan bir kişinin yolculuğuna, duygularına yakın olmak için, masanın diğer tarafındaki seyirci değil bizzat yol arkadaşı olabilmek için yapması gerekiyor. Üstten bakış sergileyen, her şeyi bildiği inancında olan, değişime kapalı, kendine yabancı, diğer tüm yaklaşımlara ve meslektaşlarına aşağılayıcı bir tutum takınan bir "yol gösterenin", önce kendisinin yardım alması çok önemlidir. Aksi halde yardımcı olunan hastalarda iyileşme gibi görünen çoğu durumun aslında üzerini örtme, maskeleme, erteleme çabasından öteye geçmeyen uğraşılar olduğu gerçeğiyle yüzleşme olasılığımız yüksektir.

Bütüncül yaklaşımın ikinci ayağında, beslenme programını yürütecek bütüncül bir beslenme uzmanı vardır. Bu program bilgiyi, ulaşılabilirliği ve bağ kurmayı içerir. Asla ele tutuşturulan şunu ye bunu yeme diyen kâğıtlar değildir. Peki, bütüncül beslenme uzmanının yaklaşımı nasıl olmalı? İşte size bir örnek:

"Bu yolda seninleyim, karnının değil ruhunun doymasını ön planda tutacağım. Başlangıçta zor gibi görünen beslenme programı, asla bir ceza değildir. Amacı, bedenine ve hücrelerine şefkat göstermenin yollarını aramaktır. Çünkü tıpkı hayatında kurduğun bazı ilişkilerin verdiği zarar gibi, yiyip içtiklerin de hücrelerine aynı durumu yaşatıyor ve ben sana bunların nasıl gerçekleştiğini, gerekirse hücrelerin dilini bilimsel kaynaklar eşliğinde anlatacağım. Ben hücrelerine şefkat göstermeyi öğrenmene aracı olacak kişiyim ve asla masanın diğer ucundan parmak sallayan, 'Bunu yersen iyileşemezsin, ekmek yediğin için başa döndük,' diyen olmayacağıma söz veriyorum. Zaman içerisinde beslenme programın giderek zenginleşecek ve hatta yasak listesindeki birçok gıdayı tüketebileceksin. Yediklerinin, içtiklerinin, beslenmene yeniden dahil olan gıdaların sende oluşturabileceği değişimleri birlikte takip edeceğiz.

Dışarıdan duyduğun histamin intoleransı, lektin, glüten hassasiyeti, eliminasyon, bifazik, AIP, GAPS, ketojen diyet, low foodmap gibi kavramları ya da zihnini karıştıran her şeyi bana sormanı, benimle paylaşmanı istiyorum. Bedenine ve hücrelerine olan uzaklığının, hastalığın gelişimindeki ana faktörlerinden biri olduğunu birlikte deneyimleyeceğiz. Başlangıçta bana sık ihtiyaç duyabileceğini, o yüzden benimle sık temas kuracağını biliyorum, bu yüzden daha cesaretli olmanı istiyorum. Dilediğin kadar hata yapma şansına sahipsin ve çekinmeden benimle paylaşabilirsin. Zaman zaman seninle olan yolcuğumda bilgisiz, yetersiz de hissedebilirim, ama bu hissi sanki 'senin yetersizliğinmiş gibi' sana yansıtmamak için kendi duygularıma da yakın olacağım ve izin verirsen seninle paylaşacağım. Ne yaparsan yap, sen bu yolda olduğun sürece seni yargılamadan, aşağılamadan, bıkmadan sana eşlik etmek için çaba harcayacağım. Bilmediğimiz bir yola girdiğimizde hangimiz daha sık yardım istemedik ki... Zaman geçtikçe ve bu yolu tanıdıkça bana olan ihtiyacının azalacağını biliyorum."

Üçüncü ayak psikoterapisttir. Bakın psikiyatr, psikolog veya rehber danışman demiyorum. Çünkü bu etiketler, kendimize olan yabancılığımızın gerçek merhemi olamayabilir. Kendine, öyküsüne yakınlaşmak için eğitimler, yardımlar almış, hatta hasta takibi yaparken bir üst gözlemciden (süpervizyon) geri bildirimler almış kişilerden, yani kendisiyle yüzleşme cesaretini göstermişlerden bahsediyorum. Kaygılar, korkular, ağrılar, sızılar, beni gör diye çırpınan hücresel ve duygusal çabalardır. İlk iki ayak, özellikle duyguyu hesaba katan hücrelerle ve aralarındaki haberleşme sistemiyle çok yakından ilgilidir. Burada en büyük alanı duygular kaplar. Bahsi geçen psikoterapi, duygunun izlerinin sürüldüğü, erken çocukluk döneminde kara kutu kayıtlarımızın bugüne yansımalarının masaya yatırıldığı bir süreçtir. Yaşamın ilk yıllarında bakım verenin beni bana aynaladığı, yani olduğumu sandığım kişinin nasıl ortaya çıktığını anlama, keşfetme sürecidir. Anlamadan, öğrenmeden geçmişi affetme gibi yaklaşımlar geçici iyilik halleri sunar, kendimize olan körlüğümüzü ve yabancılığımızı besler.

Bu ağaca her bakışımda içimde birçok duygu uyanıyor. Tek başınalığı, yıllarca maruz kaldığı onca fırtınaya rağmen ayakta kalışı, direnişi, vazgeçmemesi, köklerine olan bağlılığı, biraz eğildim, büküldüm ama ayaktayım diye haykırışı... Bu duruş beni etkiliyor, çünkü benim de fırtınalarla dolu öykülerim ve geriye bıraktığı yaralarım, izlerim var. Bu ağaç eğilme, bükülme şikâyetiyle bir psikoterapiste gitseydi, psikoterapist ona dik durması için ödevler hatta ilaçlar verebilirdi. İlaçların etkisiyle dik durur, görmezden geldiği fırtınalarda muhtemelen ya kırılır ya da kökünden sökülür, uçar giderdi.

Geçmiş değersizleştirilerek uygulanan her türlü psikoterapi, varoluş yolculuğumuza katkı sağlamaz. Geçmiş algısal çarpıtmalarla, zihinsel oyunlarla dolu olabilir. Ama bunun yanı sıra orada köklerimizden aktarılan, yaşamımızı derinden etkileyecek hazineler de kayıtlıdır. Amaç sadece sizi rahatsız eden bataklık sivrisinekleriyle ilgilenmekse, koca bir hayatı sadece sinek kovucu kullanarak geçirebilirsiniz (kaygı atağında sadece kaygıya odaklanmak gibi). Ama o bataklığı kurutup, asırlardır aktarılan hastalıklı kodların ulaştığı son halka olabilmeyi başarma telaşınız varsa, varoluş yolculuğunuzu, nereden geldiğinizi, atalarınızdan ve bakım verenlerinizden kalan mirası olabildiğince gerçeğe yakın değerlendirebilmelisiniz. Kısacası, bir yoldaş eşliğinde yeniden doğmanın yollarını aramalısınız. Şu an bunları okuyor olmanız da konforunuzu bozup yeniden doğmak için sancı çekme cesaretinizin olduğunun bir göstergesi değil mi?

Kısacası benim önerdiğim bütüncül yaklaşımda, yolculuğunuza eşlik edecek üç kişi vardır: Bütüncül tıp uygulayıcısı bir hekim, bütüncül beslenme uzmanı ve bütüncül psikoterapist.

Önümüzdeki yıllarda adını daha da sık duyacağınız *resilience* kavramının, kabul ve kararlılık terapilerinin merkezinde bugünü oluşturan dünü anlama, fark etme, kabulde olma, esneme ve sebatkâr olma özelliklerimizin harekete geçirilmesi hedeflenmektedir. Evrenin, doğanın, bedenin kendi koşulları var ve biz onları kontrol edemeyiz, pazarlık yapamayız. Öyle zamanlar olur ki küllerimizden yeniden doğmak zorunda kalırız ve işte yaşamın en büyük güzellikleri de bu büyük sancılardan sonra gelir.

Bu yolculukta bedenler, maddeyi deneyimlemek için birer araçtır. Bu evren içerisinde varoluşunun bir nedeni olduğunu, nereden gelip nereye gittiğini kavrayan insan kendine, doğaya ve ötekine şefkatlidir. Bütünün bir parçası ve birbirimize bağlı olduğumuzu bilir. İncinse de incitmez. Bağ kurmak, ruha dokunmak, sevmek, iyileştirici ve bulaşıcıdır. Evren bir denizse, biz de onun tüm özelliklerini barındıran bir kap suyuz.

"*Unutmayın!*

Tek bir damla su, tüm suyun özelliklerini etkileme potansiyeline sahiptir."

ÜÇÜNCÜ BÖLÜM

KUTSAL ÜÇLÜ: BESLENME, SİNDİRİM SİSTEMİ VE BAĞIRSAKLAR

Bu bölümde tükettiğiniz bir lokmanın, bu sistemdeki yolculuğu esnasında başına gelenler, bu süreçte ortaya çıkan reaksiyonlar ve bağırsaklarımızda bulunan trilyonlarca mikro canlının bu sistemdeki yeri bütüncül pencereden özgün bir bakış açısıyla anlatılacaktır. Konuya öncelikle "beslenme" sözcüğünü ve beslenme amacımızı gözden geçirerek başlayalım. Beslenmenin asıl amacı nedir? Bu soruyu herkesin kendine sormasını istiyorum.

Beslenme kavramında en önemli sürecin sindirim olduğunu biliyoruz. Peki, şu anda ya da son birkaç saat içerisinde tükettiğiniz gıdaların gerekli olup olmadığı, içerdiği katkı maddeleri, beden içerisinde nasıl sindirildiği, nasıl öğütüldüğü, ne işe yaradığı, hangi hormonları uyardığı veya sizin dışınızda başka canlıları da besleyip beslemediği, kronik iltihap yapıp yapmayacağı riski, bağışıklık sisteminizle iyi geçinip geçinmeyeceği hakkında sorular sorsam. Merak etmeyin, sadece siz değil, şu an kitabımı okumakta olan sağlık profesyonellerinin de bu sorulara yanıt aramadıklarını biliyorum. Şimdi birkaç adım geriye gidelim.

Henüz yeni doğmuş, karnını doyurmak için annesinin memesi dışında pek de alternatifi olmayan bir bebeği düşünelim. Sizce bebeği meme arayışına yönelten içgüdü sadece açlık hissi midir? Bir bebek sadece acıktığı için anneyi emmiyor; güvenlik, sıcaklık, yakınlık arayışı, yani korunaklı bir alanın varlığını hissetme ihtiyacı da önemli içsel motivasyonlar olarak karşımıza çıkıyor. Bu, bizlerin yazılımındaki önemli bir kod. Buradaki doyumun fiziksel bir ihtiyaçtan çok, içgüdüsel bir eksiklik hissini gidermeye yönelik olduğunu ifade edebiliriz.

"Evrimsel olarak hayatta kalmamız için bedenimizin geliştirdiği fizyolojik uyarı mekanizmalarından biri olan açlık hissinin, gerçek anlamda bu duruma hizmet edip etmediğinin sorgulanması gerekmektedir."

Bu yaklaşım, sizi temel sorgu alanlarından birine davet ediyor: Aç olan beden mi, yoksa ruh mu? Açlık hissini sorgulama sürecinde bu dürtüyü fark ettiğiniz an, besin arayışına yönelmeden önce kendinize bu soruyu yöneltmelisiniz. Fark edilemeyen her dürtü, bireyi kendiliğinden işleyen bir tekrarlayıcı davranışın esiri yapar. Dürtünün ilacı sorular sormaktır, sorgulamak ve cevap aramaktır. Öyleyse gelin, açlık hissinin gerisindeki mekanizmaları sorgulamaya başlayalım.

Beden, her biri kendi alanında organize olmuş kusursuz bir haberleşme ağının kullanıldığı, binlerce mitokondri ve trilyonlarca hücreyi taşıyan, bu oluşumla iletişim, işbirliği içinde olan ve trilyonlarca mikrop topluluğunu barındıran bir sistemdir. Varoluş itibariyle içinde bulunduğumuz bu ekosistemin işleyişini, inceliklerini, kullandığı dili, verdiği mesajları doğru analiz etmek zorundayız. Yüzdüğü denizde sudan haberi olmayan bir balık düşünün. Balıktan farkımız, içinde olduğumuz düzeni anlama ve parçası olduğumuz bütünün özelliklerini öğrenmeye çalışma motivasyonudur. Hücrelerimizin mesajlarını telaşla baskılamak, susturmak yerine işleyişini kavrayıp, iletişim dilini yorumlamayı öğrenmek, verdiği mesajları doğru algılamak, ihtiyaçlarını doğru tespit edip karşılayabilmek, "gerçeğe" ulaşma yolculuğunda sağlam adımlar olacaktır.

"'Bedenin sahibiyim' anlayışından öte, onun içindeki milyonlarca mucizevi bağlantı silsilesinin gözlemcisi konumunda olmak, bir bakıma bu sistemin bir konakçısı, misafiri veya üyesi gibi bir kabulde olmak gibidir. Anahtar nokta, bedeni ve kendini yargısız bir gözlem yoluyla değerlendirmektir."

Peki, söylemde basit görünen, ama fiziksel bozuklukların da etkisiyle uygulamada zorluklar yaşanması muhtemel bu farkındalığın merkezinde ne var? Yeme, içme, emme, tüketme davranışlarının gerisinde, hormonal ve biyokimyasal yanıtların beslediği "öğrenilmiş", ama farkında olmaksızın deneyimlenen ve sonucu haz olan bir otomatizmayı da hesaba katmamız gerekiyor. Gün boyunca birini tüketip diğerine aşerilen şeker ve basit karbonhidratlar, insülin ve leptin hormonları üzerinden beyinde dopaminerjik sistemi aktive eder. Bu sistem insanda harekete geçtiğinde haz oluşur ve geçici bir keyif alma hali ortaya çıkar. Son bir haftadır eşinizle ya da patronunuzla yaşadığınız gerginlikler, iyi bir baba, özverili bir anne, başarılı bir öğretmen olamadığınız hislerinin ortaya çıkardığı suçluluk hisleri, duygusal bir yük oluşturabilir. Zor zamanlar geçirdiğimiz dönemlerde tüketim miktarı epeyce artırılan basit şeker ağırlıklı atıştırmalıklar, bu duygusal yüklerden sıyrılarak beynimizdeki haz merkezleri üzerinden kısa süreli de olsa iyi hissetme hali yaratabilir. Biyokimyasal ve hormonal değişimlerin yol açtığı kısa süreli olumlu değişiklikler beden için bir yüktür ve bir süre sonra bağımlılığa dönüşme riski taşır. Duyguları görmezden gelip atıştırmak yerine hislerimizi fark etmek, bu kısır döngünün önüne geçme konusunda iyi bir yol olabilir.

Fizyolojik pencereden bakıldığında açlık, hücrelerin hatta hücre içindeki mitokondrilerin enerji üretmesi açısından gerekli mikro besinlerin sağlanması amacıyla merkezi sinir sisteminin, hormonlar aracılığıyla oluşturduğu bir uyarı sistemidir. Bu haberleşme sistemi içindeki aksaklıklar, fizyolojik anlamda da hatalı uyaranlar ortaya çıkarabilir. Yukarıda bahsettiğimiz ruhsal açlığa gıda tüketimiyle verilen yanıt gibi, fizyolojik olarak hatalı sinyaller konusunda da şüphemizi sürdürmemiz gerekiyor.

Örneğin, krom-magnezyum düzeyiniz düştüyse ve insüline yeteri kadar cevap veremediyseniz, açlık hissedersiniz. Hücrenin insüline verdiği yanıtın zayıflaması, bu yüzden bedenin daha fazla insülin üreterek hücreyi doyurmaya çalışması, bir süre sonra doyma sinyalinin beyine ulaşmasıyla ilgili sorunlara yol açar. Açlık hissi, fizyolojik anlamda da bir doyumsuzlukla perçinlenmiş olur. Çok önemli olan bir diğer konu da, vücudunuzda insülinin doğru kullanılamamasının, magnezyum, çinko ve kromun düşük olmasının, hatta bağırsaklarınızda şeker tüketen "kandida" mantarı miktarının yüksek olmasının bile şeker aşermesine yol açabilmesidir. Gördüğünüz üzere, hissettiğiniz ve algıladığınız her uyaran doğru alarm olmayabilir. Biz bunu doğru alarm olarak algılarsak günde yedi sekiz öğün beslenme ihtiyacı duyabiliriz.

"Sağlıklı bir insanda bu mekanizma tahmin edilenden çok daha az devreye girer. Modern insan, günün büyük kısmında yiyen, atıştıran, bir sonraki öğünü düşünen varlıklar haline dönüşmüş ve sahip olduğu açlık tokluk merkezinin duyarlılığının azalması sonucunda hazzını oral bir dürtüye hapsetmiştir."

"Aman kan şekerim düşmesin", "Yedi öğün yemeliyim, az ve sık yemeliyim", "Elim ayağım titredi, vişne suyum nerede benim?" gibi objektif olmayan verilerle gıdaya yönelme davranışı, kendinden ve fizyolojisinden uzaklaşmış, büyük oranda hatalı sinyal üreten bir sistemin sonucudur. İşte okumakta olduğunuz bu kitabın en önemli hedeflerinden biri de bedeninizle kendiniz arasındaki mesafeyi ortaya koymak, kendinizle kurduğunuz ilişkiyi ruhsal, zihinsel ve fizyolojik boyutlarıyla ele almaktır.

"Şu an bedenden 'ben'e giden yolda, kendisiyle yüzleşmeye hazır olanların yollarının kesiştiği ana istasyonlardan birindeyiz."

Somut anlamda sindirim sistemi, tüketilen çeşitli besinlerin çiğnenerek, enzimlerle eritilerek, parçalanarak ince bağırsakta emilebilir, kana karışabilir duruma gelmesi için uğradığı fiziksel ve kimyasal değişiklikleri kapsar. Çene yapınızdan çiğneme sayınıza, enzim yetersizliğinden tiroit fonksiyonlarınıza, kanınızdaki çinko düzeyinden bağırsaklarınızdaki mikrobiyal floraya ve beslenme esnasındaki ruhsal durumunuza kadar birçok faktör, ağzınıza aldığınız gıdanın ortaya çıkaracağı son ürünü etkileyecektir.

Şeker veya basit karbonhidrat tükettiğinizde bağırsak sisteminizde bir maya türü olan kandida fazlaysa, bu durum bağırsaklarınızda alkol ve "asetaldehit" üretiminin habercisi olabilir. Kısaca, şeker yediğinizde alkole yani, asetaldehit gibi bir zehre maruz kalmış oluyorsunuz. Normalde amacınızın düşen şekerinizin yol açtığı el ayak titremelerini durdurup, enerji üretiminizi desteklemek olduğunu anlayabiliyorum. Şekerden piruvat, piruvattan "asetil CoA" denilen bir biyokimyasal madde üretip, bundan da enerji ortaya çıkarma planınıza saygı duymakla birlikte görüyoruz ki kandidanın da başka planları var. Bu anlamda, ağzımıza aldığımız bir besinin en son ürüne kadar sağlıklı parçalanması ve kullanılabilir hale getirilmesi büyük önem kazanıyor.

Tıpkı duygularınız gibi dışarıdan gelen bir uyaran, bir bakış, duruş, göz teması, bir söz ve ruhsal olarak sizde yarattığı hisler de sindirime dahildir. Çünkü aynı uyaranlar, her birimizde farklı duyguları ortaya çıkarıyor. Gıdayla duygu ve düşünceyi bir bağlamda kullanmak istedim. Bir besin maddesini tüketmeye başladığınızda, eğer sistemde negatif duygusal yük fazlaysa, bu korku veya kaygı olabilir, ana stres hormonu olan "kortizol" üretilmesine neden oluyor ve sonucunda sindirim enzimlerinizin salgılanması sekteye uğruyor. Sindirim enzimlerinin salınım miktarları düşüyor, bağırsak hareketlerinde, özellikle yemek borusu hareketlerinde bozulmalar başlıyor. Hatta bağışıklık sisteminin bağırsaklarda hastalık yapan patojenlerden korunmasında ana rollerden birine sahip olan "salgısal IgA" düzeyleri de azalıyor.

Ruhsal süreçlerin ve bağırsakların fizyolojik mekanizmaları iç içedir. Öyle görünüyor ki bedenin gönderdiği sinyallerin fizyolojik kökenlerinin ve olası ruhsal zemininin gözden geçirilmesi vazgeçilmez yaklaşımlardan biri olmalı. Bu konuya, katıldığım onlarca sempozyumda, "Sağlığınız Ruhunuza ve Bağırsaklarınıza Emanet" başlıklı sunumlarımda da dikkat çekiyorum.

Şunu unutmayalım, özellikle sık yeme sürecinde basit ve işlenmiş karbonhidrat miktarı tüketimi artar; şeker, tatlı, makarna, patates veya pirinç gibi gıdalar, insülin salınımını artırdığı için daha çabuk acıkırsınız. Ne sıklıkla yemek yerseniz, o kadar sık acıkırsınız. Bu durumun daima akılda bulundurulması gerekiyor. Zaten doğru beslenerek daha az sıklıkta yemek yediğinizde, bedenin bu yeni duruma adaptasyonu tahmin edilenden çok daha kısa sürede gerçekleşiyor, açlık uyaranları giderek azalmış oluyor.

"Zihinde kodlanmış, tüm masayı yer bırakmaksızın dolduran, tamamını tüketmenin mümkün olmadığı, görsel olarak zengin, fakat içeriği fakir kahvaltılar, berrak bir çay fotoğrafı, harikulade görünen bir simit görseli, aslında midenize değil zihninize hükmeden doyum araçlarıdır. Hipnotize olmuş beyinler, bu kodları çağrıştıran her uyaran sonrası açlık hissedecektir. Hâkim olan sistem; tüketim, açlık korkusu ve 'doyumsuzluk' algısı yaratma üzerine kurulmuştur. Yiyemeyeceğiniz kadar besin, kullanamayacağınız birçok özelliği olan cep telefonu, giyemeyeceğiniz kadar giysi, oturamayacağınız sayıda ev 'sahibi' olmanızı sağlayacak düzeyde algı oluşturulması, modern kölelik düzeneğinin önemli araçlarıdır."

Gerçekte var olmayana yönelen tehdit algısı, sizi otomatik olarak sahip olma ve tüketim davranışına iter. Örneğin, dünya kaynaklarının sınırlı olduğu ve aksi halde nüfusun büyük bölümünün aç kalabileceği verisinin yarattığı kaygı, sizi sorgulamadan genetiğiyle oynanmış buğdayın üretilmesine sıcak bakmanızı hatta tüketmenizi sağlayabilir.

Peki, algısal çarpıklığa yatkın, son derece ustaca hazırlanmış mevcut sistem içerisinde uyanmaya başladığımıza göre, en çok ihtiyacımız olan gıdalar ve bedenimizle olan yakın ilişkileri hakkındaki bilgilere ulaşmaya hazır mısınız? Gelin hücrelerimizi, mitokondrilerimizi ve kadim aile üyelerimiz olan mikrobiyotamızı sağlıklı bir şekilde nasıl besleriz sorusunun cevaplarını aramaya başlayalım.

Basit anlamda gıdaları makro besinler ve mikro besinler olarak ikiye ayırabiliriz.

- Makro besinler: Proteinler, karbonhidratlar, yağlar ve lifler.
- Mikro besinler: Vitaminler, mineraller, yağ asitleri, prebiyotikler ve probiyotikler.

Makro besinler olarak adlandırdığımız, proteinler, karbonhidratlar ve yağlara daha yakından bakalım.

Proteinler

Yetmiş kilo ağırlığında bir bireydeki yaklaşık on bir kilo protein kütlesinin, %43'ü iskelet kaslarında, %30'ü cilt ve kan hücrelerinde, göreceli olarak daha az bir kısmı da beyin, karaciğer, akciğer, kalp ve kemiklerde bulunmaktadır. Biyokimyasal reaksiyonlarda görev alan enzimlerin, hücre yüzeyinde haberleşmeyi sağlayan, anahtar kilit noktalarını oluşturan reseptörlerin ve kimyasal habercileri taşıyan birçok molekülün yapısı proteindir. Sağlıklı beslenmede en önemli kriterlerden biri, yüksek kalitede protein tüketimidir. Yüksek protein içerikli diyetlerin kilo kontrolüne katkısı, kan şekeri dengesine katkı sağlaması, konsantrasyon artışı, beyin sisini azaltması ve enerji artışını, kas kitlesi yoğunluğunu, mikro besinlerin emilim artışını desteklemesi gibi önemli rolleri olduğunu söyleyebiliriz.

Metabolizma dengesinin anlatıldığı başlıkta ayrıntıları okuyacağınız üzere, bu durumun abartılmaması gerekiyor. Klinik belirti oluşturmayan ancak yetersiz protein tüketiminin bulunduğu durumlar tahmin edildiğinden yaygın bir durumdur. Bilinçsizce uygulanan vegan diyet ya da düzensiz beslenme alışkanlıkları, diyette protein açığıyla sonuçlanabiliyor. Hastalık, yaralanma, spor yapma gibi süreçlerde protein ihtiyacı daha da artıyor. Düşük protein tüketimi durumlarında kas kitlesinde azalma ve bağışıklık sisteminin baskılanması gibi önemli klinik durumlar ortaya çıkabiliyor.

“Günlük protein alımı kilogram başına 0.8-1 gram şeklinde düşünülebilir, performans (kondisyon) sporlarıyla uğraşanların kilogram başına 1.2-1.4 gram, kas kitlesi artırmaya yönelik spor yapanların 1.6-1.7 gram günlük protein tüketmesi uygun bir yaklaşımdır.”

Merada otlanan, antibiyotik verilmeyen sığırdan elde ettiğiniz yüz gram etin, yaklaşık yirmi altı gramı proteindir. Serbest gezen tavuğun yüz gram etinde yirmi beş gram, yumurtasında yedi gram ve merada otlanan bir hayvanın yüz gram kemik suyunda yaklaşık otuz gram protein vardır.

Karbonhidratlar

Vücutta şeker tipi bileşikler olan karbonhidratlar; ekmek, tahıl, patates, meyve, sebze ve şeker içeren gıdalardan elde edilir. Sindirim sisteminde sindirildiklerinde, glikoz, laktoz gibi daha küçük moleküllere ayrılırlar. Bu karbonhidratların ana depolama alanları ise karaciğer ve kaslardır. Tüm karbonhidratlar bağırsaklarda parçalanır ve basit şekerlere dönüştürülür.

Modern beslenme anlayışımızda en çok yer kaplayan, sıklıkla işlenmiş basit formlarının tüketildiğine şahitlik ettiğimiz bu gıdalar birçok vakada lipit profilinde sorunlara, inflamasyona, "endojen beta hidroksi butirat" azalmasına yol açarak oksidatif hasara ve mitokondriyal bozukluklara sebebiyet verme potansiyeline sahiptir. Sebzeler, kuruyemişler, kuru baklagiller ve meyvelerden aldığımız karbonhidratlar kaliteli lif kaynaklarıdır ve kısa zincirli yağ asitleri oluşumunu desteklerler.

Yağlar

Yağlar neredeyse tüm hücrelerin zar yapısına katılır, santral sinir sisteminin büyük kısmını oluştururlar, enerji kaynağı olarak kullanıldığında en temiz yakıt olarak karşımıza çıkarlar. Sistemimize giren kaynağı güvenli kaliteli yağlar (zeytinyağı, Omega 3, avokado yağı, sade yağ) özellikle yapısal ve fonksiyonel anlamda bedene büyük katkı sağlar. Tersine ısıl işlem görmüş, hidrojenize ve trans yağa dönüşme potansiyeli taşıyan Omega 6, araşidonik asit içeren yağlar, damarsal yapılara zarar verme, oksidatif hasar ve inflamasyon açısından büyük risk taşırlar.

Sindirim Nasıl Gerçekleşiyor?

2014 yılında New York Rockefeller Üniversitesi'nin *Science* dergisinde yayımlanan araştırmasına göre, insan burnu bir trilyon farklı kokuyu ayırt edebiliyor ve yaklaşık dört yüz çeşit koku reseptörü içeriyor. Temel olarak altı çeşit tat alma duyumuz gelişmiş görünüyor. Tat alma duyumuz, besinlerin ve diğer kimyasallarla ilgili algısal deneyimlerini bize ulaştırır ve dilimiz tat alma tomurcuklarındaki reseptör hücrelerini uyaran gıda kaynaklı kimyasalların, ağızda algılanmasını içeren duyusal bir veri sağlar. Tat, ne yiyeceğimize karar vermemize yardımcı olur ve bu besinlerin ne kadar verimli sindirileceğini etkiler. Tat, "kabul edilebilir" veya "kabul edilemez" gibi primer bir duygu havuzu taşır, yani yiyecekleri tanıdık veya yeni bir molekül olarak tanımlar ve tüketilen gıdanın metabolik sonuçlarının öngörülmesini sağlar.

"*İnsanların evrimleşmiş tat yetenekleri; şekerli, unlu, basit karbonhidrat ağırlıklı, katkılı, koruyuculu, aromalı, evrim sürecimizle uyumsuz "gıda benzeri" moleküllerle bozulduğunda obezite, diyabet, kalp hastalıkları gibi beslenmeyle çok yakından ilişkili hastalıkların ortaya çıkmasına yatkınlık sağlanmış oluyor. İşbirliği içinde çalışan bir sistemde sizin değil, ama bedeninizin, ağzınıza aldığınız gıdanın duyusal ipuçlarını değerlendirerek fizyolojik sonuçlarını öngörebilecek müthiş bir "algı" birikimi vardır.*"

Onu dinlemek ve verdiği mesajı anlayabilmek için "algıları" şekillendiren temel öğelere odaklanmak, en akılcı yollardan biri diyebiliriz. Derinliği tartışılmaz bu kelimenin anlamını anlatmaya çalışalım. Algı; görme, işitme, dokunma, koku ve tat duyuları aracılığıyla oluşan uyaranların, "o sisteme özgü" biyokimya, aktarılmış genetik, mikrobiyom, bağışıklık, hormonal sistemler ve duygusal miraslar gibi ana süzgeçler mekanizmasında öğütülerek ortaya çıkarılan "ürüne" atfedilen anlamdır. Bu anlamda kişiden kişiye değişir ve sübjektiftir. Her hasta kendine has bir yaklaşıma ihtiyaç duyar.

Bazı gıdaları daha çok severiz, peki neden? En sevdiğim tatlı hep baklava olmuştur. Kullanılan malzemeye güven duyduğumda ve mısır şurubu kullanılmadığına eminsem hâlâ arada yaptığım kaçamaklardan biridir. Kendimi tanıma, anlama yolculuğuna başlamadan önce bunun nedenini hiç düşünmemiştim. Muhtemelen sorsalar, "Seviyorum ve yiyorum," sığlığında bir cevap verirdim. Bir dönem ulaştığım seksen sekiz kilonun ve yüksek trigliserid seviyelerimin gerisinde, kökenini sorgulamadığım yeme davranışlarım olduğuna eminim.

Baklava, bayramlarda annemin bir gelenek haline getirdiği vazgeçilmez unsurlardan biriydi. Başından sonuna kadar yapılma sürecine şahit olduğum, her aşamasındaki kokularını hafızama kazıdığım bir gıdaydı. Baklava yapıldığında ev kalabalık olur, herkes bu gıdadan tadar, sohbet eder, paylaşır ve göz teması kurardı.

"En sevdiklerinizle geçirdiğiniz, sevilmeye değer hissettiğiniz anlara yoldaş olan tatlar ve kokular asla unutulmaz."

Aslında görüntüsüyle, tadıyla, kokusuyla bir semboldür baklava. Beni bu gıdaya yönelten motivasyon; kokusunun, tadının eşlik ettiği anıları, yakınlığı, teması, paylaşımı ve duyguları tekrar deneyimleme arzusudur. Fark ettim ki bu gıdayı tüketmeden, yutmadan da duygusal ihtiyaçlarımı hissederek onları karşılama yollarını bulabilirim. İşte bu noktada, bedenin gözlemcisi olmayı öğrenme yolculuğumuz başlamış oluyor.

Sindirim Sistemi Nasıl Çalışır?

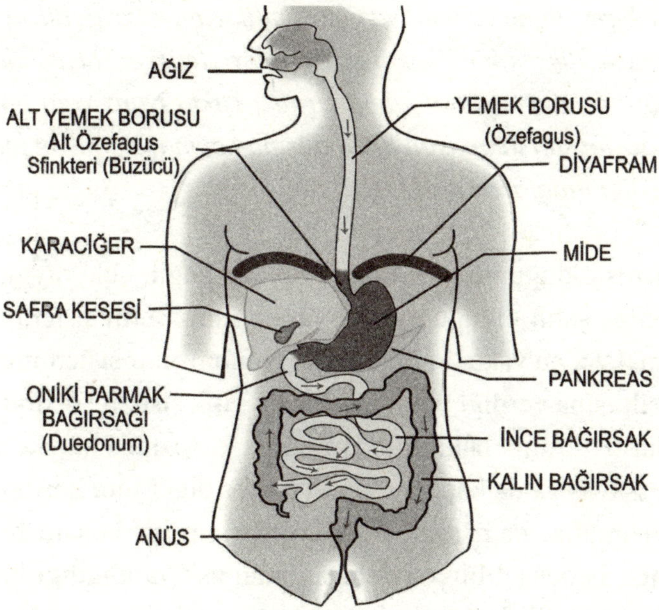

Şekil 4: Sindirim Sistemi

Şöyle bir soruyla başlayalım: Sindirim ağızda mı yoksa yemek borusunda mı başlar? Sindirim, henüz gıdayı ağzınıza almadan önce kokusunu hissettiğinizde, ona dokunduğunuzda, bedenin sindirim enzimi salgı bezleri uyarıldığında başlar. Bu anlamda, sağlıklı olduğunu varsaydığımız bir besini tüketmeden önce kokusunu içe çekmek ve bedene tanıtmak önemli bir detaydır, çünkü sindirim kokuyla başlar.

“*Sindirim sürecinin büyük bir kısmı parasempatik sinir sistemi varlığında sağlıklı bir şekilde yürütülebilir. Yüz yirmi aylık ev kredisi ödemesi olan bir kişinin, yaşaması muhtemel bir ödeme krizi döneminde tükettiği besinleri düzgün bir şekilde sindiremeyeceğine bahse girerim. Boşanma arifesinde olan bir çift, sınava hazırlanan başarısız olmaktan kaygı duyan bir genç, sevdiği tarafından reddedilmişlik hissi yaşayan bir birey, anne ve babaya ebeveynlik yapan kaygı düzeyi ortalaması yüksek bir ilkokul çocuğu, eviyle işyeri arasında her gün bir saat seyahat eden, kırmızı ışıkta trans yağı bol poğaçasının son lokmasını hızla ağzına koymaya çalışan bir işçi, yediği gıdaları sağlıklı sindiremez.*”

Vermiş olduğumuz örnekler uzaydan değil, çok yaygın bir şekilde şahit olduğumuz ve yaşadığımız rutin sistemin içinden. İşte, bu vaka örneklerinde, otonom sinir sisteminin tehdit algısına verdiği yanıt olan “sempatik sistem” dediğimiz alarm durumu hâkimdir. Bir tehdit karşısında harekete geçen “savaş ya da kaç” mesajı veren ve diğer tüm hormonal, enzimatik, bağışıklık fonksiyonlarının bir kenara bırakıldığı, bedensel birçok fonksiyonun askıya alındığı bir teyakkuz halidir. Böylesi bir durumda sindirim sisteminin pek de sağlıklı çalışmayacağından Ruhsal Sistem başlığı altında ayrıntılı bahsettik.

Otonom sinir sisteminin diğer bir önemli parçası “dinlen ve beslen” mesajının hâkim olduğu “parasempatik sinir sisteminin” sağlıklı çalıştığı bir süreçte farkındalıkla beslenmeye başladığımızı düşünelim. Ağız içinde yeterli miktarda tükürük salgısı oluşacaktır. Tükürük, tat almayı kolaylaştıran, ağız mukozasını nemli tutarak koruyan, içinde bulunan lipaz, amilaz enzimleriyle nişasta ve yağların sindirimine yardımcı, yapısındaki "lizozim" enzimleriyle, "immunglobulin"lerle patojen mikroplara karşı savunma hattı sağlayan ve diş minelerini koruyan çok önemli bir sindirim öğesidir. Yaklaşık 6.2 ila 7.6 arasında bir PH düzeyiyle ve içeriğindeki mukus sayesinde yemek borusunu mideden sızan aside karşı koruyan bir bariyer sağlamaktadır.

Tükürük İçeriği ve Fonksiyonları

Bileşen	Görevleri
Su	Besinleri yumuşatır, ağzı nemlendirir.
Bikarbonatlar	Tükürüğün pH'sının hafif asidik olmasını sağlar.
Klorid	Tükürük amilazını aktive eder.
Ig A	Anti bakteriyel etki sağlar.
Lizozim	Bakterilere karşı koruyucu etkinlik sağlar, dişleri ve mukozayı korur.
Musin (Protein)	Mukus oluşumuna yardım eder.
Mukus	Besinleri kayganlaştırır, yutmayı kolaylaştırır, asit ve bazların tamponlanmasına yardım eder.
Fosfatlar	Tükürüğün pH seviyesini ayarlar
Tükürük Amilazı	Karbonhidrat sindirimini başlatır.

Şekil 5: Tükürük İçeriği

Gıda, yemek borusuna geçtiğinde bu aşamadan sonra "peristaltizm" denilen istemsiz ve kendiliğinden otomatik bir şekilde çalışan ileriye doğru bir kasılma hareketi başlıyor. Kusma, bu hareketin geriye doğru olmasının sonucudur. Yemek borusu bu şekilde gıdayı mideye ulaştırıyor. Aslında buraya kadar olan kısım çok önemli, pratik olması ve zaman kazandırması adına yapılan ayakta atıştırma, yani ayakta beslenme, yediğiniz gıdaların yemek borusundan mideye geçiş süresini kısaltıyor; sakin bir şekilde oturarak, iyi çiğneyerek, hazmederek yediğimiz bir gıdanın sindirim süreci daha sağlıklı işliyor. Yediklerimiz, midede hem kimyasal hem de mekanik olarak parçalanırlar. Mide, çalkalama ve döndürme hareketleriyle besinlerin sindirim salgılarıyla karışmasını sağlar. Günlük mide salgısı miktarı yaklaşık 2.5 litre olup pH seviyesi 1.5-3 aralığındadır. Mide asiditesinin korunması ve sürdürülmesi, özellikle proteinlerin sağlıklı sindirilmesi, akabinde salgılanacak olan sindirim enzimleri ve mineral emilimi açısından son derece önemlidir. Midede görevli en önemli enzim, proteinlerin sindiriminin ilk aşamasını gerçekleştiren "pepsin" enzimidir. Pepsinin aktif olmayan hali "pepsinojen"dir. Mide kendi kendini sindirmesin diye önce pepsinojen salgılanır. Mideye gıda girişi olduğunda midede yeteri kadar asit varsa pepsinojen artık görevini yapmaya hazır olan pepsine dönüşür.

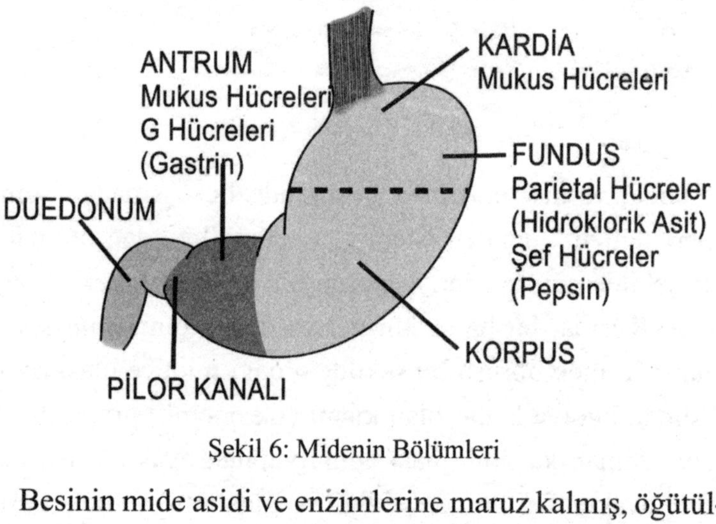

Şekil 6: Midenin Bölümleri

Besinin mide asidi ve enzimlerine maruz kalmış, öğütülmüş yarı sıvı kıvamda olan haline "kimüs" denir. Kimüsün "duodonum"a, yani on iki parmak bağırsağına aktarılması, midenin öncelikli görevlerinden biridir. Kimüs içeriğinin asit olması çok önemlidir. On iki parmak bağırsağı, ince bağırsakların ilk kısmıdır ve sindirim sisteminin beyni gibi çalışır. Mide tarafından öğütülmüş, parçalanmış ve kendisine ulaştırılmış olan gıda içeriğini ölçer biçer ve gıda içeriğinde yeterli asit ve enzim olduğuna karar verirse pankreas ve safra salgısını uyarır. Devamlı iletişim halinde olan bu organlar arasında biz bozmadığımız sürece kusursuz bir iletişim vardır.

Sindirimin devamlılığı için midemizin asit ortamını sürdürmesi gerektiğini artık biliyoruz. Mide, bu işi hidroklorik asit salgılayarak gerçekleştirir. Midede bu işlemi yapmak üzere görevlendirilmiş yapılara "parietal hücre" adı verilmektedir. Midemizin çıkış kısmına "pilor kanalı" ismi verilir ve bu bölgedeki hücrelerden salgılanan "gastrin" hormonu, asit salgısını sekiz kat, pepsinojen salgısını iki dört kat artırmaktadır.

Midede hidroklorik asit salgısını düzenlemek düşünüldüğü kadar sıradan bir olay değildir, çünkü midedeki hidrojen miktarı, kan dolaşımındaki içeriğin yaklaşık üç milyon katıdır. Bu da ciddi anlamda enerji gerektiren bir biyokimyasal süreçtir.

"Midede gerçekleşen bu fonksiyonlar yüksek oranda enerji gerektirir. Bedenimizin kullandığı enerji kaynağı olan ATP'nin üretimini sekteye uğratacak her türlü durumda, bu işlemlerin sürdürülmesi güçleşecektir."

Midenin bu yüksek asidik ortamdan zarar görme ve kendi kendini sindirme riskinden korunmasında, boynuz hücrelerinden salgılanan mukusun rolü büyüktür. Asidik ortamda etkin olan pepsinler, hemen hemen bütün proteinleri daha küçük moleküllü "polipeptidlere" ve "peptonlara" parçalar, ayrıca diğer "proteolitik" enzimlerden çok az etkilenen "kolajeni" de sindirebilir. Bu aşama, özellikle gıdalardan elde edilen vitamin-minerallerin ortaya çıkarılması ve emilebilmesi için son derece önemlidir. PH arttıkça (ideal aralık 1-2'dir) pepsinin etkinliği bozulacaktır.

Yemekle alınan proteinlerin sadece yüzde yirmisi pepsinle parçalansa da, özellikle kolajen sindirimi ve pepsinden kaçan proteinlerin otoimmün hastalıklar açısından taşıdığı risk hesaba katıldığında, pepsinin önemi daha iyi anlaşılacaktır. Asidik bir mide ortamında, asiditesi ve enzim içeriği yüksek bir kimüs, on iki parmak bağırsağına geçiş yaptığında birazdan anlatacağımız enzimatik reaksiyonlar zincirinin devamlılığını sağlayabilir.

Klasik yaklaşım olarak sindirim sistemiyle ilgili herhangi bir şikâyet ortaya konulduğunda akla gelen ilk düşünce, mide asidi yüksekliği önyargısı oluyor. Bu önyargı ve ardından mide asidini baskılayan ilaçların reçete edilmesi, ciddi anlamda sorgulanması gereken bir durumdur. Bu ilaçların birtakım tıbbi durumlarda belirli bir dönem kullanılmasının işlevsel olduğu şüphe götürmez bir gerçek gibi görünse de ülke olarak 2014 yılı verilerine göre, bir yıllık periyot boyunca "seksen bir milyon kutu mide ilacı ve elli bir milyon kutu proton pompa inhibitörü" gibi şaşkınlık uyandıracak miktarlarda ilaç tüketmiş bulunmaktayız. Bu ilaçların özellikle gastrit ve reflü hastalıklarında sık reçete edildiğini biliyoruz.

Ülkemizde "gastroözefageal reflü" hastalığının (GÖRH) toplum tabanlı sıklığı %19-25 gibi son derece yüksek seviyelerdedir. GÖRH, hazımsızlık, ekşime hissi, ses kısıklığı gibi sübjektif yakınmalarda kolaylıkla reçete edilen ve uzun süre kullanılması muhtemel bu ilaçların, nelere yol açabileceğini, yapılan klinik çalışmaların ışığında değerlendirelim. Az önce mide asidimizin yeterli olmasının sindirim açısından son derece önemli olduğunu anlatmıştık. Proton pompa inhibitörü (PPI) olarak adlandırılan ilaç grubu, asit salgılayan hücre enzim sistemini (hidrojen potasyum ATPaz pompası) geri dönüşümsüz olarak bloke eder, haftada birkaç kez kullanmak bile neredeyse tüm hafta mide asidinden mahrum geçirilmesine sebep olur. Mide asidinden mahrum bir sindirim sistemi, gıdaların sindirim sürecini olumsuz etkileyeceği gibi, bedenimizi bakterilere, virüslere, parazitlere açık bir kapı haline getirir.

Uzun süreli PPI (mide ilaçları) kullanımları, B12 vitaminin emiliminin bozulmasına ve kronik B12 eksikliği tablosuna neden olur. Bu eksikliğin fonksiyonel yansımalarını kanda ölçtüğünüz klasik B12 düzeyleriyle değil, daha duyarlı bir yöntem olan kanda "homosistein" ve idrarda "metilmalonik asit" artışının tespitiyle ortaya koyabilirsiniz. B12 vitamininin sadece biraz unutkanlığınız olduğunda aklınıza gelecek bir vitamin olmadığını; "nöropati", depresyon ve hatta "demans" gibi hastalıklarda rol oynadığını ve metilasyonun merkezinde olduğunu unutmamak gerekiyor. B12'nin ayrıntılarını Altıncı Bölüm'de metilasyon başlığı altında bulabilirsiniz.

Mide asidi yeterliliği, proteinlerin sindirimi açısından kritik bir öneme sahiptir. Mide asidi yetersizliğinde, diğer sindirim enzimlerinin salgılanması da olumsuz etkilenecektir. Proteini oluşturan en küçük yapı taşı aminoasittir. Proteinler sağlıklı bir şekilde sindirildikten sonra ince bağırsaklardaki son hali aminoasit olmalıdır. Yarı sindirilmiş proteinlerin (polipeptit oligopeptit), bedenimizin en büyük bağışıklık bölümü olan bağırsak mukozasıyla ilişkili lenf dokusuyla teması, bağışıklık yanıtı oluşturabilir ve gıda intoleransını tetikleyebilir. 2011 yılında yapılan bir çalışmada PPI, H2 reseptör engelleyicileri ve sukralfat dahil tüm antiasit ilaçların, IgE aracılı gıda alerjileri gelişimi açısından risk oluşturabileceğini ortaya koymuştur. Bununla birlikte PPI ilaçlarının IgG ve non IgE aracılı gıda duyarlılığına yol açması muhtemel görünüyor. Mide asidinin baskılanması sonucu ortaya çıkan sindirilmemiş gıdalar; bulantı, şişkinlik, karın ağrısı ve ishal gibi şikâyetlere yol açmaktadır. Yine ince bağırsaklardaki pH dengesini bozarak, mikrobiyal mikro çevreyi olumsuz etkileyerek SIBO (ince bağırsaklar düzeyinde bakteriyel çoğalma) tablosunu kolaylaştırmaktadır.

Uygun mineral emilimi için mide asidi yeterliliği önemlidir. PPI'ların magnezyum, çinko ve demir eksikliğiyle ilişkisi bulunmuştur. PPI'ların tetiklediği magnezyum düşüklüğünün yol açtığı "paratiroit disfonksiyonu"[7] ve "hipokalemi"[8] de son derece önemli klinik bulgulardır. Bahsi geçen mineraller magnezyum, çinko, demir gibi binlerce reaksiyona eşlik eden, olmazsa olmaz yardımcı faktörlerdir. Çinko eksikliğinin bağırsak geçirgenliği tablosunu kolaylaştırma, inflamasyonu tetikleme, besin alerjilerine yol açma ve sempatik sistem tonusunu artırma gibi, neredeyse tüm sistemi olumsuz etkileyecek sonuçlara yol

7 Düşük magnezyum düzeyleri parathormon üretimini baskılar.
8 Kanda potasyum düşüklüğü.

açma potansiyeli vardır. Magnezyum, metilasyon döngülerinde ve hücrede enerji oluşum (ATP) süreçlerinde büyük bir rolü vardır. Bu rol "metilasyon" bölümünde ayrıntılı incelenecektir.

PPI kullanımı, "atrofik gastrit"le ilişkili bulunmuştur. C vitamininden yararlanmayı olumsuz etkileyerek serum seviyesini düşürdüğü ve bu mekanizmayla "Helicobacter Pylori"[9] enfeksiyon riskini artırdığı düşünülmektedir. Ayrıca tiroit fonksiyonları terapisi için kullanılan "tiroksin" hormon emilimini azaltarak, kan konsantrasyonlarını düşürdüğü gözlemlenmiştir.

Mide asidinin azalması, bedenin davetsiz misafirlerden korunmasını sağlayan en önemli bariyerlerinden biri olan "asit ortamını" bozarak bağışıklık sistemini dış tehlikelere açık hale getiriyor. ABD'de sağlık merkezlerine başvuran 364.863 hasta üzerinde yapılmış bir araştırmaya göre, mide asidi azaltıcı ilaç kullananların kullanmayanlara oranla dört kat daha fazla zatürre geçirdiği saptanmış. Sadece akciğerler açısından değil, birçok viral ve "paraziter patojenlerin" de aynı yollardan sağlık bütünlüğünü tehlikeye atacağını biliyoruz. Yapılan başka bir çalışmada da mide asidi azaltıcı kullananlarda "Salmonella, Campylobacter jejuni, invaziv E Coli, Clostiridium difficile ve Listerya" enfeksiyonlarına yatkınlığın arttığı gözlemlenmiştir.

"*Reflü rahatsızlığının zemininde, özellikle sindirilememiş gıdaların, mikroorganizmalar tarafından fermente edilmesi sonucunda ortaya çıkan gazların yarattığı basınç,*

9 Özellikle mide dokusunda yerleşip, uzun süreli inflamasyona yol açarak, gastrit, ülser gibi hastalıklarla ve bazı türleri kanserle ilişkilendirilen bakteri.

asit düşüklüğüne bağlı mide boşalmasının gecikmesi, karaciğer detoksifikasyon yetersizliğine bağlı, safra yoluyla on iki parmak bağırsağına gelen toksinlerin yarattığı spazmlar gibi, daha derin mekanizmalar akılda tutulmalıdır. ”

Özellikle hazımsızlık ve reflü şikâyetlerinde, asit salgısını baskılama rutini yerine sindirimin sağlıklı işleyişine yardımcı olmak ve kökende yatan fonksiyonel sorunlara odaklanmak en işlevsel yöntemdir. “Hipoklorhidri”, yetersiz mide asidi salgısı (Ph 3-5), “aklorhidri “(Ph 5 üstü) ise salgının tamamen yokluğu anlamına gelen kavramlardır. Birçok klinik bulgu ve pek çok hastalığın zemininde, azalmış mide asidi varlığı tespit edilmiştir. Bu konu üzerine bu kadar yoğunlaşmamın nedeni, midede yeterli düzeyde asit üretiminin önemini defalarca vurgulamaktır. Antiasit ilaçların kontrolsüz kullanılması sonucu bu ilaçlar, özellikle PPI'lar, Türkiye'de ve dünyada en çok satılan farmakolojik ajanlardan biri haline gelmiştir.

Midenin en önemli görevi, “özofagustan” gelen gıdaları, asidik bir ortamda enzimatik ve mekanik süreçlerden geçirerek, kimüs denilen yarı sıvıyı, ince bağırsakların ilk bölümü olan on iki parmak bağırsağına aktarmaktır. Bir gıdanın kimüse dönüşme süresi, yaklaşık kırk beş dakika ile dört saat arasındadır. İnce bağırsakların ilk yirmi beş-otuz santimlik bölümü on iki parmak bağırsağı, sonraki iki buçuk metrelik bölüm “jejenum” ve son bölümü üç buçuk metre uzunluğunda olan “ileum”dur.

İnce bağırsaklar, besinlerin sindirim, emilim, taşınma gibi aşamalarında büyük rol oynar. On iki parmak bağırsağına geçen kimüsün içeriği, bundan sonra gerçekleşecek olan enzimatik süreçler için kritik bir önemdedir. Bu içerik asidikse ve enzim bakımından zenginse, on iki parmak bağırsağından "kolesistokinin" ve "sekretin" salgılanır. On iki parmak bağırsağı için uygun pH aralığı 3,5-4 ve kritik pH değeri 5 civarındadır. Bu değerin üzerindeki durumlarda, pankreas uyarımı konusunda bozukluklar yaşanacaktır.

Görüldüğü üzere organlar arasında muazzam bir haberleşme sistemi vardır. On iki parmak bağırsağından salgılanan "sekretin", pankreası uyararak bikarbonat salınımını tetikler ve karaciğerde safra içeriğinin alkalileştirme sürecini destekler. Bu süreç önemlidir, çünkü bu bölge enzimlerin sağlıklı çalışabilmesi ve barındırdığı mikrobiyal ortam açısından mideye göre daha alkali olmak zorundadır.

"Isı ve pH düzeyi, mikro çevre koşullarının önemli belirleyicileridir. Enzimatik işleyiş, sindirim, emilim ve uyum içindeki bir mikrobiyota için ana koşullardan biri de optimum ortam ısısının oluşturulmasıdır. Bu görev tiroit hormonlarına aittir ve fonksiyonel açıdan çok iyi değerlendirilmesi gereken bir süreçtir."

Tiroit hormonları, aynı zamanda gezici motor kompleks gibi bağırsak hareketleri ve tüm enzimatik salgı reaksiyonları için gereken enerjiye ulaşımı sağlar. On iki parmak bağırsağından salgılanan bir diğer önemli hormon olan "kolesistokinin", hem karaciğerin safra üretimini hem de safra kesesinin kasılmasını sağlayarak safra akışını destekler. Bu aşama, yağların mekanik olarak parçalanarak enzimatik yüzey alanlarının genişletilmesi görevini üstlenir.

Safra kesesinin en önemli özelliği, karaciğerde üretilen safrayı yoğunlaştırması ve yağlı bir öğünden sonra salgılanmak üzere depolamasıdır. Kese, safra içeriğini ortalama beş kat konsantre eder, hatta bu oran yirmi kata kadar çıkabilir. Bu yüzden kesesi alınmış bir kişide, konsantrasyon işleminden geçmemiş, yani yoğunlaşmamış bir safra akışı gerçekleşecektir. Günlük safra üretim miktarı 600-1200 mililitredir. Safra, safra tuzları, safra pigmentleri ve kolesterol fosfolipitlerinden oluşur. Safranın, yağların sindirimine ve emilimine olan katkısının ötesinde bağırsak hareketlerinin düzenlenmesinde, bağırsak mikrobiyal dengesinde, bağırsak pH düzeyinin alkali durumunun korunmasında ve bazı metabolik yıkım ürünlerinin atılmasında büyük rolü vardır.

Fosfolipit içeriğin çok büyük bir kısmı "fosfatidilkolin"dir. Tüm hücre zarlarının yapısına katılmasının yanı sıra, safranın akışkan hale gelmesini de sağlar. Fosfatidilkolinin yeterli miktarda üretilmesi için sağlıklı işleyen bir metilasyon döngüsü vazgeçilmezdir. "Hepatositlerde"[10] kolesterolden üretilen safra, başlıca "glisin" ve daha az miktarda "taurin" aminoasitleriyle birleştirilir (konjugasyon). Bu birleştirme işlemi, safra asitlerinin ince bağırsaklardan emilerek tekrar karaciğere dönüşü (enterohepatik sirkülasyon) açısından kritiktir.

"Safra asitlerinin %90'dan fazlası enterohepatik sirkülasyon sayesinde tekrar sisteme kazandırılır."

SIBO olarak adlandırdığımız, ince bağırsaklar düzeyindeki bakteriyel çoğalma, bakteri kaynaklı bir enzimatik reaksiyon sonucu safra tuzlarının bozulmasına ve büyük miktarlarda safranın ve yağ asidinin dışkıyla atılmasına yol açacaktır. Dışkı renginin açıldığı, yağlı ve yapışkan olduğu

10 Hepatosit: Karaciğer hücresi.

durumlarda, safra kaybı veya fonksiyon bozuklukları akla gelmelidir. Safra miktarlarının azalması, başlangıçta gözle görülür bir bulgu vermeyen, ama gelecekte yaşanması muhtemel birçok hastalığa kapı aralamaktadır.

On iki parmak bağırsağı, karaciğer ve safra kesesiyle birlikte, ana sindirim enzimlerinin salgı yeri pankreastır. Pankreas, her gün yaklaşık bir buçuk litre salgıyı ince bağırsağa gönderir. Lipaz, amilaz ve proteaz enzimleri üretilir. Lipaz safrayla birlikte yağların sindirilmesini sağlar, yağları ve fosfolipitleri, gliserol ve yağ asitlerine dönüştürür. Bu aşamada yaşanacak bir aksaklık, yağda emilen vitaminlerin ve yağ asitlerinin emilimini olumsuz etkiler.

Amilaz, ağızda başlayan karbonhidrat sindirim sürecinde nişasta ve glikojeni parçalayarak laktoz, sakaroz ve maltoza dönüştürür. Pankreas tarafından salgılanan proteazlar tripsin, kimotripsin ve karboksipeptidazdır. Bu proteazların görevi, proteinleri en küçük yapı taşları olan aminoasitlere parçalamaktır. Sindirimi tamamlanmamış proteinler, alerjik reaksiyonlar, intolerans ve çürümesi sonrasında ortaya çıkan toksik maddeler dahil birçok sorunun kaynağıdır. Proteazlar protein sindirimi dışında, ince bağırsakların mikrobiyal dengesini de sağlar. Bakteri, mantar, parazit, protozoon açısından koruyucu bir rol üstlenirler. Proteazlar ek olarak fibrin pıhtılarının çözülmesi, inflamasyon esnasındaki doku hasarını ve immün komplesklerin dokularda birikimini önleme konusunda büyük önem taşır. Gelin bu kısma biraz daha yakından göz atalım.

İnce bağırsaklardaki enterositlerin (bağırsak hücresi) yüzeyinde binlerce sayıda "villus" ve bu yapıların üzerinde de emilim yüzeyini genişleten mikrovilluslar vardır.

Mikrovilluslar hem karbonhidratların iki şekere kadar parçalanmış sindirim ürünleri olan dissakkaritleri, hem de onları tek şeker yani monosakkarit haline getiren enzimleri taşırlar. Örneğin, "glikozidaz" adı verilen karbonhidratları sindiren enzimler, mikrovillusun yüzeyinde yüksek yoğunluklarda bulunur. Bu nedenle mikrovillus, emilimi kolaylaştırmak için sadece hücresel yüzey alanını artırmakla kalmaz, aynı zamanda hücre yüzeyinde bulunabilen sindirim enzimlerinin sayısını da artırır. Mikrovillusların ağır metal, glüten, lektin ve bakteriyel toksin gibi toksik ajanlarla hasara uğraması, laktaz enziminde de hasara sebep olabilir ve bu durum, klinikte laktoz intoleransı olarak karşımıza çıkabilir. Süt içtikten kısa bir süre sonra yaşayacağınız şişkinlik ve rahatsızlık hissinin kökeninde, her zaman genetik yatkınlık değil, edinilmiş bir hassasiyet durumunun olabileceği de akılda tutulmalıdır.

Bağırsak Sağlığımızın Olmazsa Olmazları: Lifler, Prebiyotikler, Probiyotikler ve Kısa Zincirli Yağ Asitleri

Bağırsaklarımızda yaşayan trilyonlarca mikro canlının ve bağırsak hücrelerimizin sağlığından sorumlu bir diğer faktör, ortamdaki diyet liflerdir. Faydalı bağırsak bakterilerimiz olan probiyotiklerin miktarı ve çeşitliliği, doğrudan onları nasıl beslediğimizle yakından ilişkilidir. Sağlıklı olduğumuzu değerlendirmenin en önemli yollarından biri, çıkarılan dışkı miktarıdır. Düzgün, şekilli ve miktarı fazla dışkı, mikro canlılarımızı iyi beslediğimizin önemli göstergelerinden biri olabilir. Lif içeren gıdalar, dışkı miktarımızı artırır. Beslenme programında yer alan lif çeşitliliği ve miktarı, doğrudan bağırsak mikrop çeşitliliğine yansır.

Beslenme alışkanlıklarımıza göz attığımızda, bu çeşitliliğin son derece az olduğunu görürüz. Diyetle aldığımız lifler, klasik bir sınıflamayla suda çözünen ve suda çözünmeyen olarak sınıflandırılabilir. Elma, baklagiller, lahana, kök sebzeler (pektin), yulaf ezmesi, kuru fasulye ve baklagillerin (gam) içeriğindeki "pektin" ve "gam" suda çözünür lif sınıfındadır. Tam tahıllar, bezelye, kök sebzeler (selüloz), turpgiller, fasulye, kepek, kereviz ve kuruyemiş tohumları içeriğindeki "selüloz", "hemiselüloz" ve "lignin" suda çözünmeyen lifler grubundadır.

"Faydalı bağırsak mikroplarımızın en sevdiği prebiyotik lifler; lahanagiller, turpgiller, yulaf, hindiba kökü ve yaprakları, kuşkonmaz, tatlı patates, muz, kereviz, soğan, sarımsak, yerelması ve kırmızı pancar gibi gıdalarda mevcuttur."

Evinizde düzenli hazırladığınız fermente kırmızı pancar ve fermente lahana prebiyotik ve probiyotik kombinasyonu yüksek desteklerdir (SIBO, histamin intoleransı varlığında dikkat edilmelidir).

Gıdalar genellikle sindirim enzimleri yardımıyla parçalanırken, diyet lifleri sindirim enzimlerinden etkilenmez ve sadece bağırsakta bulunan yararlı bakteriler tarafından parçalanır. Bu olaya "kolonda fermantasyon" denir. Kolonda fermantasyona uğrama yüzdesi göz önüne alındığında diyet lifinin bağırsak sağlığını daha iyi koruduğu bilinmektedir. Toplam diyet lifinin yaklaşık yarısı bağırsakta fermantasyona uğrar.

Suda çözünen lifler daha çok fermente olmaktadır. Örneğin, kuru baklagiller %100 fermente olurken, kepek %20-80 arasında fermente olmaktadır. Bu nedenle, kuru baklagillerin düzenli tüketilmesi bağırsak sağlığı açısından oldukça faydalıdır.

Diyet lifinin enerji değeri düşüktür ve su çekici özelliği vardır, bu sayede mide içeriğinin viskozitesini (akışkanlığın azalmasını) artırarak midenin boşalmasını geciktirir. Mide boşalmadığı için yeme isteği azalır. Ayrıca diyet lif içeren gıdaların çiğnenerek yutulmasının uzun sürmesi de tokluk hissi yaratmaktadır. Diyet lifi yüksek besinler, günlük yeterli su alınarak tüketildiğinde daha uzun süre tokluk hissi yaratır.

Diyet lifler, kalın bağırsakla ilişkili bazı hastalıkların nedeni olarak bilinen organik bileşikleri bağlama veya seyreltme yeteneklerinden dolayı, kalın bağırsak sağlığında önemli bir yer tutar. Suda çözünmeyen lifler, bağırsak hareketlerini ve bağırsak geçiş süresini olumlu etkiler. Diyet lif alımının artışıyla dışkı hacmi de artar ve bağırsak geçiş süresi kısalır. Dışkı miktarındaki artış esas olarak diyet liflerinin su bağlama özelliklerinden kaynaklanmaktadır, bu durum kabızlığın önlenmesine yardımcı olur.

Diyet lifi, kolon-rektum kanserlerini önlemede etkili faktörlerden biridir. Çünkü, kolon bakteri florasını değiştirir, toksik metabolitlerin oluşumunu azaltır, dışkı atımını hızlandırır ve toksik metabolitlerin bağırsak hücreleriyle temas sürelerini kısaltır.

Kalın bağırsağımıza ulaşan ve burada fermente olan lifler, klinik açıdan çok büyük öneme sahiptir.

"*Kalın bağırsakta fermantasyon sonucu ortaya çıkan kısa zincirli yağ asitleri özellikle bütirat ve asetat, bağırsak epitel hücreleri için enerji kaynağı oluşturmanın da ötesinde inflamasyon kontrolü, mitokondri ve metabolizma (insülin direnci, lipit profili) üzerindeki etkileri nedeniyle yakın gele-*

cekte özellikle Otizm, Alzheimer, Multipl Skleroz, Parkinson ve neredeyse tüm psikiyatrik hastalıklarda ve stresin tetiklediği hormonal aks problemlerinde adından çokça bahsettirecek başlıklardan biri olacaktır."

Burada çok önemli bir noktayı vurgulamak istiyorum. Bağırsaklarımızda trilyonlarca sayıda ve yüzlerce çeşitte mikrop ailesinin, hem kendi içerisinde hem de bağırsak hücrelerimizle arasında parmak izi gibi eşsiz bir iletişim vardır. Bu iletişim, her bedende kendine has özellikler taşır. Bedenimizin ev sahipliği yaptığı bu ekosistemde, mikroplar ve hücrelerimiz birbirlerine muhtaçtır, birçok biyokimyasal süreci birlikte yürütürler, birbirlerinden beslenirler. Liflerin fermantasyonu sonucunda ortaya her zaman bedene faydalı bileşikler çıkmaz. Dengede işleyen bir sisteme ihtiyaç vardır. Hangi bakterinin, bağırsağın hangi bölgesinde, hangi lifle ne tür bir reaksiyon gerçekleştireceğini, ortaya çıkacak bileşikleri tahmin ve tespit etmek çok zordur. Örneğin, ince bağırsaklarda artan bakteri miktarı ve kalın bağırsak, yani kolonda olması gereken fermantasyonun ince bağırsaklarda yoğunlaşması, klinik olarak ağır bir tabloya yol açabilir ve sindirim emilim fonksiyonlarını sekteye uğratabilir.

Kısa zincirli yağ asitlerinden "propionat" miktarının yüksek seviyelere ulaşması, otizm ve hiperaktivite gibi klinik tablolarla ilişkilendirilmiştir. "Asetat, bütirat ve propionat" (aynı zamanda işlenmiş gıdalarda mantar üremesini engellemek için koruyucu madde olarak kullanılabiliyor) düzeylerinin belli bir dengede (asetat ve bütirat lehine) olması çok önemlidir.

"Öyleyse kişinin kliniğine göre ve kişiye özgü bir takip programıyla, başlangıçta beden içerisinde fermantasyona uğraması muhtemel liflerin, bağırsak mikrop dengesi sağlanıncaya kadar miktarının minimuma indirilmesi ve denge sağlanmaya başladığında bedenin vereceği yanıta göre, sırasıyla; doz ayarlaması yapılarak, gerekiyorsa çimlendirilerek ya da fermente edilerek liflerin programa sokulması gerekmektedir. Tüm bunların bir sağlık profesyoneli desteğiyle yapılması gerektiği unutulmamalıdır."

SIBO (İnce Bağırsaklar Düzeyinde Bakteri Çoğalması)

Son yıllarda adını sıkça duymaya başladığımız klinik tablolardan biri olan SIBO[11], ince bağırsaklarda mikrobiyal (sıklıkla bakteri) artışla karakterizedir. Birçok otoimmün hastalığın kökeninde, mitokondriyal fonksiyon bozukluklarında (en sık migren, fibromiyalji), tiroit hastalıklarında, süreğen inflamasyon varlığında SIBO akla gelmelidir.

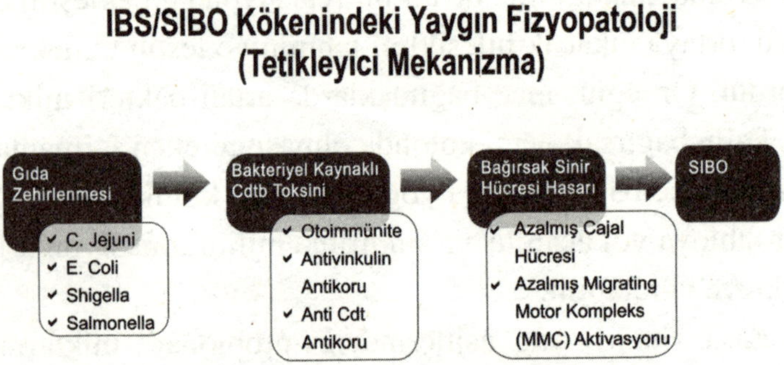

Şekil 7: SIBO'da Olası Tetikleyici Mekanizma

Şekil 7'de, bir gıda zehirlenmesi sonrası ortaya çıkan bağışıklık yanıtının, ince bağırsakların kendini temizleyici mekanizmalarına (MMC) zarar vermesi sonucu SIBO'nun ortaya çıkabileceğine dair bir teorinin görselini görmektesiniz.

11 *Small Intestinal Bacterial Overgrowth.*

"İnce bağırsak, neredeyse bütün vitamin minerallerin emildiği, gıdaların en küçük parçalarına ayrıldığı yerdir. Burası ağacın köküdür, burada yaşanacak en küçük sorun hem sindirimi hem de emilimi olumsuz etkileyecektir, yani yaprakların sağlığı, kökün sağlığına bağlıdır. Vitamin, mineraller, aminoasitler, yağ asitleri gibi yapı taşlarımızın oluşumu ve hücrelerimize taşınması, bu bölgede işlerin yolunda olmasıyla yakından ilişkilidir."

Sadece demir ve magnezyum eksikliği bile, en az beş ayrı uzman hekimle tanışmanıza neden olabilir. Bağırsak mikrop yükümüzün çok büyük bir kısmı kalın bağırsaklardadır, ince bağırsaklarda bu oran kolona göre çok düşük seviyelerdedir (10^4 CFU/ml altında). İnce bağırsakların "faydalı" mikropların bile sayısal olarak artışına tahammülü yoktur. Çünkü burası temiz tutulması gereken özel bir bölgedir.

Yeterli mide asidi, safra asitleri, pankreas enzimleri, salgısal IgA, bizi davetsiz misafirlerden korur. Safra asitleri ve safra sorunları en çok göz ardı edilen ayrıntılardan biridir. Karaciğerin temizleyemediği ya da temizleme basamaklarında yetersiz kaldığı tüm zehirler (lipit peroksitleri, süperoksitler), safra kesesine ve ardından on iki parmak bağırsağına aktarıldığında safra kesesinin ve hatta on iki parmak bağırsağının kontrolsüz kasılmasına yol açabilir. Bu kasılmalar bağırsak düzeyinde ince bağırsak ve kalın bağırsak arasındaki "valv" (ileoçekal) olarak adlandırılan kapakçığın fonksiyonlarını olumsuz etkileyerek, kalın bağırsaktan ince bağırsaklara mikrobiyal göçü kolaylaştırabilir. Safra asitleriyse hem antibakteriyeldir hem de bazı reseptörler (Farnesoid X Reseptör-FXR geleceğin önemli konularından biri olacak) üzerinden uyarı sağlayarak beden bağışıklık yanıtını destekler ve bölgeyi korur.

İnce bağırsaklarda "Migrating Motor Kompleks" (MMC) olarak adlandırılan, bağırsakların ilerleyici hareketinden (peristaltizm) farklı bir süreç vardır. MMC fonksiyonu, tıpkı elinizle bağırsağın bir ucundan tutarken diğer elinizle bağırsağı sıkarak ileri doğru hareket ettirip içini boşaltmaya benzer. Her iki saatte bir gerçekleşen bu eylem, eğer düzgün işliyorsa ince bağırsaklardaki sindirilmemiş, yarı sindirilmiş gıdalar, toksinler, toksik maddeler, mikroplar ince bağırsaklardan uzaklaştırılır. MMC en etkin olarak karnınız açken çalışır. Açken karnınızdan gelen gurultular MMC'nin ayak sesleri olabilir. Bu sesleri duyduğunuzda utanmanıza, koşarak bir şey yeme telaşına düşmenize gerek yok, çünkü aslında o sırada ince bağırsaklarınız, ona teşekkür etmeniz gereken müthiş bir görevle meşguldür. Günde beş on öğün beslenmek, atıştırmak, hareketsiz yaşam, uyku problemleri, duygusal yükler MMC sistemini olumsuz etkiler.

İnce bağırsaklarda mikrobiyal çoğalma meydana gelmeden önce aslında birçok fonksiyon bozukluğu oluşur. Kolona ait birden fazla türde bakterinin ince bağırsaklarda çoğalmasıyla gerçekleşen bu tablo sonrası bakteriyel toksinler, emilim bölgesi olan "villus"lara zarar verebilir.

Yarı sindirilmiş gıda parçaları, ağır metaller ve dış kaynaklı toksik maddeler (tarım ilaçları, katkı maddeleri, kimyasallar) kandida, klostoridyum gibi mikrop kaynaklı toksinler, basit işlenmiş karbonhidrat ağırlıklı beslenme, miktarı azalmış sindirim enzimleri, psikojenik stesörler villus ve bağırsak epitel hücre hasarına yol açar.

Mukozal bağışıklık yanıtın azalması ve bağırsak "tek katlı" epitel hücreleri arasındaki bağlantıların hasar görmesi sonucunda geçirgenlik gelişecek, normalde dolaşıma geçmesi mümkün olmayan büyük moleküller, sindirilmemiş gıdalar, mikrobiyal toksinler ve toksik maddeler sızmaya başlayacaktır. Bu durum devamlılık gösterirse inflamasyon, gıda intoleransları, gıda hassasiyetleri ve otoimmün reaksiyonlar ortaya çıkabilir. İnce bağırsaklarda olmaması gereken, fermantasyon sonucu ortaya çıkan birtakım toksik gazlar (hidrojen, metan, karbondioksit, hidrojen sülfür) oluşabilir. Bakteriler tarafından üretilmesi muhtemel amonyak ise başka bir zehir yüküdür. Üreyen bakterilerin safra asidi fonksiyonlarını bozması sonucu detoksifikasyon süreci, sağlıklı bağışıklık yanıtı, lipit metabolizması ve yağda eriyen vitaminlerin (A, D, K) emilimi bozulabilir.

İnce bağırsaklarda mikrop üremesini kolaylaştıran faktörler şunlardır:

- Mide asidi düşüklüğü
- Stres
- Çölyak hastalığı
- Crohn Hastalığı
- Geçirilmiş bağırsak operasyonu (yapışıklıklar, endometriyozis, sezaryen, kolesistektomi)
- Tip 1 ve Tip 2 şeker hastalığı
- Çok kez antibiyotik kullanım öyküsü
- Alkol kullanımı
- Karaciğer, pankreas, böbrek fonksiyon bozuklukları

Yüksek miktarlarda alkol tüketiminin ince bağırsaklarda mikrobiyal artışla ilişkili olduğu biliniyordu, ancak çalışmalar, günlük alınan düşük miktarda alkol tüketiminin bile riski artırdığını gösteriyor.

"*Bu çalışmaların da ötesinde alkol, bağırsak mukoza hücrelerine zarar vererek geçirgenliğe yatkınlık oluşturur, kas kasılma yetilerini bozar ve hatta bazı bakteri türlerini besleyerek çoğalmasını kolaylaştırabilir.*"

Diğer bir risk faktörü de doğum kontrol ilaçları kullanımıdır. Bu ilaçların özellikle inflamatuar bağırsak hastalıkları ve inflamasyonla ilişkilendirilmesi kayda değer bir veridir. SIBO'nun toplumda görülme sıklığı bilinmiyor. Yapılan bazı çalışmalar, hiçbir bağırsak şikâyeti olmayan sağlıklı grupta %6 ile %15 aralığında bir oranda, huzursuz bağırsak sendromu tanısı alanlarda ise %80 oranına kadar SIBO varlığından bahsetmektedir.

Huzursuz bağırsak sendromu (IBS) daha çok kalın bağırsaklarla ilişkilendirilen kabızlık-ishal döngüleri, şişkinlik, karın ağrısı, spazm gibi problemlerle devam eden ve kliniği SIBO'ya çok benzeyen bir tablodur.

SIBO'da yaygın görülen semptomlar şunlardır:

- Karın ağrısı, karında huzursuzluk
- Şişkinlik hissi ve karında gerginlik
- İshal (Sıklıkla hidrojen üreten bakterilerle ilişkili)
- Kabızlık (Genel olarak metan ve hidrojen sülfür üreten bakterilerle ilişkili)
- Gaz ve geğirme
- Ağız kokusu
- Emilim sorunlarına bağlı kilo kaybı ve vitamin mineral eksikliği gözlenebilir.

IBS ya da SIBO tanılarının konması, tedavide başarı şansımızı artırır mı? Siz bu şikâyetlerle bir doktora başvurduğunuzda çok büyük ihtimalle alınacak tanı IBS yani "huzursuz bağırsak sendromu"dur. Bu tanı sonrası eşlik eden olası gastrit, ülser ya da şüphelenilen farklı bir durumun varlığında; endoskopi, kolonoskopi gibi doğrudan beden içerisinde kamerayla değerlendirme planlanabilir ki bu başka olası riskli faktörleri dışlamak için yapılacak bir girişimdir. Peki, burada da gözle görülür bir sorun saptanmadığında elimizde kalan IBS tanısı bizi hangi yolculuğa çıkarır? Bağırsaklarımızın hareketini düzenlemeyi hedefleyen bir ilaç, spazm azaltıcı ve eşlik eden bir kaygı ya da depresif durum varlığında belki bir tane de antidepresan desteği.

Bu yapılanlar kesinlikle yanlış değil, ama doktorun aklına ince bağırsakları etkileyen bir süreç ve kökeninde yukarıda yazdığımız kolaylaştırıcı etkenler gelmediyse, hastanın doktor arayışı devam edecektir. Kişi, SIBO kavramına daha aşina, bütüncül bakışla ya da fonksiyonel tıpla ilgilenen bir hekime başvuracak diyelim. Bu durumda da büyük olasılıkla, SIBO tanısını araştırmak için test öncesi glikoz, laktuloz gibi bakteriyel fermantasyona uğrayacak moleküller içirilecek, ardından belirli aralıklarla kişinin nefes örnekleri toplanıp içeriğindeki hidrojen, metan, karbondioksit, hidrojen sülfür ölçülerek çıkan sonuca göre antibiyotik tedavileri (hidrojen pozitifse rifaksimin, metan pozitifse rifaksimin, neomisin, tetrasiklin, metranidazol antibiyotik kombinasyonları) uygulanacaktır.

SIBO nefes testinde yalancı pozitiflik (laktuloz-hastalık olmadığı halde pozitif sonuç) ve yalancı negatiflik (glikoz-hastalık olduğu halde test sonucu negatif) oranları azımsanmayacak düzeydedir. Diyelim ki tanıyı bir şekilde doğru koyduk. Çalışmalar bize antibiyotik tedavilerinin her hastada çalışmadığını ve bir yıl içerisinde hastaların yaklaşık yarısında SIBO'nun tekrarladığını götermektedir. Diğer taraftan antibiyotik desteğiyle birlikte bitkisel antimikrobiyallerin (berberin-tıbbi kekik-allisin) de tedaviye eklenmesinin daha iyi sonuçlar verdiği, ancak tüm hastaların sadece yarısında etkinlik görüldüğü saptanmıştır.

Uygulanan nefes testleri ve antibiyotik tedavilerinin bugünkü bilimsel zeminde oldukça akılcı ve yerinde yaklaşımlar olduğuna dair hiç şüphem yok. Bu testleri defalarca uygulamış, bu konuyla ilgili yayınları yakından takip eden, antibiyoterapi ve birlikte uygun diyet programlarıyla hasta takibi yapmış bir hekim olarak, size birkaç önemli noktayı aktarmak istiyorum. Ülkemizde ve hatta dünyanın birçok bölümünde bu testlerin ölçtüğü gaz içeriklerinin çeşitliliği yetersizdir. Bu testlerin, test esnasında hastanın adaptasyon sorunları, öncesinde glikoz (yalancı negatiflik riski özellikle distal intestinal bölge için), laktuloz (yalancı pozitiflik olasılığı) verilmesi, nefes testinin duyarlılık (sensivite-gerçekten hasta olanların ne kadarını saptayabildiği) ve özgüllük (spesifite-hasta olmayanların ne kadarını saptayabildiği) açısından tatmin edici olmaması, tekrar tekrar yapılan ölçümlerin getirdiği ek maliyetler gibi dezavantajları bulunmaktadır.

Bununla birlikte ince bağırsak bölgesinde "fungal" bir çoğalma durumu varsa, benzer klinik semptomlar olacak, ama bu testle maalesef tespit edilemeyecektir. Bazılarınız haklı olarak, "Onun için de başka testler var, idrarda organik asit testlerinde mikrobiyal son ürünlere bakabiliriz," diyebilir. İşte, büyük sıkıntılardan biri de budur. Şüphelendiğiniz birkaç mikrobun ve onun birkaç metabolik ürününün peşine düşüp büyük resmi kaçırırsanız tetkik israfı, kafa karışıklığı, abartılı ilaç ya da takviye önerisi, zaman ve para kaybıyla birlikte beklenilen klinik yanıtı da alamayabiliriz.

Çok ayrıntılı tetkiklere ihtiyacın olduğu bazı özel durumların olduğuna şüphe yok, ama rutin uygulamalardaki gözlemim şu: Tetkik sonuçlarında hastalığa ait tek bir suçlu arama ve kısa yoldan durumu çözme heyecanı sağlık profesyoneline ve hastaya kısa süreli geçici çözümler sunmaktadır. Son zamanlarda farklı birçok şehirden başvuruda bulunan bazı danışanlarımın aktardığı şöyle bir geri bildirim var: "Nefes testime göre uygulanan antibiyotik tedavisi sonrasında tekrar yapılan testlerde sonuçlar iyi, ama ben klinik olarak daha da kötü hissediyorum." Klinik yaklaşım olarak birincil hedefim hastanın iyileşmesidir, laboratuvar sonuçları değil! Üzülerek belirtmeliyim ki kliniğime başvuran hastaların dosyaları, çaresizce yaptırılmış gıda intolerans testlerinden dışkıda kalprotektin, zonulin ve alfa 1 antitripsin düzeylerine, ağır metal testlerinden dışkıda kısa zincirli yağ asit oranlarına kadar birçok pahalı testle dolu. Bu ölçümleri rutin bir şekilde yaptırmak, hekim için kafa karışıklığı, birçok hasta için hem ekonomik hem de psikolojik olarak ciddi stres kaynağıdır.

"*Her tetkik sonucuna aşırı anlam atfeden, tetkik parametrelerindeki basit değişikliklerden büyük sonuçlar çıkarıp karamsarlığa kapılan hastalarımın bağırsaklarını onarma süreci, emin olun çok daha sancılı geçiyor.*"

Bu tetkikler sonucunda önerilen, içeriği belirsiz karışımlar yüzünden katbekat artmış hayal kırıklıklarına defalarca şahit oldum. Tetkikleri çok önemsiyorum, ama klinik deneyim olmadan ve amaçsız bir şekilde bu tetkiklere bulaşmak bizi ve hastayı çok yoracaktır. Elbette bu testler ve ölçüm metotları geliştikçe, yaygınlaştıkça, doğru kullanıldıkça, kolay ulaşılabilir ve ucuz hale geldikçe çok daha işlevsel olacağı inancındayım.

Kronik yorgunluğu, mutsuzluğu, hazımsızlığı, alerjileri, ağrı kesicilere cevap vermeyen eklem ağrıları, reflüsü, kabızlığı, egzaması olan ve yediği her lokma sonrasında karnı şişen bir hastaya geçirgen bağırsak, IBS ya da SIBO teşhisi koymanın yollarını aramadan önce; yediği gıdayı sindiremiyor oluşu, sindiremediği gıdaların mikrobiyal ajanlar tarafından fermente edildikten sonra ortaya çıkan gazların yol açtığı klinik durum ve sisteme sızan kronik bir inflamasyon süreci gözümüz önünde canlanmalıdır. Vitaminsiz ve mineralsiz kalmış, hücreleri aç bir hasta gibi düşünün.

Böylesi bir durumda, ilk olarak bütüncül bakışa sahip bir hekim takibinde;

✓ Beslenme programının düzenlenmesi (bölüm sonunda önerilecek beslenme programı veya duruma göre bifazik beslenme, *low foodmap*),

✓ Gıdaların iyi çiğnenmesi,

✓ Beslenme esnasında su ve alkali gıdalar içilmemesi,

✓ Mide asiditesinin (Betain HCl), pankreas enzimlerinin desteklenmesi, prokinetiklerle (iberogast, zencefil, eritromisin, LDN, 5HT4 agonisti) uzamış gıda pasaj geçiş süresinin kısaltılması,

✓ Gerekiyorsa safra asitleri desteği,

✓ Sindirim enzimlerinin sağlıklı bir şekilde üretimi için B1, B6 ve özellikle çinko eksikliklerinin giderilmesi,

✓ "Gerçek anlamda stres yönetimi için nefes, yoga, meditasyon, *tai chi* gibi çalışmaların merkezine bütüncül psikoterapi" desteğini koyarak parasempatik sistem hâkimiyetinin sağlanması,

✓ Kabızlığın önlenmesi.

✓ Bağırsakta biriken gıda artıkları, toksin, toksik maddelerin uzaklaştırılmasını kolaylaştıracak destekler, büyük öneme sahip en etkili uygulamalardır.

✓ Uyku hijyeni, hareketli bir yaşam, sık ve geç saatlerde beslenmenin önüne geçilmesi ve tetkiklerde ortaya çıkan eksikliklerin yerine konması çok önemlidir.

Aslında tüm bu kronik yakınmalarda ana kök faktörlere yaklaşım (beslenme, bağırsaklar, tiroit, insülin direnci, mitokondri, metilasyon, ruhsal sistem) ve her bir başlığı senkronize olarak yönetmeyi hedeflemek, hastayı semptomlardan kurtarmakla kalmayıp aynı zamanda gerçek anlamda kalıcı iyileşme sürecine sokacaktır.

Peki yediğimiz gıdaların bağırsaklarımızda sindirim, emilim sürecinde içerdiği koruyucular, katkı maddeleri, mikroplar, ağır metaller, tarım ilaçları gibi toksik yük içeriğiyle nasıl baş edebiliriz?

Yaşadığınız bölgede bir ay boyunca belediyenin herhangi bir nedenle çalışamadığını ve sonucunda ortaya çıkan yaşam ortamınızı hayal edin ya da TV kanallarında oldukça ilgi çeken "çöp ev" haberlerini anımsayın. Sahibi olduğunuzu düşündüğünüz ve gerçekte sadece konakçısı olduğunuz bu bedensel yapı içerisinde de durum pek farklı değil. Ancak bu sistem o kadar uyumlu ve olağanüstü çalışmaktadır ki sayısız toksin, bakteri, virüs ve parazit bu sistemden uzaklaştırılırken, durumdan habersiz bir şekilde akşamki şampiyonlar ligi maçını, üçüncü sezonu varoluş amacımızdan daha çok merak edilen diziyi izlerken tüketilecek olan, paketi içeriğinden daha sağlıklı atıştırmalıkların alışverişini yapabiliyoruz. Peki, bu hayranlık uyandıran müthiş işleyişin varlığına ne zamana kadar yabancı ve kayıtsız kalabiliriz?

Bu konu, hastalıkların kökeninde çok önemli bir yere sahipken, modern tıpta hak ettiği yeri maalesef bulamamıştır. İnce bağırsaklarınızdaki bakteriyel toksinlerin yarattığı ağız kokusuna gargarayla müdahale, geçirgen bağırsakların yarattığı düşük yoğunluklu süreğen iltihaba yani inflamasyon zemininde gelişen eklem şişliklerine NSAİ (steroid olmayan antiinflamatuvar) ya da kortizol tedavisi, duyarlı hale gelmiş bağışıklığa sekonder, ortaya çıkan astım atağına kortizol, beta agonist desteği, akut dönem için baskılaycı ve işlevsel görünse de, uzun vadede bu rahatsızlıklar, kendini tekrarlayan benzer yakınmalarla ortaya çıkacak ya da kökendeki asıl sorunu fark etmemiz konusunda ısrarcı olacak ve yeni alarm sistemlerini devreye sokacaktır.

Hastalık ismini değil, bireyi bir bütün olarak ele alarak gerçek iyilik haline ulaşma yollarını aramayı "seçen" yol arkadaşlarım; gelin, yukarıda verdiğim kronik problemlerle yakın ilişkide olan ve insan bedeninin, koruyucu ve temizleyici mekanizmalarına biraz daha yakından göz atalım. Sizlere bu karmaşık konuyu en anlaşılır biçimde sunmaya çalışacağım.

Bu süreçte, birbirini tamamlayan ve ciddi anlamda yakından ilişkili olan beş aşamalı bir süreçle karşılaşacağız.

1- Mikrobiyota (bedenimizi bizimle paylaşan, sindirim sistemimize yerleşmiş trilyonlarca mikroorganizma) ve GALT (*gut associated lenfoid tissue*, yani bağırsakla ilişkili lenf dokusu), bağırsak kan dolaşımı arasındaki bariyer

2- Karaciğer filtrasyonu ve fagositoz (mikrobiyal içeriklerin, karaciğere ait bağışıklık hücrelerimiz olan kupfer hücreleri tarafından yutulması).

3- Karaciğer Faz 1 detoksifikasyon.

4- Karaciğer Faz 2 detoksifikasyon.

5- Karaciğer Faz 3 detoksifikasyon (taşınma).

Bağırsak Mikrobiyotası Ne İş Yapar?

Bağırsaklarımız ve onların kadim misafirleri olan mikrobiyal sistem, her an literatüre yenileri eklenen bilimsel araştırmalarla birlikte "bilimsel" altyapıyı sarsmaya ve ezberleri bozmaya devam edecek gibi görünüyor. Bu sistem içerisinde hücrelerimizle mikrobiyal sistem arasında bir işbirliği ve haberleşme, kendine özgü bir iletişim söz konusu olduğu gerçeğiyle yüzleşiyoruz. Mevcut bilimsel verilere dayanarak yüz, iki yüz trilyon kadar mikro canlının yaşadığı devasa bir gen havuzundan, toplam hücre sayımızın on, gen sayımızın ise yüz katını içeren, hakkında bildiklerimizin bilmediklerimizin zerresi olduğunu düşündüğüm bir sistemler kümesi söz konusu. Özetle "Neler yapar bu mikroplar topluluğu?" sorusuna cevap arayacak olursak şunları söyleyebiliriz:

✓ Vitamin sentezi (B12 vitamini, folik asit, K2 vitamini gibi).

✓ Hastalık yapma potansiyeline sahip mikroorganizmaların çoğalmasını engelleme.

✓ Bağışıklık yanıtın uyarılması.

✓ Bağırsak bariyer sisteminin korunması.

✓ Kısa zincirli yağ asitlerinin sentezlenmesi (bağırsak hücrelerinin yenilenmesi, beslenmesi, enerji için gerekli yakıtın sağlanması, bağışıklık yanıtının düzenlenmesi).

✓ Toksik ve karsinojenik maddelerin parçalanması, metabolize edilmesi, ağır metal emiliminin asgari düzeye indirgenmesi.

Bu aşamada, önemli bir doku olan GALT, hastalık yapma potansiyeline sahip mikroorganizmalar, ksenobiyotikler (dokuların tanıyamadığı ilaçlar, tarım ilaçları, ağır metaller, sayısı her geçen gün hızla artan sentetik katkı maddeleri) ile özellikle "glutatyon, metallotionein ve mikrobiyotanın" yardımıyla baş etmeye çalışır. İşte burası kritik bir noktadır ve bu kısımdaki "lenfoid" doku, bedenin tümünün sahip olduğu bağışıklık yanıtının yaklaşık %70 gibi büyük bir oranından sorumludur. Klinik derslerimizden aklımızda kalan ve bizi şaşırtan noktalardan biri, üst solunum yolu enfeksiyonu olan bir çocuğun karın ağrısının gerisinde bağırsak lenf nodlarının tepki vermesi, şişmesi gibi mekanizmaların oluşudur.

Beden bir tehdit mesajı algıladığında tüm sistem bu durumdan etkilenir ve tepki verir. Bağırsak, bir bariyer olarak bu reaksiyonların başlangıç noktasının temsili gibidir. Bu durumu "sınır güvenliği" bozulmuş bir ülkenin tüm halkının ve savunma birimlerinin rahatsız ve güvensiz hissetmesine benzetebiliriz. Bu mekanizmaları inflamasyon kısmında biraz daha ayrıntılandıracağız.

Müthiş Bir Organ: Karaciğer

Bedenimizin zehir yükünü içsel ve dışsal kaynaklar olarak ikiye ayırabiliriz. Dört yanımız toksik maddelerle kaynamasına rağmen hâlâ iç kaynaklı metabolik son ürünler, oksidatif hasar ve mikrobiyal toksinler zehir yükümüzün büyük kısmını oluşturmaktadır.

Bağırsakların görevini olabildiğince yaptığını ve bir kısım toksik maddelerin, sindirilmemiş gıdaların, tarım ilaçlarının, katkı maddelerinin, ağır metallerin, patojen mikropların kan dolaşımına geçtiğini düşünelim. Bu aşamadan sonra dolaşıma geçen her şey, bağırsaklar, mide ve dalağın toplardamar kanının birleştiği "portal ven" aracılığıyla karaciğere taşınır.

Karaciğer dakikada yaklaşık bir iki litre kanı süzer ve detoksifikasyon işleminden geçirir. Bu süzme işlemi bağırsaklardan taşınan yüksek sayıdaki bakteriyel içerik, bakteriyel endotoksinler, antijen antikor kompleksleri ve diğer toksik içerikler açısından kritiktir. Tüm toksik materyalin ve bakterilerin %99'u ilk süzme aşamasında temizlenir. Tüm bu artıklar idrar, dışkı ve ter gibi yöntemlerle atılır. Karaciğer bu filtreleme görevinin yanında, günlük yaklaşık bir litre safra üretir ve salgılar.

Karaciğerde detoksifikasyon işlemi biyokimyasal olarak iki aşamalı yapılır, üçüncü aşama ise atılımdır. Faz 1'de oksidasyon, redüksiyon ve hidroliz reaksiyonlarıyla gerçekleşir. Bu reaksiyonlarda sitokrom enzimleri kullanılır.

"*Faz 1 reaksiyonu, uzaklaştırılacak toksin, ilaç ve toksik maddeyi ara bir bileşik haline dönüştürür. Ortaya çıkan yağda az çözünür ara bileşikler, oksidatif hasar açısından riskli olabilir, bu nedenle antioksidan kapasitemizin, ortaya çıkan ara ürünleri etkisiz hale getirebilme potansiyeli çok önemlidir. İyi işleyen bir detoksifikasyon sisteminde, Faz 2 konjugasyon ve Faz 3 atılım süreçlerinin sekteye uğramaması ve Faz 1 sonrası ara ürün birikimi olmaması, iyi işleyen bir detoksifikasyon sürecinin altın kuralıdır.*"

Bu durumu, evde oluşan çöplerinizi toksin, bu çöpleri cinsine göre poşetlere koymanızı Faz 1, poşetlenmiş çöpleri dışarıdaki çöp tenekesine ulaştırmayı Faz 2 ve belediyenin çöpleri mahalleden toplamasını da Faz 3'e benzetebiliriz. Burada en önemli noktalar, poşetlenmiş çöplerinizi evden uzaklaştırma hızınız ve belediye araçlarının çöpleri toplama sıklığıdır.

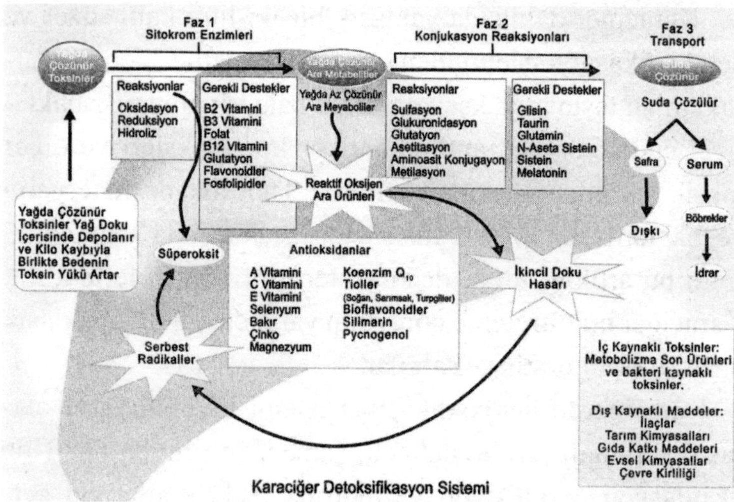

Şekil 8: Karaciğer Detoksifikasyon Sistemi

Yeterli glutatyon üretimi, çalışır bir metilasyon döngüsü ve diyette düzenli alınan sülfür kaynakları (lahana, karnabahar, kırmızı pancar, turp, soğan, sarımsak) Faz 2 reaksiyonlarınıza büyük destek sağlar. İdrar renginizin açık sarı olacağı yeterlilikte su içiyorsanız ve günde bir hatta iki kez dışkılama alışkanlığınız varsa ve arada saunaya gidiyorsanız, karaciğerinizi büyük bir yükten (Faz 3) kurtarıyorsunuz demektir. Bu kitaptaki her bir ana başlıkta karaciğerinizin zehir yükünü azaltacak ve zehir atılımını kolaylaştıracak bilgiler edineceksiniz.

Beslenmede Dikkat Edilmesi Gereken Ayrıntılar

- Açlık hissinin gerçek bir uyaran olup olmadığının gözden geçirilmesi, hatta bir iki bardak su içmek ve bu süreçte açlık hissi öncesinde hâkim duygularımızı gözden geçirmek işlevsel olabilir. Özellikle boşluk hissinin varlığı, duyguların tanımlanamayışı, yok sayılması, erken çocukluk yaşamında oral döneme ait sorunların bugüne yansımaları, açlık hissi konusunda hatalı uyaranlara yol açabilir.

- Ruhsal Sistem bölümünde değindiğimiz öğün esnasında parasempatik sistemde yani "dinlen ve beslen" konumunda olmak.

- Öğün esnasında hesap yapma, tartışma, televizyon izleme yemeğin sindirimi açısından son derece olumsuz uyaranlardır. Oturur pozisyonda, sessiz sakin, loş bir ortamda, yediklerinize duyulan şükran hissiyle, sevdiklerinizle göz teması kurarak yediğiniz yiyecekler, sizi gerçek anlamda besleme potansiyeline sahiptir. Kısaca ne yediğinizin ötesinde nasıl yediğinizin çok daha büyük önemi vardır.

- Gıdaları iyi çiğnemek (beslenme esnasında konuşmamak), midenin asiditesini korumak (stres yönetimi, öğün başında ev yapımı elma sirkesi, fermente kırmızı pancar tüketilebilir) oldukça önemlidir.

- Öğün esnasında su da dahil alkali gıdalar (özellikle soda maden suyu) tüketilmemelidir. Su, öğünlerden en az yarım saat önce ya da bir saat sonra içilmelidir.

- Öğüne başlarken ortamda huzursuzluk varsa o öğünü atlayınız, sindiremediğiniz her gıda, sistem için çok büyük bir yüktür. Aç kalabilme yetisi metabolik olarak sağlıklı olma durumuyla eşdeğer diyebiliriz. Doğru beslenmeyi öğrenip uyguladıkça, aç kalma süresinin giderek uzadığını hatta öğün yapmayı unuttuğunuzu göreceksiniz.

- Sağlıklı işleyen persitaltizm ve gezici motor kompleks (MMC), bu sürecin sağlıklı işlemesi için ana konulardan biridir (sık beslenmemek, hareketli yaşam, sağlıklı tiroid fonksiyonları, uyku düzeni, sağlıklı bir ruhsal sistem). Ağzımıza aldığımız bir lokmanın yutulduğu andan itibaren beden içerisindeki yolculuğu çok önemlidir.

- İki öğün ile beslenecek duruma gelmek (leptin direncinin kırılması, MMC sağlıklı çalışması, karaciğere detoksifikasyon için zaman tanımak).

- Kan şekeri düzensizliklerinin dengelenmesi (glisemik indeksi ve yükü düşük beslenme).

- Akşam saat yediden sonra katı gıdalarla beslenmeyi bırakmak (geç saatlerde tüketilen gıdalar, temizlik yapılacağı gün eve gelen davetsiz misafir gibidir).

- Yediklerinizi sevdiklerinizle, komşuyla, kuşla paylaşmak oksitosin düzeyinizi yükseltir ve varsa kaygı düzeyinizi düşürür, sindirim enzimi salgılamanızı ve bağırsak hareketlerinin dengesini sağlar (komşunuz açsa sağlıklı sindirimden söz etmek çok zor).

Neredeyse Tüm Kronik Hastalıklar İçin Örnek Beslenme Programı

Danışana önerilecek beslenme düzeni anlık ihtiyaca göre değişkenlik gösterebilir. Herhangi bir hastalığın tedavisinde önerilecek olan beslenme düzeni, kişinin hayat boyunca sürdürebileceği programlar değildir. Özellikle otoimmün ve kronik hastalıklara bütüncül yaklaşımda uyguladığımız beslenmede, bazı besinlerin dönemsel olarak kişinin beslenmesinden çıkarılarak, bedenin kendini onarım sürecini, faydalı mikropların yerine konulmasını ve detoks sistemini destekleyecek gıdaların eklenmesi planlanır. Başlangıçta beslenme programından çıkarılan besinler genel olarak duyarlılık ve intolerans riskinin yüksek olduğu öngörülen gıdalardır. Bu programda asıl hedef bağırsak astarının onarımının sağlanması, bağışıklık yanıtının tetiklenmesi, olası gıdaların sisteme sokulmaması ve belli bir süre sonra gıdalarla bedenin yeniden tanıştırılması sürecidir. Bu süreçte, gıda çeşitliliğinin hastanın da yakından takibiyle giderek artırılması hedeflenir. Beslenmede besin çeşitliliğinin uzun süre kısıtlanması (özellikle lif kaynağı karbonhidratlardan fakir beslenme) bağırsaktaki faydalı bakteri çeşitliliğini de olumsuz etkileyebilir.

Beslenme süreci aşağıdaki gibi şekillendirilebilir.

Sabah

Öğün başında, ev yapımı elma sirkesi (1-2 tatlı kaşığı), hassasiyeti olanlar sulandırarak tüketebilir. (Histamin intoleransı, SIBO rahatsızlıkları olanlar dikkat etmelidir.)

Sabah kahvaltısında; protein, sağlıklı yağlar, lif kaynağı olarak karbonhidratlar orantılı bir şekilde planlanmalıdır.

- ✓ Yumurta
- ✓ Ceviz
- ✓ Zeytin
- ✓ Roka, maydanoz, mevsim yeşillikleri

- ✓ Soğuk sıkım zeytinyağı ilave edilmiş havuç suyu
- ✓ Tahin
- ✓ Avokado

Ara Öğün (Başlangıçta Olabilir)

- ✓ 1 porsiyon meyve (az şekerli)
- ✓ Çiğ badem, çiğ fındık

Akşam
Akşam yemeği de yine sabah kahvaltısı gibi içeriği orantılı ve besin öğesi bakımından çeşitli olmalıdır.

- ✓ Unsuz ve kremasız sebze çorbası (bal kabağı, enginar, brokoli vb.)
- ✓ Kuzu eti
- ✓ Serbest gezen tavuk veya hindi
- ✓ Mevsiminde, deniz balığı
- ✓ Zeytinyağlı sebze yemeği
- ✓ Mantar

Bu ana yemeklerin yanında bol miktarda koyu yeşil yapraklı mevsim yeşilliklerinden oluşturulmuş, içine zeytinyağı, elma sirkesi ilave edilmiş salata tüketilmeli. Bunun yanı sıra fermente lahana (*sauerkraut*) ve pancar kvass, öğünlere mutlaka ilave edilmelidir.

Bu beslenmenin en önemli gıdalarından biri de et-kemik suyudur. Et-kemik suyu, içerdiği glutamin, jelatin, kolajen sayesinde bağırsak astarını onarmada, bu sayede geçirgen bağırsak sendromunu iyileştirmede büyük rol oynar. Et-kemik suyu, her gün düzenli bir şekilde çorbaya ilave edilerek veya sade şekilde tüketilebilir.

Soğuk sıkım hindistancevizi yağı yine her gün, aşırı dozlarda olmayacak şekilde tüketilebilir (1-2 tatlı kaşığı, özellikle kandida varlığında içeriğindeki "kaprilik" asitten faydalanabiliriz).

Serbest Gıdalar Kuzu eti (kaynağı bilinen) - Balık (Deniz, Mevsim)- Tavuk, Hindi gibi Kümes Hayvanları (serbest gezen)- Sağlıklı Yağlar (zeytin/avokado/hindistancevizi) Yağlı Tohumlar - Meyveler (az şekerli) - Sebzeler Bitkisel Sütler (badem sütü/hindistan cevizi)
Yasak Gıdalar Tahıl ve Tahıl Türevleri - Sığır ve Dana Eti - Kuru Baklagiller - İşlenmiş Et ve Türevleri - Süt ve Süt Ürünleri Alkol - Patates - Mısır - Kabuklu Deniz Ürünleri - Yer Fıstığı / Kaju - Şeker - Kahve / Çay - Domates /Biber / Patlıcan - Soya ve Soya Ürünleri - Tatlandırıcılar - Ambalajlı (katkılı) Gıdalar

Bu tabloda gösterilen yasaklı gıdaların programa tekrar eklenme kararı, hastanın klinik belirtilerine göre, takip eden hekim ve hasta işbirliğinde karar verilmelidir.

Beslenme programında ilk serbest bırakılacak gıda kuru baklagillerdir. Kuru baklagiller fermantasyon veya filizlendirme işleminden sonra beslenme programına ilave edilebilir. Kuru baklagillerin ilavesinden sonra süt ürünlerine de kontrollü bir şekilde başlanabilir. Başlanılacak süt ürünlerinin keçi sütü kaynaklı olması daha uygun olacaktır.

Son olarak, glütensiz tahıl ürünleri beslenme programına ilave edilebilir. Karabuğday (greçka), siyah pirinç, kinoa, chia, keçiboynuzu unu, hindistancevizi unu, badem unu, tatlı patates bu beslenme sisteminde farklı tariflerle beslenmenin sürdürülebilmesi olanağını artıran gıdalardır. Bu gıdalara da takip eden hekim kontrolünde başlanmalıdır.

Baharatlardan; kırmızı biber, karabiber, kişniş, zencefil, tarçın, kimyon, nane, karanfil, kekik, biberiye ve zerdeçal kullanılabilir. Bu beslenme programında pişirme yöntemi olarak kızartma kullanılmamalıdır. Kullanılacak pişirme yöntemleri ızgara, fırın, sote, haşlama, buhar olmalıdır. Beslenme programının içerisinde vücudun detoks yeteneğini artırmak amacıyla; devedikeni çayı, karanfil, zencefil, karabiber ve limondan hazırlanmış bir çay tüketilebilir.

Fermantasyon İşlemi

Fermente edilecek gıdalar yirmi dört saat boyunca içme suyunda bekletilmeli, ardından süzülüp yirmi dört saat içme suyu ve bir su bardağı peynir altı suyu ilave edilmiş suda yirmi dört saat bekletilmelidir.

Filizlendirme İşlemi

Filizlendirilecek gıdaların kabuklu olması şarttır. İyice yıkanan bu tohumlar bir kapta üzerini iki parmak geçecek şekilde yirmi dört saat suda bekletilir. Daha sonra suyu iyice süzülerek üzerine bir tülbent örtülür. Her gün sabah ve akşam tohumlar sudan geçirilip süzülür ve tekrar üzeri tülbentle örtülür. Bu durumda tohumların nemli ortamda kalmaları oldukça önemlidir. Filizler bir santim olduğunda filizlendirme işlemi tamamlanmış demektir.

DÖRDÜNCÜ BÖLÜM

İNFLAMASYON

İnflamasyon, hastalıklara bütüncül yaklaşımın ana konularından biridir.[12] Bu kavram, son yıllarda tıbbın merkezine yerleşmekle birlikte, neredeyse her hastalığın altında yatan ana faktörlerden biri olarak ön plana çıkıyor. Peki, inflamasyon nedir? Türkçeye "yangı" olarak çevrilmiş, ama bu kavramın durumu anlamamıza yardımcı olmadığını görüyoruz. Basit anlamda, bedende tehdit oluşturabilecek bir sürecin ortadan kaldırılması ya da bir onarım esnasında gerçekleşen, bedenin bağışıklık sistem yanıtıdır. Bu anlamda, beden için olmazsa olmaz hayati bir önem teşkil eder. Aksi halde, basit bir mikrobik hastalıktan ya da ufak bir kesi nedeniyle kanamadan hayatımızı kaybedebilirdik.

İnflamasyon, bedendeki virüs, parazit, bakteri gibi hastalık oluşturma potansiyeli olan beklenmedik misafirlerin bertaraf edilmesi ya da herhangi bir nedenle ortaya çıkmış doku hasarının sınırlanmasını sağlayarak iyileşmeye yardımcı olan bir bağışıklık yanıtıdır. AIDS hastalığının ileri evrelerini düşünün. Burada, bağışıklığın yetersizliği nedeniyle hasta, basit bir enfeksiyon hastalığı nedeniyle bile

12 Bu bölümde kısaca açıklamaya çalıştığım inflamasyon kavramıyla ilgili daha ayrıntılı bilgi almak için Alex Vasquez'in *Inflamation Mastery - 4th Edition* kitabına bakabilirsiniz.

kaybedilebilir. Bağışıklığın yani inflamatuar bir durumun "dışarıdan gözlemlenen" bulguları; ateş, geniz akıntısı, kızarıklık, kaşıntı, döküntü, ağrı, şişlik olabilir. Tüm bunların amacı, ortaya çıkmış sorunun sınırlandırılması, yayılmasının engellenmesi ve tehdit oluşturan durumla mücadeledir. Buraya kadar her şey olağan, ama asıl sorun şu ki süreğen şekilde bu yanıtın ortaya çıkması birçok sorunu da beraberinde getiriyor. Akut yani kısa vadede beden için çok önemli olan bu yanıtın uzun süreli hale gelmesi, görünür belirtilerin de ötesinde kalıcı kronik hastalıklara yol açabiliyor. Altı çizilmesi gereken nokta, hastalık ayırt etmeksizin "düşük yoğunluklu sessiz inflamasyon", üzerinde çalışılması gereken en önemli ayrıntılardan biridir.

Birçok sağlık profesyonelinin ve müzmin hastalıklarının gölgesinde çaresizlik hissi yaşayan hasta grubunun, inflamasyon kavramını bildiklerini, ama bu konuda neler yapabilecekleri konusunda yetersizlik hissettiklerini gözlemliyorum. Bu kitaba bir bütün olarak bakıldığında, hastalıkların ana kök faktörlerinin birbiriyle ve inflamasyonla ilişkisi hakkında birçok bilgi edineceksiniz. Düşük yoğunluklu inflamasyon kavramını, bağışıklık sistemi için sürekli bir tehdit algısının varlığı gibi düşünebiliriz.

Bunu bir örnekle açıklayacak olursak, bir ülkenin bağışıklık yanıtını oluşturan unsurları ordusu ve kolluk kuvvetleridir. Çevrenizde yaşanan bir kargaşada, düzenli işleyen bir sisteme tehdit oluşturacak bir olay meydana geldiğinde polis duruma müdahale eder, adalet mekanizmaları sağlıklı işler ve sıkıntının bu yolla giderilmesi sağlanır. Bu şekilde kendimizi güvende hisseder, yatağımızda rahat uyur, sokakta rahat yürür, çocuklarımızı içimiz rahat bir şekilde okula gönderebiliriz. Caddelerde, sokaklarda her an bir olay olacak endişesiyle birçok polisin, askerin veya askeri aracın olduğunu düşünün. Her gün bu şekilde yaşadığınızı ve neredeyse her olaya müdahil olunduğunu, sürekli üstünüzün, aracınızın arandığını, en ufak şüphede günlerce gözaltına alındığınızı hayal edin. Böyle bir durumda, sizi güvende hissettirmek amacıyla oluşturulmuş bir yapılanmanın, hayatınızı nasıl kısıtlayabileceğini ve yaşanmaz hale getirebileceğini düşünebiliyor musunuz? Bu anlamda tıpkı bireysel olarak insanda olduğu gibi toplumda da kronik hastalıklar olabilir.

Hastalıklardan korunmanın, bedensel olarak iyilik halini yakalamanın ve sürdürmenin ana gerekliliklerinden biri olan uzun süreli inflamasyonun yönetimi konusunda neler yapabiliriz? Bağışıklık sisteminin sağlıklı çalışması, sistemin kendinden olanla yabancı olanı ayırt edebilmesi için hangi faktörler ön plana çıkmaktadır? Bu sorulara vereceğimiz yanıtlar, sağlıklı olduğu inancında olan ya da olmayan herkesi ilgilendirmektedir.

Depresyon, anksiyete bozukluğu, dikkat eksikliği, hiperaktivite bozukluğu, kronik yorgunluk, insülin direnci, kronik eklem ağrıları, romatoid artrit, ankilozan spondilit, astım, ülseratif kolit, crohn, haşimato ve aslında müzmin hastalıkların neredeyse tamamında, inflamasyonun büyük rolü vardır. Tedavi sürecini üstlendiğim, yıllar önce bu tanılardan birini ya da birkaçını almış ve yaşamlarını sürdüremeyecek hale gelmiş binlerce danışanımda büyük oranda yol alabilmemizin en önemli nedenlerinden biri, inflamasyonu besleyen kökendeki kaynakları yönetebiliyor olmamız gibi görünüyor. Hatta hafif bir sabah yorgunluğu dışında hiçbir şikâyeti olmayan, "Daha sağlıklı olmak, eksik vitamin minerallerimi yerine koymak için geliyorum," cümlesiyle başvuran birçok danışanımın, tedaviye başladıktan birkaç ay sonra, "Ben daha öncesinde hasta olduğumu yeni anladım, beynimde bir sis varmış ve kalktığında fark ettim ki dikkatim, enerjim çok daha iyi bir hale geldi," sözleriyle geri bildirim verebiliyor.

İnflamasyonun sinsi bir süreç olduğunu ve her zaman aşikâr bir tabloyla ortaya çıkmadığını bilmemiz gerekiyor. Sabahları eklem katılığı nedeniyle kalkmakta güçlük çeken, bir saat sonra yavaş yavaş açılan, araştırmalar sonucu hiçbir tanı konulamamış hasta grubu da dahil herkesin, inflamasyonun hangi kılıklarda karşımıza çıkabileceğini bilmesi gerekiyor. Mevcut tıbbi yaklaşımda, kişinin hayatı belirgin şekilde olumsuz etkileninceye kadar herhangi bir müdahale yapılmamaktadır. Bununla birlikte tedavi sürecinin merkezinde, tanının ne olduğu ve hangi ilaç tedavisinin uygulanacağı yer almaktadır. Genel olarak, hastalık kendini iyice hissettirdiğinde özellikle otoimmün hastalıklarda, bağışıklık sistemini baskılayacak tedavi planları uygulanmaktadır. Elbette ilaç tedavisi, hastalığın kendini en çok ifade ettiği dönemlerde hastanın konforunu artırmak adına bir süre düşünülebilir, ancak asıl mesele şu ki kök faktörler, bu bağışıklık sisteminin hareket halinde kalmasına devam ettikçe maruz kaldığımız ilaç dozları artacak ya da etkisiz olduğu için daha güçlü olanlarına geçiş yapılacak veya başka ek hastalıklar ortaya çıkmaya devam edecektir.

Şimdi size, bu bağışıklık yanıtını, diğer bir deyişle, inflamasyonu besleyen ana faktörlerden bahsedeceğim. Kronik hastalığa sahip olsun olmasın, herkesin şu anda tüm zihinsel uğraşılarını bir kenara bırakıp buraya odaklanmasını rica ediyorum. Binlerce kez şahit olduğum "iyileşme" hikâyesinin başrol oyuncularını anlatıyorum, hazır mısınız?

İlk sırada beslenme, bağırsaklar konusu yer alıyor. Üçüncü Bölüm'de ayrıntılı olarak anlattığım bu konunun, bedende bağışıklık sistemimizi nasıl etkilediğinden, zaman zaman teorik olarak, ama genel haliyle anlaşılır bir şekilde bahsetmeye çalışacağım. Güvenli ellerden temin edilmiş, genetiğiyle oynanmamış, defalarca tarım ilacına maruz kalmamış, katkısız, koruyucusuz sağlıklı bir gıdanın; huzurlu, paylaşımcı bir ortamda, iyi çiğnenerek, düşük pH, yüksek asiditede olan mide içeriğine maruz kaldıktan sonra ince bağırsaklar, pankreas ve safra enzimlerinin yardımıyla en ince parçasına kadar parçalanmış olması ve gıdayı oluşturan bu mikro gıdaların öncelikle bağırsaktaki trilyonlarca mikrobumuzu, bağırsak hücrelerimizi beslemesi ve ardından bağırsaklardan sağlıklı bir şekilde emilip kan dolaşımına geçerek tüm hücrelerimizi doyurması gerekiyor. Bu bir sindirim yolculuğudur ve bu süreç esnasında durumu sekteye uğratacak herhangi bir faktör, tüm işleyişi etkileme potansiyeline sahiptir.

Proteinlerin en küçük yapıtaşı aminoasitlerdir. Üç ila beş bin amino asitten oluşan bir proteinin sindirimi esnasında ince bağırsaklarda emilim noktasına ulaşan son ürün ise peptondur. Beden bu son ürünü tanımayabilir, emilim sorunu yaşanabilir, dahası bağırsaklarda emilim olmaksızın bedenin tanımadığı bu ürün, bağırsaklarda bağışıklık sistemini uyarabilir ve hatta kan dolaşımına sızabilir. Kan dolaşımına geçtiğinde ise bağışıklık sistemimiz tanımadığı bu sindirilmemiş ürüne ve bedenimizdeki ona benzeyen bir dokuya tepki verebilir. Aslında basit anlamda moleküler benzerliği olan bağ doku, tiroit dokusu, miyelin kılıf da durumdan olumsuz etkilenebilir.

"Bilimsel çalışmalarla desteklenen bu süreçlere zaman zaman 'tam olarak ispatlanmamış' şeklinde tepkiler gelse de bizler aklımızdan şunu çıkarmayalım: Sindirilememiş tüm gıdalar, ürettiğimiz toksinler, dışarıdan bedenimize giriş yapan toksik maddeler, bağırsaklardaki mikropların kendi içindeki uyumunu ve dengesini bozabilir, bağırsak emilim yüzeyine zarar verebilir ve lenf dokularının en yoğun olduğu bağırsaklarımızda bağışıklık sistemimizi kronik olarak teyakkuz durumuna itebilir."

Özellikle bağırsaklarda savunma sistemimizi oluşturan sistemdeki haberleşme yolakları çok önemlidir. Örneğin, yapılan çalışmalarda, özellikle gram negatif bakterilerin hücre duvarlarında bulunan lipopolisakkarit yapıdaki toksinlerin hem lokal hem de sistemik bağışıklık yanıtını etkileyebileceği gösterilmiştir. Yayınlardan ve çalışmalardan öte, mevcut bu durumun hangi kök yolakları etkileyebileceğine ve bunların işleyiş şekline daha yakından bakalım. Bakterilerin hücre duvarını oluşturan lipopolisakkaritlerin, bağışıklık sistemimizi harekete geçiren uyarıcı etkileri vardır. Bedenimizde doğuştan var olan ve tehlike algıladığında ilk uyarılan alarm sistemi, TLR4 (toll benzeri reseptörler) sinyal yollarıdır. Tehdit algılandığında bağışıklık sistemimizdeki ilk hareketlenme bu şekilde başlar. Dr. Beutler ve Dr. Hoffmann, 2011 yılında TLR4 keşifleri ile Nobel ödülüne layık görülmüşlerdir. TLR4 uyarı sistemi çalışmaya başladığında, beden içerisinde her şey yolunda gibi görünmeye devam ederken, gerçekleşmesi muhtemel ciddi bir bağışıklık yanıtının ilk ayak sesleri ortaya çıkmıştır.

TLR4 uyarıldığında ardından uyarılacak olan muhtemel haberci, nükleer faktör kappa b (NF-KB)'dir.

"Depresyonu, kaygı bozukluğu, dikkat eksikliği, kronik yorgunluğu, beyin sisi, kronik baş ağrıları, migreni, fibromiyaljisi, kronik eklem ağrıları, haşimatosu, koroner arter hastalığı, insülin direnci, şeker hastalığı, otoimmün hastalığı, kronik geniz akıntısı, alerjik yakınmaları olan hastalarımla ve buraya yazabilmemin mümkün olmayacağı yüzlerce hastalıkta tedavi süreciyle ilgili planlama yaptığımda, zihnimde canlanan ilk şema, işte bu yolaklardır."

NF-KB'nin uyarılmış olmasını ve aktif hale gelmesini adeta bir "savaş çığırtkanlığı" gibi düşünebilirsiniz. Bir ülkenin savaş uçaklarının, geçmişten beri ilişkilerinin pek de iyi olmadığı başka bir ülkenin hava sahası sınırlarını ihlal ettiğini düşünelim. Hava sahasına izinsiz giriş yapılan ülkenin savunma sistemi, tıpkı bizim bağışıklık sistemimiz gibi durumdan rahatsız olur ve karşı ülkeyi uyarır. Bu uyarıları TLR4 aktivasyonu gibi düşünebilirsiniz. Bu aşamada ortaya konulan diyaloglar, uyarılar, notalar, hatta siyasilerin ve başka ülkelerin durumu yumuşatma çabaları NF-KB'nin ortaya çıkmasını engelleme çabalarına benzetilebilir. Tekrarlayan uyarılara ve tüm uğraşılara rağmen hava sahası ihlal edilmeye devam ederse, bu kez duruma müdahale edilerek sınır ihlali yapan uçak etkisiz hale getirilebilir. Uçak etkisiz hale getirildikten sonra ortaya çıkan durum NF-KB'nin uyarılmış olmasına benzer. Bu savaşın kaçınılmaz olmasına benzer yoğun bir alarm halidir.

Bu aşamadan sonra artık IL 1, IL 6 ve TNF alfa gibi tehdit cevaplarını ve inflamasyonu besleyen "sitokinler" dediğimiz habercilerin sayısı artar. Bir anlamda ortamda sağduyulu değil, savaş yanlısı insanların sayısı artmaya başlar. Yani NF-KB'nin uyarılması durumu, çok kritik bir öneme sahiptir. Halihazırda şu anki tıbbi yaklaşımımız, ortaya çıkan son inflamasyon ürünleri üzerinden tedavi planı yapmaktadır, bu nedenle "en modern" ilaç tedavileri TNF alfa, seçici interlökin blokajı gibi mekanizmaları hedeflemektedir. Oysa, daha geride olan TLR ve NF-KB gibi mekanizmaları hesaba kattığınızda, bağırsaklara dokunmadan kökene yönelik tedavi yapılamadığında, iyileşme halinin kalıcı olamayacağını tahmin etmemiz hiç de zor olmayacaktır.

İnflamasyonu besleyen ana mekanizmalardan bir diğeri de "insülin direncidir". Beşinci Bölüm'de inceleyeceğimiz bu konu, basit bir şeker düzensizliği değildir. Sistemimize sürekli olarak, "Ortamda tehdit var," mesajları göndererek bağışıklık hücrelerimizin her an teyakkuz halinde kalmasına yol açan ve iyileşme yolculuğunda önümüze set oluşturan ilk engellerden biridir.

Bir diğer önemli konu ise ruhsal sistemdir. Kitabımın ve benim yaşantımın merkezinde bulunan, gerçek iyileşmenin yansıması ve sağlığın birincil hedefi, işte bu alandır. Konu başlığı altında ayrıntılı bahsettiğim üzere, dengeden uzakta olan içsel bir ruhsal yolculuğun yansımaları olarak ortaya çıkan sempatik ve parasempatik sinir sistemi dengesizliği varlığında ne yapılırsa yapılsın; sindirim sisteminin, metabolizmanın, hormonal ve bağışıklık sisteminin birbiriyle uyumlu ve sağlıklı çalışması mümkün değildir.

Uyku düzeninin sağlanması konusunda yapılacak müdahaleler de inflamasyon ve kronik hastalıklarda yol alma açısından olmazsa olmaz faktörlerden biridir. Son yıllarda yapılan araştırmalar ve yoğun çalışmalar sonucunda fark edildi ki yeterli miktarda kaliteli uyku olmaksızın sağlıklı bir yaşam sürdürülmesi neredeyse mümkün değildir.

Yakın bir geçmişe kadar "bilimin geldiği son noktanın" verileri doğrultusunda, beyinde lenf dokusunun olmadığını sanıyorduk, fakat şimdi beyinde bir lenf sisteminin var olduğunu, bu sistemin en etkin olarak derin uykuda çalıştığını biliyoruz. Uyku, aslında gün boyunca biriktirilen her türlü toksinin, düşüncelerin, yüzleşmeye cesaret edemediğimiz halı altına itilmiş duyguların, "gerçeklerimiz" ve "kaderimiz" haline gelen, kayıtsız kaldığımız bilinçdışımızın bıraktığı izlerin temizlendiği, dönüştürüldüğü fizyolojik olarak aktif bir süreçtir.

"*Uyku bir lüks değil, gerekliliktir. Mümkünse zifiri karanlıkta, değilse göz bandıyla, en az birkaç saatlik açlıkla, yaklaşık üç saat öncesinde herhangi bir ekrana maruziyet olmaksızın, içerisinde elektromanyetik alan oluşturacak bir cihaz ve mavi ışık kaynağının olmadığı, gürültüsüz, iyi havalanmış, yatak dışında başka bir eşya bulunmayan, serin (yaklaşık 19 °C), tabir yerindeyse mağara ortamının (karanlık, sessiz) özelliklerini taşıyan bir ortamda, yaklaşık yedi sekiz saatlik kesintisiz bir uyku, bedeninize vereceğiniz en değerli hediyelerden biridir. Sabah zinde bir şekilde çalar saat olmaksızın gün ışığıyla uyanabiliyor olmanız, sirkadyen ritminizin sağlıklı çalıştığına dair önemli bir kanıttır.*"

Sağlıklı bir uyku, melatonin üretimine destek olarak antioksidan kapasitenin artışına belirgin katkı sağlamanın ötesinde, hormonal sistemin, bağışıklık ve detoksifikasyon sisteminin de düzenli çalışmasında etkin rol oynar.

Son olarak düzenli fiziksel aktivite çok önemlidir. Hareketli bir yaşamın metabolizma, bağışıklık, dolaşım ve ruhsal sistem üzerine sayısız olumlu etkisi vardır. Düzenli egzersiz nabzı ve tansiyonu düzenler, kasları fonksiyonel olarak geliştirerek alınan oksijenin hücrelere daha fazla taşımasını sağlar. Kısaca kişinin oksijen kullanım kapasitesini geliştirir. Hareketli bir yaşama geçiş yaparken başlangıçta çabuk yorulmamızın, zorlanmamızın ve isteksizliğimizin nedenlerinden biri de hücrelerimizin oksijeni kullanma kapasitesindeki düşüklüktür. Aerobik kapasite arttıkça, kronik hastalığı olanlarda dahi hareket yeteneği artacaktır.

Aerobik egzersizler için kalp atım sayısı artmalıdır ve haftada yaklaşık üç-dört gün yarım saat yapılması uygundur. Tempolu yürüyüş, bisiklet sürme, yüzme, ip atlama gibi egzersizler çok işlevseldir. Egzersizler vücut ağırlığını ve yağ kütlesini azaltır, kolesterol ve trigliserid seviyesini, kan basıncını düşürür, insülin duyarlılığını artırır, yağ dokudan salgılanan, bağışıklık sistemini tetikleyecek habercilerin salgılarını azaltır. Egzersiz yapmak kalbimizi, kaslarımızı, bağışıklık sistemimizi kısaca sağlığımızı korur, geliştirir ve güçlendirir. Egzersizler en az iki saat açlık sonrası yapılmalı, egzersiz sonrasında ise bir saat boyunca besin tüketilmemelidir.

Bunların dışında, düzenli egzersiz yapılsın ya da yapılmasın, günlük yaşamımızda hareketli bir tarzı benimsemek bizim elimizde. İşyerine bisikletle gitmek, asansör, yürüyen merdiven kullanmamak, yakın mesafelerde araç kullanmamak, arabayı hedefimizden biraz uzağa park ederek yürümek, dans etmek, masa başı bir işte saat başı birkaç dakika yerinden kalkıp hareket etmek, en azından "zamanımız olmadığı" konusunda bahane sunamayacağımız pratik çözümlerdir. Bunlar dışında yapılan çok yoğun egzersiz, abartılmış fiziksel aktivite, hırs ve rekabet barındıran sporlar, beklenenin aksine bedenimize zarar verme potansiyeline sahiptir.

Şimdi, diyelim ki kök bağışıklık yanıtını besleyen mekanizmalara yönelik beslenme programını uyguladık, eksik vitamin mineralleri yerine koyduk, gerekiyorsa sindirim enzimleri aldık, klinik durumumuza uygun prebiyotik ve probiyotikleri de ekledik, psikoterapi alma planını gözden geçirdik, uyku düzenimiz için gerekli önlemleri aldık, hareketli bir yaşam için motive olduk. Peki, bunun dışında NF-KB gibi çok büyük öneme sahip bu haberci sistemi, sakinleştirecek ve bedenle uyumlu çalışabilecek takviyeler yok mudur? Elbette vardır.

"*Omega 3 (özellikle EPA), Kurkumin, Alfa lipoik asit, N asetil sistein (NAC) ve 1,25 OH D vitamini, bu konuda önemli role sahip olması muhtemel destek ürünleridir.*"

Bu destekler, henüz inflamasyon sürecinin ilk aşamalarına etki ederek, ileride gerçekleşmesi olası birçok kronik hastalığın ya da aktif hastalıkların beslendiği yolaklara olumlu anlamda katkı sağlama potansiyeline sahiptir. Bu takviyelerin kullanımı esnasında doğru kombinasyonların yapılması, uygun doz, form, süre kullanılması açısından bir hekimin muayenesi ve değerlendirmesi şarttır.

İnflamasyona Etki Eden Takviyeler

Omega 3

Bedenimize aldığımız yağ asitleri, hücrelerimiz için büyük önem taşır. Özellikle çoklu doymamış yağ asitleri grubundan olan Omega 3 ve tekli doymamış yağ asitlerinin, iltihabi süreçlerin kontrol altına alınması ve antioksidan etki açısından beslenme programımızda çok önemli bir yeri vardır.

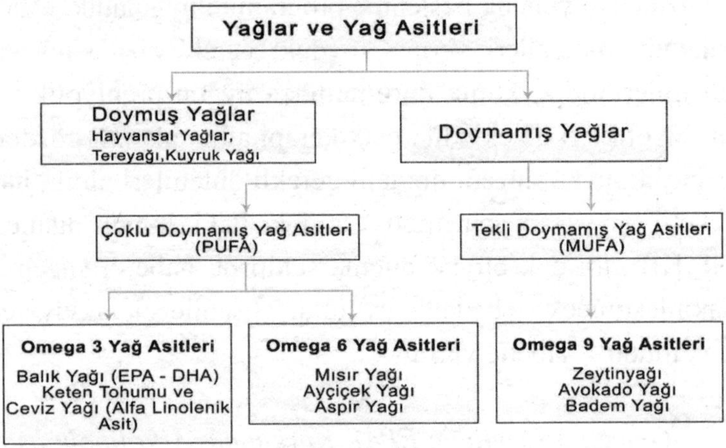

Şekil 9: Yağlar ve Yağ Asitleri

Omega 3, balık yağı olarak yakından tanıdığımız desteklerden biridir. İnsan vücudunda sentezlenemiyor ve mutlaka dışarıdan diyetle alınması gerekiyor. Peki, Omega 3 neden bu kadar önemli? Bedenimizin "abartılı" ve uzun süreli bağışıklık yanıtı, kronik iltihaba maruz kalışı sonucunda ortaya çıkmış ve çıkması olası farklı isimlerdeki birçok hastalığın kökeninde "sessiz bir Omega 3/Omega 6 dengesizliğinin" göz önünde bulundurulması gerekiyor. Kan tetkiklerinde inflamasyon ya da iltihap göstergesi olarak bakılan "CRP", "sedimantasyon" gibi değerler, durumun artık gözle görülebilir bir hale geldiğinin fotoğrafı gibidir.

Nadiren de olsa danışanlarımdan talep ettiğim "sessiz inflamasyon paneli" isimli tetkikte, Omega 3/Omega 6 ve epa/araşidonik asit oranlarını değerlendirmekteyim. Peki, bu oranlar ne anlama geliyor? Çoklu doymamış yağ asitleri sınıfında bulunan Omega 6 ve Omega 3 yağ asitleri, bir anlamda bedenin bağışıklık yanıtı oluşturup oluşturmayacağının göstergesidir. Şekil 10'da da görüldüğü gibi Omega 6 yağ asitlerinin aktif metabolitlerinin[13] iltihap yapıcı (proinflamatuar), ağrı oluşturan, trombotik (pıhtılaştırıcı), hücre çoğaltan (mitojenik) özellikleri bulunmaktadır. Aslında bu, konunun başında da bahsettiğimiz üzere, bedenimizin kendisini savunması ya da onarması için ihtiyacı olan süreçleri destekleyen bir durumdur. Fakat iltihap yapıcı bu durumu dengeleyen antiinflamatuar sistem iyi çalışmadığında, sistemimizde iltihaba bağlı tahribata, ağrıya, pıhtılaşmaya ve kanserleşmeye yatkınlık artabilir. Buradaki en iyi dengeleyici destek Omega 3 yağ asitleridir. Diyetimizde aldığımız Omega 3/Omega 6 oranının ne kadar önemli olduğunu buradan rahatlıkla anlayabiliriz.

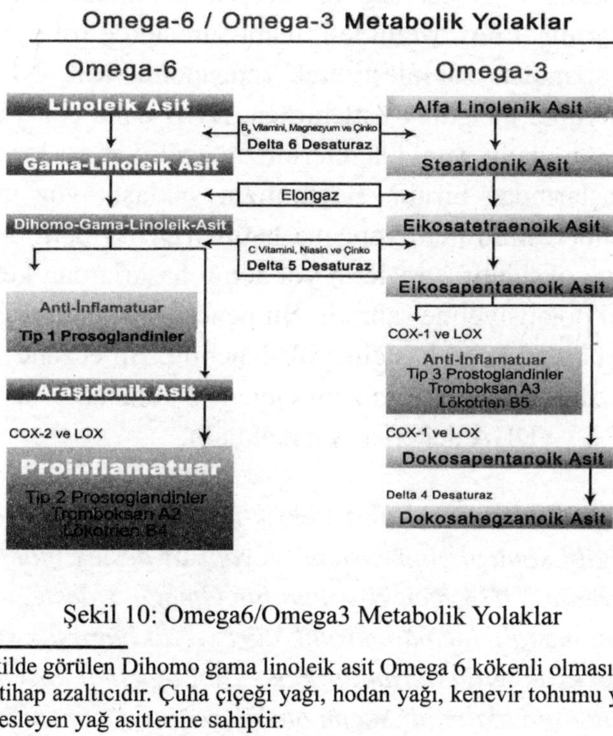

Şekil 10: Omega6/Omega3 Metabolik Yolaklar

13 Şekilde görülen Dihomo gama linoleik asit Omega 6 kökenli olmasına rağmen iltihap azaltıcıdır. Çuha çiçeği yağı, hodan yağı, kenevir tohumu yağı bu yolu besleyen yağ asitlerine sahiptir.

"Son yıllarda, sıvı yağların sağlığımız açısından önemi vurgulanırken evlerimize giren 'Omega 6 içeriği yoğun' ayçiçeği, mısır, soya, pamuk gibi tohumların yağlarının yoğun tüketilmesi, serbest gezen hayvanlardan elde edilen proteinlerin (et, balık, yumurta) ve ıspanak, lahana, semizotu, marul gibi yeşil sebzelerin daha az alınması yüzünden Omega 6/Omega 3 oranlarımızı olması gereken 1-4 seviyelerinden 20-50 seviyelerine taşıyarak bizi kronik hastalıklara yatkın hale getirmiştir."

Peki, Omega 3'ün buradaki rolü nedir? Omega 3'ün aktif iki metaboliti vardır: *Dokazahekzoenoikasit* (DHA) ve *Eikozopentoenoikasit* (EPA). Bu iki aktif metabolit, hücrelerinize göstereceğiniz gerçek anlamdaki şefkatin aracılarıdır. EPA, özellikle iltihabi süreçlerde rol oynayan mekanizmaları sakinleştirerek (araşidonik asit, NF-KB) fonksiyonel bir görev üstlenirken, DHA daha çok yapısal bir konumdadır, yani hücrelerimizin özellikle zar kısmının yapıtaşlarından biridir. Beynimizin yaklaşık yüz milyar sinir hücresinin hem yapısına katılır (DHA) hem de iltihabi ve oksidatif süreçlerin yol açtığı hasarlardan koruma (EPA) potansiyeline sahiptir. Bu pencereden bakıldığında, rol oynamadığı bir hastalık yok denebilir. Bir eczaneye gittiğinizde, elinize aldığınız bir Omega 3 kutusunun arkasında EPA ve DHA değerleri yazmaktadır.

"Özellikle otizm, dikkat eksikliği, hiperaktivite bozukluğu gibi santral sinir sistemine yapısal destek planlanan süreçlerde, DHA içeriği yoğun bir Omega 3 desteği; otoimmün hastalıklarında, kronik ağrı ya da bağırsak sorunlarının eşlik ettiği durumlarda ise EPA ağırlıklı bir Omega 3 desteğinin akılcı bir seçim olabileceğini düşünebiliriz."

Hemen şu noktada, Omega 3 desteği ihtiyacımızı dışarıdan hangi yollarla sağlayabiliriz sorusuna da cevap aramamız gerekiyor. En akılcı yolun balık tüketimi olduğunu rahatlıkla söyleyebiliriz. Dışarıdan aldığımız tüm gıdalarda olduğu gibi balık tüketirken de birtakım özelliklere dikkat etmemiz gerekiyor.

“Yapay yemlerle beslenen, antibiyotik uygulanan çiftlik balığı olmaması, avlanıldığı bölge ve balığın türü, yaşadığı derinlik itibariyle ağır metal yükü açısından riskin düşük olması çok önemli ayrıntılardır.”

İçerdiği Omega 3 miktarının yüksekliği ve güvenli tüketim açısından özellikle üç balık türü ön plana çıkmaktadır: hamsi, istavrit, sardalye. Haftada birkaç kez ve doğru tekniklerle (unsuz, yağsız) pişirilerek tüketilmesi çok önemlidir. Bunun dışında tüketilen diğer hayvansal kaynaklı gıdaların da serbest gezen, güneş ışığından faydalanan, özgürce otlanan, hareket eden, antibiyotik, tarım ilacı, hormonlu yapay yem maruziyeti en az olan hayvanlardan elde edilmiş olması, bu besinlerden elde edilecek olan Omega 3 ve diğer fonksiyonel yapıtaşlarını en üst düzeye çıkaracaktır.

Bununla birlikte, keten tohumu, semizotu ve ceviz de Omega 3 içeriği açısından zengindir. Burada dikkat edilecek nokta, bitkisel içerikli Omega 3 kaynaklarında bedenimize aldığımız ana maddenin “alfa linolenik asit” olmasıdır. Alfa linolenik asit birkaç enzimatik reaksiyon sonrasında vücudumuzda asıl etkinlik gösteren DHA ve EPA’ya dönüşmektedir. Bu oran yaklaşık %10-15 civarındadır.

Kronik hastalığı olan bebeklerde bu dönüşüm daha da düşüktür. Aslında balıklar hatta özgür otlanan hayvanlar, bitkilerdeki Omega 3'ü özümseyerek bizim daha rahat faydalanacağımız bir moleküler forma (EPA-DHA) dönüştürürler. Bunun nasıl bir döngü olduğunu görüyorsunuz. Doğaya, toprağa, ağaca, göle, denize, evde bakım verdiğiniz hayvanınıza duyduğunuz saygı, bizlerin de sağlığı için son derece önemlidir.

"Şefkatten yoksun bir şekilde, kapalı ve güneş görmeyen bir alanda bakım verilen, sağlıksız yemlerle beslenen mutsuz bir tavuğun yumurtası, bizlere de fayda sağlamayacaktır."

Omega 3 yapısı itibariyle okside olmaya yatkın bir molekül olduğu için keten tohumu yağı ya da öğütülmüş keten tohumu; ağzı kapalı, ısı ve ışıktan korunaklı bir şekilde kısa sürede tüketilmelidir. Cevizi kabuklu saklayıp, tüketileceği zaman kırmak da iyi bir fikir olabilir. Peki, düzenli balık, hayvansal gıda ve bitkisel olarak yeterli miktarda yeşil yapraklı sebze tüketemeyenler alternatif olarak neler yapabilirler? Böyle bir durumda dışarıdan gıda takviyesi olarak Omega 3 desteğinin önemli olduğunu rahatlıkla ifade edebilirim. Kritik sorulardan biri, satışa sunulmuş olan onlarca Omega 3 seçeneği arasından hangisini almanın daha uygun olacağı sorusudur.

"Kısaca özetleyecek olursak, alacağımız Omega 3'ün 'etil ester' değil, trigliserid formda olması (özellikle emilim avantajı), kısa sürede tüketilmeyecekse oksidasyon riskini en aza indirmek için şurup yerine hava sızdırmayan GMP sertifikalı jelatin kapsül olması, içeriğindeki aktif metabolit olan EPA ve DHA toplam miktarının yüksek

olması, kullanım amacına göre EPA-DHA oranı (genelde 3/2) ve miktarına dikkat edilmesi, üretilen her seride ağır metal analizinin yapılmış olması ve bağımsız bir kuruluş tarafından içerdiği EPA- DHA miktarı, ağır metal, oksidasyon analizi yapıldığına, üretim tekniğinin uygunluğuna dair onayının bulunması, bakanlık onayının olması, ilk aranacak özelliklerdir. ”

Şurup formunda ise saydığımız bu özelliklere ek olarak gün ışığından korunaklı, koyu renkli cam şişede olmasına dikkat edilmesi ve açıldıktan sonra ağzı sıkı kapalı bir şekilde buzdolabında saklanması gerekmektedir. Tok karnına alınması, emilim açısından avantajlı olabilir. Yetişkin bir bireyde, günlük yaklaşık bir buçuk gram EPA-DHA kullanılabilir. Kronik hastalık ve inflamasyon durumuna göre doz değişebilir. Doktor kontrolünde günlük üç gram veya daha yüksek dozlara çıkılabilir.

Omega 3 kullanımıyla ilgili dikkat edilecek en önemli konulardan biri, doza bağlı kanama zamanını uzatmasıdır. Halk diliyle, kan sulandırıcı özelliği vardır. Bugüne kadar yüksek doz omega kullananlarda ya da Omega 3 ile birlikte kan sulandırıcı ilaç kullananlarda ciddi bir kanama bildirimi olmamasına rağmen kan sulandırıcı, pıhtılaşma engelleyici ilaçla birlikte iki gram üzerinde EPA-DHA kullananların, bu konuda daha dikkatli olmaları gerekmektedir.

Kurkumin

Kurkumin, Hindistan'da yaygın olarak tüketilen zerdeçal bitkisinin etkin maddesidir. Şu anki bilgiler ışığında etkin kısmının "kurkuminoid" olduğu düşünülerek yapılan çalışmalara göre dünyanın en faydalı bitkilerinden biri olması, bu bitkinin düzenli olarak tüketimi konusunda beni ikna etmiş durumda. Zerdeçal içerisinde yaklaşık %3 civarında "kurkumin" bulunuyor. Bu yüzden kurkumin ve kurkuminoid kısımları birtakım işlemlerle ayrılarak gıda takviyesi olarak sunulmaktadır. İnflamasyon sürecinde takviye olarak kullanmak istediğimiz zerdeçalın çok küçük bir kısmı bu aktif maddeyi içeriyor. Bu aktif maddenin ne kadarının emileceği, emilen kısmının ne kadarının hücre ulaşılabileceği belki de üzerinde en çok tartışılması gereken konudur.

"Ciddi bir inflamasyonu veya hastalığı olmayan bir kişiye, sağlıklı yaşamına katkı sağlamak amacıyla günlük bir-iki tatlı kaşığı (menşeine güvenilen) zerdeçal önerilebilir. Ancak kronik inflamasyonu olan hasta grubunda; hammadde kalitesine, üretim tekniği emiliminin ve hücre içine giriş kapasitesinin iyi düzeye ulaştığına ikna olduğumuz kurkuminlerin, hekimler tarafından planlanması önerilir."

Kronik hastalığını tek bir ilaç, tek bir takviye kullanarak, gerçek anlamda atlatan birini bulmanız mümkün değildir. Kurkuminin bizim için sağlayacağı ana fayda, inflamasyonun kökünü besleyen haberci mekanizmaların biraz olsun sakinleşmesidir. En basite indirgeyerek izah etmeye çalıştığım, anlamanızı çok istediğim inflamasyon kavramında rol oynayan, binlerce reaksiyonu besleyen ana sistemi fark ederek biraz olsun derinleştiğinizde, hastalık isimlerinin önemini kaybettiğini göreceksiniz. Kurkumin molekülünün rolü, inflamasyonun baskın olduğu neredeyse tüm kronik hastalık süreçlerinde bahsi geçen NF-KB yolağını sakinleştirme potansiyeli taşıması açısından çok anlamlıdır. Konuya farklı bir pencereden daha yaklaşmak istiyorum. Zerdeçal, bir dönem her derde deva olarak sunulan bir bitkiydi ve hâlâ popülaritesini kaybetmiş değil. Ben de bu magazinel yaklaşıma ayak uydurarak bu bitkinin ve kendisinden elde edilen kurkuminin, hastalık isimlerini yazarak, şurada faydalı, burada mucize yaratıyor şeklinde anlatmayacağım, bu söylemlerin, abartılı anlam yüklemeden ibaret olduğunu anlamınızı istiyorum.

“Zaman zaman yaşadığımız çaresizlik hissi ve yorgunlukların da katkısıyla, umudumuzu yeşertebilecek bir ilacı, bir bitkinin kökünü, sapını, tohumunu, yağını ya da içeriği belirsiz toz karışımlarını "dünyanın en değerli iksiriymiş" gibi sunan bir zihniyetin hipnozuna girebiliyoruz.”

Bunu sadece biz değil, bugünkü "bilimsel" yaklaşım da istiyor belki. Yapılan çalışmalarda, uygulanan "tek değişkenin" yarattığı sonuç inceleniyor ve binlerce çalışmada, "Bu sonuca ne yol açtı," cevabı aranıyor. Bir mikrop, okzalat ürettiği için suçlanıyor, başka bir mikrop B vitamini ürettiği için alkışlanıyor. Bu bilgileri değerli kılabilmemizin tek yolu, bu verileri sonuç gibi algılayarak tek bir ilaçla veya takviyeyle çözümü hedeflemek değil, bütünü oluşturan parçaların, birbiriyle kurduğu eşsiz iletişim ve haberleşme süreçlerini doğru kavramaktır. Örneğin, nar suyu veya lipit düşürücü ilaç verilen hastalarla verilmeyenleri karşılaştırıp, damar sağlığı üzerindeki etkileri incelenmeye çalışılıyor. Peki, bu karşılaştırılan kişilerin doğdukları ortam nasıldır, kültürlerinde kadına yaklaşım, kadınlık algıları, beslenme tarzları nasıldır; su tüketim miktarları ne kadardır, aldıkları hava temiz midir, içtikleri su nereden gelir? Üst kat komşuları kayınvalideleri midir veya bu kişiler erken yaşta babasız kaldığı için aşırı sorumluluk almış orta yaşlı bir adam, gece her an çocuğum uyanır korkusuyla aylardır derin uykuya dalamamış bir anne, yatak odası pestisit birikmiş halıyla kaplı bir amca mıdır? Ya da çocukluğundan beri yok sayılmış, sevilme, beğenilme ve hatta fark edilme motivasyonuyla yıllardır içeriği "xenoestrogen" (yapısı östrojene benzeyen kimyasal maddeler) maddelerle dolu kozmetik maddeler kullanmış memesinde kist olan genç bir kadın olabilir mi? Kim bu "ses getiren harika çalışmadaki" sadece yaşını, boyunu, kilosunu, öğrenim durumunu, gelir düzeyini kan yağını ve "karotis intima media" kalınlığını (damar sertliği ve tıkanıklığı riskinin değerlendirmesi açısından önemli bir veri) bildiğimiz denekler? Burada narın, elajik asit başta olmak üzere, içerdiği birçok antioksidanın sağladığı faydalar tartışmasız bir gerçek, bunu hepimiz biliyoruz artık, ama sizi çekmek istediğim nokta şurası: Yukarıda sıraladığım, çalışmalarda bahsi dahi geçmeyen ve hiçbir zaman ölçülemeyecek olan sadece birkaç değişkenin; yani seni, beni, doktorumuzu, öğretmenimizi, valimizi anlatan bu öykülerin kahramanları biziz. Kadınlık algısı gibi tek bir değişken bile özellikle kortizol üzerinden, östrojen, progesteron dengesizliği, kronik sindirim sorunları ve buna bağlı kronik inflamasyona yol açabilir. Kuvvetle muhtemel damar yapılarımızın sağlığı üzerindeki rolü de tahmin edebileceğimizden çok daha fazla. Öyleyse sistemimizi "tek değişkenli bilimsel çalışma" sonuçlarıyla izah etmeye çalışmak yerine, kendi içindeki işleyişi, haberleşme sistemini, dışarıyla olan bağlarını ve alışverişini bütünsel bir bakış açısıyla anlamlandırmaya çalışmak en doğru yol gibi görünüyor.

Alfa Lipoik Asit

Alfa lipoik asit (ALA) bedenimizde tüm hücre içlerinde bulunan bir antioksidandır, bunun yanı sıra hem suda hem de yağda çözünen (C ve E vitamini gibi) antioksidanların okside olduktan sonra tekrar kullanılabilir hale gelmesini sağlayan çok önemli bir moleküldür. Hücrelerimizin enerji üreten mikro organları olan mitokondrilerin, serbest oksijen radikallerinin, yani enerji üretimi sonucunda ortaya çıkan küllerin temizlenmesinde rol oynar. Bu kısımda bundan bahsetmemizin en önemli nedeni, özellikle kısır döngüye girmiş sisteme zarar veren inflamasyonun neredeyse her aşamasında sağladığı koruyucu mekanizmalardır.

NF-KB inhibisyonunun, başka bir deyişle bağışıklık yanıtının kontrolden çıktığı noktada engelleyici rol oynamasının, yapılan farklı çalışmalarda CRP, TGF-B, ICAM-1, VCAM-1 (savaşı yanlısı haberci sistemler) gibi inflamasyonu artıran haberci yolakları azalttığı gösterilmiştir. Yine burada, böylesine önemli özellikler taşıyan bu takviyenin, tek başına kullanılarak tedavi edilmesi yerine, bir kombinasyon oluşturulmalı ve sistemin tümü düşünülerek hareket edilmelidir. Hekim kontrolünde kullanılmalıdır, özellikle 1200 mg/gün üzerindeki dozlarda, bulantı ve ürtiker gibi geçici şikâyetlere yol açabilir. Nasıl yetiştirildiği bilinen brokoli filizi, ıspanak, pancar ve özgür hayvanlardan elde edilen kırmızı et ve ciğer, alfa lipoik asit içeriği açısından zengin gıdalardır.

N-Asetil Sistein

N-asetil sistein adını belki de en sık duyduğumuz anlar, akciğer enfeksiyonları sonucu mukus yumuşatıcı olarak reçetelendiği durumlardır. N-asetil sisteinin doza bağlı olarak virüslere karşı, artık yakından tanıdığımız NF-KB inhibisyonu, antioksidan yolları destekleyen NRF2 aktivasyonu (bu yol aktive olduğunda hücresel hasardan korunma şansımız artabilir), inflamasyonun bulgularının neredeyse hiç ortada olmadığı TLR4 inhibisyonu gibi bağışıklık sistemi üzerinde müthiş bir etkinliği vardır. Tüm bunlarla birlikte içerdiği sistein, vücudun ana antioksidanı olan "glutatyon"un ana kaynaklarından biridir.

Özellikle evlerimizde sıklıkla bulundurduğumuz, hamilelerde, çocuklarda bile rahatlıkla kullanılan en basit ağrı kesicilerden biri olan Parasetemol glutatyon seviyelerimizi düşürerek savunma sitemimizi ciddi anlamda olumsuz etkilemektedir.

"*Parasetemol zehirlenmelerinde N-asetil sistein (NAC) tedavisi, 'glutatyon' artışını sağlayarak kişiyi yaşama döndüren ana destek tedavisidir. Karaciğer yağlanmasının eşlik ettiği, yoğun inflamasyonu olan birçok hastamda, diğer takviyelere ek olarak 'N-asetil sistein' desteğinden çok fayda görüyorum.*"

N-asetil sisteinin glutatyon oluşumunu destekleyerek en önemli antioksidan molekülün oluşumuna katkı sağlaması kendisinin de doğrudan antioksidan etkinliğinin olması çok değerlidir.

D Vitamini

D vitamini, eksikliği derhal giderilmesi gereken, inflamasyon ve hatta otoimmün hastalıklar konusunda etkinliği kanıtlarla desteklenmiş, tartışmasız çok güçlü bir vitamindir. Hakkında kanserden Tip 1 şeker hastalığına, çölyaktan romatoid arterite kadar her alanda çalışmalar yapılmıştır. İnflamasyonu yani bağışıklık sisteminin sağlıklı çalışmasını ve biyokimyasal özelliklerini göz önünde bulundurduğumuzda, ilişkide olmadığı bir kronik hastalık olması pek de mümkün görünmüyor. Özellikle NF-KB'yi ve bağışıklık hücrelerinden Th1 ve Th17'yi baskılayarak Th2 ve Treg hücrelerinin üretimini destekler ve bağışıklık sisteminin aktif çalışmasının önüne geçer. Bağışıklık sistemimizde rol oynayan T hücrelerindeki bu dengenin Th2 ve Treg hücreler lehine olması, bağışıklık sistemimizin aşırı yanıt vererek kendi kendine verebileceği zararın önüne geçilebilmesi, yani bağışıklık sisteminin sakin kalma şansının artması demektir.

D vitaminin alımı, vücuttaki sentezi, karaciğer ve böbrek hücreleri aracılığıyla dönüşümleri, hücre içine girişi ve hücredeki reseptörlerine bağlanmasını içeren yolculuk başlı başına ayrı bir kitabın konusudur. Ancak bu konuların özetini, D vitamini desteği ve tetkiklerde beklenen aralıklar, günlük dozlar gibi konuları, Beşinci Bölüm'de "metilasyon" başlığının "vitamin mineraller" kısmında ayrıntılı işleyeceğiz.

Davetsiz Misafir Koronavirüs ve Bağışıklık Sisteminin Önemi

Düşük yoğunluklu ve uzun süre devam eden inflamasyon sürecinin neredeyse tüm hastalıklara davetiye çıkardığını artık biliyoruz. Sağlıklı çalışan bir bağışıklık sistemi verdiği "uygun dozdaki" yanıt sayesinde tehditleri uzaklaştırır ve bir anlamda ortaya çıkaracağı inflamasyon, yani iltihabi süreç, bedenimizi korumaya hizmet eder. Kitabımın son düzenlemelerini yaparken, dünyada ortaya çıkan ve hızla yayılan "koronavirüs" enfeksiyonlarının herkese ders niteliğinde uyarılarda bulunduğunu rahatlıkla söyleyebilirim. Televizyon kanallarında, sosyal medyada verilen bilgiler son derece çelişkili. Ortada büyük tartışmalar var, ama tatmin edici bilgiye ulaşmak neredeyse mümkün değil. Bu cümleleri yazdığım ana kadar konuyla ilgili açıklama yapan ve bağışıklık sisteminin önemine vurgu yapan aydınlatıcı, derli toplu bir aktarımın olmaması ülkemiz adına gerçekten çok üzücü. Ağızdan çıkacak işlevsel birkaç cümleye toplum olarak ihtiyaç duyduğumuz bugünlerde tüm sosyal medya ekranlarında klinisyen olmayan (hasta yüzü görmemiş) doktor arkadaşlarımızın çok ilginç paylaşımlarına şahit olmaktayız.

2020 yılına damgasını vuracak olaylardan biri olan koronavirüs kuvvetle muhtemel bir "pandemi" (tüm dünyayı etkisi altına alan salgın hastalık) olarak ilan edilecek. İlk olarak Çin'de tespit edilen ve dünyaya yayılan bu koronavirüs türü Covid-19'dur. Koronavirüs tiplerinden yedi tanesinin insanda enfeksiyon yaptığı biliniyor. Daha önce de benzer salgınlar yaratan koronavirüsün bu tipi henüz çok yeni. Geçtiğimiz yıllarda ortaya çıkan SARS (ağır akut solunum sendromu), MERS (Ortadoğu solunum sendromu) salgınlarından farklı özellikler ortaya koymaktadır. Ölümcül olma özelliği SARS ve MERS'e göre çok daha düşük olmakla birlikte yayılım hızı çok yüksek. Koronavirüsün ACE 2 (en yoğun akciğerde bulunuyor) denilen proteinlere tutunarak hücrelerimize yapıştığını, kendi RNA parçasını hücre içine aktararak hücrenin yönetimini ele geçirdiğini ve bu şekilde çoğaldığını biliyoruz. Yani bizim hücre olanaklarımızı kullanarak kendi sayısını artırıyor. Sayısı artan virüsler hücreyi parçalıyor ve diğer hücrelere yayılıyor.

Bu yeni virüsle ilgili, "Bu influenza gibi değil mutasyona uğramaz", "Gen yapısı nedeniyle Türklere bulaşmaz", "Tuzlu su iyi gelir", "Bu bir biyolojik silah," "Gripten zaten insanlar ölüyordu, bu da öyle bir şey" gibi söylemler bilimsel değildir.

Koronavirüsün bu türü dünyanın büyük bir bölümünü etkileyecek gibi görünüyor. Bilmemiz gereken en önemli noktalardan biri bağışıklık sistemi iyi çalışan bir birey bu enfeksiyonu hiçbir belirti olmaksızın atlatabilir. Kişi sağlıklı görünebilir ama virüsü taşıyıp bulaştırabilir, şu an belki de virüsü taşıyorsunuz ama haberiniz yok. Çocuklarda neredeyse hiç hayati tehdit oluşturmadığını ve özellikle yetmiş yaş üstünde ölümcül seyrettiğine hep birlikte şahit oluyoruz. Bu virüsü savuşturmaya çalışmak, aşısının, ilacının bulunmasından medet ummak, bulaşmaması için tüm dünyayla teması kesmek bir anlamda başka bir hastalık türüdür.

Gelin hep birlikte dünya sağlık örgütünün özellikle bulaşıcı hastalık konusunda, başta el yıkama olmak üzere, verdiği değerli önerilerin bir adım ötesine geçelim. Koronavirüsün bedenimiz için bir test gibi olduğunu unutmayalım. Bu virüs gidecek yine hiç tanımadığımız, bilmediğimiz mikroplar gelecek ve yine salgınlar olacak. Bağışıklık sistemimizi sağlıklı çalışır hale getirmekten başka çaremiz yok. Yeri gelmişken tüm enfeksiyon hastalıklarından korunmak ve bağışıklık sistemimizin sağlığı için yapılması gerekenleri özetleyelim:

* Sağlıklı işleyen bir sindirim sistemi ve bağırsak mikrobiyota dengesi.

* Beslenmenin düzenlenmesi (antioksidan kapasitenin artırılması).

* Etkin bir stres yönetim programı (bağışıklık sistemimize en büyük zararı, felaket senaryolarının getirdiği yoğun duygusal yüklerdir).

* Metabolik ve hormonal dengenin sağlanması.

* Metilasyon dengesi.

* Uykunun düzenlenmesi.

* Hareketli bir yaşam ve spor.

* D vitamini, çinko, selenyum, magnezyum, B12, folat, iyot eksikliklerinin giderilmesi.

* Hem bağışıklık sistemini koruyacak hem de antiviral

etkinliği olan takviyelerin gözden geçirilmesi. Özellikle, doz ayarlaması hekim tarafından yapılarak N-asetil sistein, alfa lipoik asit ve C vitamini desteği almak.

Bunlar bir anlamda BİRİM'in odaklandığı ana konulardır. Bu kitaptan alacağınız bilgiler doğrultusunda yaşamınıza yapacağınız dokunuşlar sizi sürüler halinde "korkuyla" hareket etme güdüsünden uzaklaştırarak gerçek iyileşmenin kapılarını aralayacaktır.

BEŞİNCİ BÖLÜM

İNSÜLİN DİRENCİ: METABOLİZMA, MİTOKONDRİ, TİROİT FONKSİYONLARI VE HORMONAL DENGE

İnsanın hücre yapısıyla ilgili daha derin araştırmalar yapıldıkça, atomik seviyede vücudumuzda oluşan tüm reaksiyonların birbirleriyle mükemmel bir etkileşim içinde olduğu ve tüm enerji alanlarında bütüncül bir işleyişin hüküm sürdüğü görülüyor.

Metabolizma temel olarak, enerji üretiminde kullanılan vücuttaki tüm kimyasal reaksiyonları ifade eder ve bu enerji; hücrelerin büyümesi, bölünmesi, önemli bileşiklerin sentezlenmesi, kasların kasılması, biriken toksik maddelerin, toksinlerin uzaklaştırılması, sindirim enzimi üretilmesi gibi birçok önemli reaksiyonda kullanılır. Enerji üretiminde meydana gelecek bir problem, sistemin bütününü etkileme potansiyeli taşır. Özellikle kronik hastalığı olan ve "sağlıklı", ama daha da iyi olma niyetindeki bir birey için kitabın bu bölümünde anlatılacak olanlar kritik bir öneme sahiptir.

Vücudumuzda enerji için kullanılan üç ana molekül türü vardır. Bunlar, karbonhidratlar, lipitler ve proteinlerdir. Metabolizmamızın tam kapasite çalışması için bu üç ana molekülle birlikte vitaminler, mineraller ve su gereklidir. Metabolizmada gelişen kimyasal reaksiyonlar tüm metabolik işleyişi organize ettiği gibi, beslenmeden kaynaklanan temel kimyasalların bir dizi enzim yoluyla başka kimyasallara dönüştürülmesini de sağlar.

Bu noktada sizlere, belki de artık birçoğunuzun adına aşina olduğu "mitokondri" kavramından bahsetmek istiyorum. Bu noktayı kavramamız çok ama çok önemli. Hastalık isimlerine takılıp kalmanın ötesine geçebilmek için, trilyonlarca hücremizde bulunan ve hücrenin tüm fonksiyonlarında ihtiyacımız olan enerjinin sağlanmasında görev yapan mitokondriyi iyi kavrarsak, birçok kronik sorunu aşmamız çok daha kolay olacaktır. Bu mitokondri nedir ve neye benzer?

Vücudumuzda yaklaşık kırk trilyon hücre bulunur ve bu hücrelerin neredeyse tamamında (eritrositler hariç) mitokondri vardır, ama bazıları görevleri gereği çok daha fazla enerjiye ihtiyaç duyduğu için çok daha fazla ya da daha büyük yapıda mitokondri bulundururlar. Örneğin, karaciğerin tek bir hücresinde bin civarında mitokondri varken, kadın yumurtalık hücresinde üç yüz bin kadar mitokondri bulunmaktadır. Mitokondri, hücrenin güneşidir. Şimdi, güneş sisteminde bulunan dünyamızın, bir şekilde bir problem sonucunda güneşin ısısından, ışığından faydalanamadığını düşünün. Dünyada yaşama şansımız kalır mıydı? Mitokondri, güneş enerjisini gıdalardan alarak, bu enerjiyi bizim kullanacağımız bir enerjiye çeviren, hücre içi müthiş bir mikro organdır.

Hücrelerimizin sahip olduğu bu müthiş enerji santrallerine göz atacak olursak, nereden gelip nereye gittiğimize dair bir fikir sahibi olabilir miyiz? Mitokondri, hücrelerimizde kendine ait çift katlı bir zar yapısına ve hatta kendi DNA'sına sahip bir mikro organdır, bu şu demektir: Mitokondri, içinde bölünme, sentez, enzimatik reaksiyonlar gibi süreçleri yürütebilme potansiyeline sahiptir. Bugün bu kadar gelişmiş bir beyin yapımız varsa, bunun sebebi oksijen kullanarak çok yüksek miktarlarda enerji üretebilen bir mitokondriyal sistemimizin olmasıdır. Mitokondriyle ilgili yapılan araştırmalar, bu mikro organın aslında bakteriyel yani mikrobiyal kökenli olabileceğini, hücre içine yerleşerek geliştirdikleri uyum mekanizmalarının avantajıyla oksijen kullanabilme kapasitesine sahip olduklarını ve bu sayede hücre içerisinde tamamlayıcı, birbirine muhtaç bir ilişki (simbiyotik) süreciyle mitokondriye dönüştüklerini iddia etmektedir.[14]

"Bağırsaklarımızdaki trilyonlarca mikrobu, katrilyonlarca mitokondrimizin bakteriyel kökenli olabileceğini hesaba kattığımızda aslında bedenimizin, 'bizlere' ve birbiriyle eşsiz bir iletişimi olan 'mikro varlıklara' ev sahipliği yapan bir evren olduğunu görürüz."

İnsülin Direnci ve Mitokondri

Şunu aklımızdan çıkarmamamız gerekiyor: Hastalık yoktur, hasta vardır ve her hastanın yolculuğu, öyküsü, ruhu, mitokondriyal sistemi, hormonal durumu, mikrobiyal çeşitliliği kendine özgüdür. Bir bütün olarak değerlendirildiğinde, tüm bu ana faktörlere eşzamanlı yaklaşım, köklü iyileşmeye giden en iyi yol gibi görünüyor. Şimdi gelin, çevremizde sıkça duyduğumuz "insülin direnci" kavramına biraz daha yakından ve derinden bakalım.

Size şunu rahatlıkla söyleyebilirim ki, eğer insülin direnci tanısı aldıysanız, hücreleriniz arasındaki haberleşme

14 Bu konuda daha ayrıntılı bilgi için Lynn Margulis'in "Endosimbiyotik Kuram"ını araştırmanızı tavsiye ederim.

sistemi bozulmuştur. Bu şu demek: Kan şeker düzeyini, yağ yakma ya da depolama durumunu, açlık tokluk hissini ve bağışıklık hücrelerinin aktivitesini düzenleyen mekanizmalar iyi çalışmamaktadır. Peki, bu yorumu nasıl yapabiliyoruz?

Mitokondrinin, çift katmanlı zar yapısına sahip mikro organımız olduğundan bahsetmiştik. Solunum yoluyla aldığımız oksijen ve beslenerek sindirdiğimiz gıdalar, özellikle şeker ve yağ emilerek dolaşım yoluyla mitokondriye ulaşır, iç ve dış zar arasında oluşan elektron akışıyla enerji elde edilir. Yüksek enerji elde edebilmenin ana kuralı, ortamda oksijenin olmasıdır. İşte, burada çok önemli bir konu daha karşımıza çıkıyor: oksidasyon. Oksijenle elde edilen enerjinin hücremize çıkardığı fatura, serbest oksijen radikalleridir. Kararsız atomların molekül oluşturma eğilimi sonucu, çevreden elektron çalma sürecini oksidatif hasar olarak adlandırabiliriz. Bir miktar oksidatif hasar, hücrelerimizin çoğalması, bölünmesi ve bazı faaliyetleri için olumlu etkiler gösterir. Ancak burada bahsi geçen oksidan, antioksidan dengesinin bozulduğu durumlardır. Demek ki trilyonlarca hücremizde, hiç ara vermeksizin gerçekleşen enerji üretim sürecinin ortaya çıkardığı ürünler, serbest oksijen radikalleridir ve söylemde basit gibi görünen bu konu, hücrelerimizin sağlığını sürdürmesi açısından çok kritik bir noktada yer almaktadır. Bu kararsız atomlar, mitokondride, özellikle enerji üretiminin gerçekleştiği aralıkta, öncelikle mitokondri iç zarından, sonrasında ise mitokondri dış zarından elektron çalarak bu yapıların bozulmalarına yol açarlar. Bu durumda mitokondrideki sorun artık kendisini de aşmıştır. Bu aşamadan sonra oksidatif hasardan etkilenecek sıradaki yapı hücre zarıdır.

Hücre zarının durumdan etkilenmesi demek, özellikle zar bölgesine yerleşmiş tüm haberleşme yapılarının da hasara uğraması demektir. Bahsi geçen bu durum, hücreler arası haberleşme konusundaki en hayati noktalardan biridir. Örneğin, kan şekerimizin düzenlenmesinden sorumlu pankreasta salgılanan insülin hormonu, hücre zarının yüzeyinde bulunan "kendine özel yapı ve yerleşimdeki" reseptörlere, anahtar-kilit uyumuyla yerleşerek kan dolaşımındaki şekerin, hücre içine giriş sinyalini verir.

"*Yani hücreye der ki, 'Bedenin, şu an dolaşımdaki fazla şekere ihtiyacı yok, bu şekerin hücre içine girmesi senin beslenmen ve kan şekeri dengen için önemli.' Çünkü bedenimiz, onbinlerce yıldır, hücreleri nasıl besleyeceğini ve fazla şekerin dolaşımımızdaki birçok hücreye, dokuya, organa zarar verebileceğini öğrenmiştir. Bu yüzden denge çok önemlidir.*"

İnsülinin hücre zarı üzerindeki bağlanma noktası, oksidatif hasar nedeniyle zarar görmüşse, bu kusursuz işleyişte bozulmalar olacaktır. Vücut bu duruma yanıt olarak daha fazla haberci, yani insülin üretecektir. Pankreasın beta hücreleri, daha fazla insülin üretebilmek için daha çok çalışacaktır. Bu aşamaların başlangıcında, kan tetkiklerinde hafif açlık insülini yüksekliği dışında başka bir bulgu göze çarpma olasılığı düşüktür, ama sık acıkma ve atıştırma, yemek yerken terleme, yemekten sonra yorgunluk, uyku hissi gibi sorunlar ortaya çıkabilir. Yeri gelmişken, tokluk hissimizin en önemli habercilerinden biri olan ve yağ dokumuzdan salgılanan leptin hormonuna da değinelim.

Sağlıklı çalışan bir sistemde leptin, yeterli miktarda gıda alımı sonrası, santral sinir sistemimizde yer alan hormonal sistemin ana komuta merkezi olan "hipotalamus"un arkuat çekirdeğini uyararak yeme davranışına, dur mesajı gönderir. İnsülin direnci, oksidatif hasar ve inflamasyon, bu haberleşme sistemini bozarak "leptin direnci" gelişmesine yol açabilir. Bir yerde hormon direncinden bahsediliyorsa, orada hücre ve hormon arasındaki anahtar-kilit ilişkisi bozulmuştur ve beden durumu yönetebilmek için hormon miktarını artırmaya çalışmıştır. Artan her hormon adeta sesini yükselten, hatta duy beni serzenişinde bulunan bir elçi gibidir. İnsülin direncinde insülinin, leptin direncinde leptinin artış göstermesi gibi.

Leptin direnci geliştiğinde, kişilerin doyduğunu hissetmemesi ve yeme davranışını durdurması konusunda güçlükler yaşanabilir. Seviyesi yükselen leptine rağmen, mesaj alınamıyorsa fazladan ikinci, üçüncü tabağı yemek için harekete geçilmiş olma ihtimali yüksektir. İnsülin ve leptin direnciyle birlikte beden, beslenme aracılığıyla alınan özellikle yüksek miktarlardaki basit ve işlenmiş karbonhidratların yakıt olarak kullanılamaması sonucunda artan insülinle birlikte, başlangıçta cilt altı dokusunda yağ depolanmaya başlar.

Derimiz, epidermis, dermis ve subkutan doku olarak üç katmandan oluşur. Subkutan doku, yani cilt altı yağ dokusu, deri altındaki kemiklerin, kasların ve organların fiziksel hasarlardan korunmasını sağlar. Bunu, vücudun etrafındaki fazla yağı alıp, vücudun zarar görmesini engellemek için deri altı tabakasında depolayarak yapar. Ayrıca vücudun sıcaklığını düzenlemeye yardımcı olur. Cilt altı yağ dokumuz, özel bağ dokusu yardımıyla "dermis"i vücuttaki kaslara ve kemiklere bağlar. Ayrıca, dermis fonksiyonuna yardımcı olarak kan damarlarına, lenf damarlarına, sinirlere ve dermise ulaşmak için geçmekte olan bezlere de destek verir. Cilt altı doku tabakası, adipositlerden oluşur, yağ dokusuna "adipoz doku"da diyebiliriz. Adipoz doku, bedenin en büyük hormon üretimi yapan endokrin organlarından biridir. Gelin, bu çok önemli kısmı biraz daha ayrıntılı inceleyelim:

İnsan bedeni, hayatta kalmaya programlanmıştır, yediğiniz gıda bir enerjidir ve enerjinin fazlası cilt altı yağ dokusunda depolanır. Bu bir tedbirdir, yiyecek besin bulunamayacağı hesaba katılarak yaşamı sürdürebilmek için enerji kaynakları depolanmıştır.

Depolanan bu yağ, "trigliserid" formdadır. Trigliseridler enerji olarak kullanılamayacak kadar büyük moleküllerdir. Enerji olarak kullanılabilmesi için daha küçük yapıtaşları olan serbest yağ asitlerine dönüştürülmek zorundadırlar.

Trigliserid, bir molekül gliserol ve ona bağlı üç yağ asidinden oluşmuştur.

İskelet kası ve kalp kası, doğrudan serbest yağ asitlerini kullanabilme yetisine sahiptir. Bu anlamda, cilt altı yağ dokumuzun ne kadar önemli bir enerji havuzu olduğunu anlamamız hiç zor değil. Aç kaldığınızda, uyurken, direnç egzersizleri esnasında kas ve karaciğer glikoz (şeker) deponuz olan glikojen tükendiğinde yağ asitleri, enerji için çok önemli kaynaklar haline gelir. Bedenimiz, glikoz ve yağ asitlerini dönüşümlü kullanabiliyor ve yağ asitleriyle daha yüksek miktarlarda enerji üretebiliyorsa, mükemmel işleyişin anahtarını da taşıyor demektir.

Glikoz ve yağ asitleri karşılaştırıldığında, yağ asitlerinin çok daha temiz mitokondri yakıtları olduğu görülür. Beyin, yağ asitlerini doğrudan enerji kaynağı olarak kullanamadığı için, beynin ana yakıtının glikoz olduğu fikri yaygındır. Bu doğru, ancak burada biraz daha derinleşelim istiyorum. Yağ asitlerinin beyin tarafından kullanılamamasının ana nedeni, yağ asitlerinin kanda serbest olarak gezme şanslarının olmamasıdır. Yağ asitleri ancak taşıyıcı bir proteinle dolaşımda hareket edebilirler. O protein ise albümindir.

Beynimiz, kendini korumak ve dolaşımda gezinen birtakım moleküllerin, toksinlerin, toksik maddelerin kolaylıkla girişini engellemek için "kan beyin bariyeri" ismi verilen bir yapıya sahiptir. Adipositler yani yağ hücrelerinden salgılanan yağ asitleri, dolaşımda albüminle taşınmak zorundadır. Albümin, kan beyin bariyerini geçemez, ama bu serbest yağ asitleri "sağlıklı çalışan" karaciğer aracılığıyla, keton cisimlerine dönüştürülebilirler. "Betahidroksibütirat", "asetoasetat" gibi keton cisimler suda çözünüp kan beyin bariyerini geçebilir ve enerji kaynağı olarak kullanılabilirler.

İnsan beyni için glikoza alternatif yeni bir yakıt türünün daha olması, emin olun çok ama çok değerli. Beyin, enerji kullanımı anlamında açgözlü bir organdır, ağırlık olarak yaklaşık %2'sini oluşturduğu vücudun enerjisinin, yani glikozun yaklaşık %20-25'ini kullanır. Normal koşullarda beyin, glikozu insülinden bağımsız kullanabilirken insülin direnci, yani bir anlamda hücreler arası haberleşme bozuklukları ve mitokondriyal fonksiyon bozuklukları geliştikten sonra, glikoz kullanımıyla ilgili güçlükler yaşar.

"Günümüzde Alzheimer hastalığının Tip 3 diyabet olarak adlandırılması oldukça yerinde bir saptamadır. Bu durumda, glikoza yani şekere alternatif en değerli kaynaklar,

orta zincirli yağ asitlerinden (örneğin, hindistancevizi yağı) elde edilecek "keton cisimler"dir. Kanda keton seviyesi, 1.5-3 mmol/L olacak şekilde düzenlenen ve takip edilen bir beslenme programı, metabolizma, oksidasyon ve inflamasyon açısından çok kıymetlidir. ❞

Santral sinir sistemini korumak ve uzun süreli dayanıklılık egzersizleri uygulayabilmek için, glikoz ve yağı dönüşümlü kullanmayı bedenimize öğretmemiz gerekiyor. Ketojenik beslenme programının, kişinin klinik durumuna göre ve "belli bir süreliğine" planlanması son derece işlevseldir. Buradaki süreci, insülin yokluğunda ya da yetmezliğinde ortaya çıkan yüksek kan şekeri ve yüksek keton düzeylerinin eşlik ettiği metabolik asidoz tablosuyla karıştırmayalım. Kan şekeriyle birlikte, kan keton düzeylerinin de sıkı bir şekilde doktor kontrolünde takip edildiği bir sürecin önemli olduğunu düşünüyorum. Uzun süreli ketojenik diyetler, karbonhidrat kısıtlamasına bağlı olarak bağırsaklarda kısa zincirli yağ asitleri sentezinin azalmasına yol açarak, bağırsak mikrobiyota dengesini ve bağırsak tüylü hücre yapılarını olumsuz etkileyebilir. Denge burada da önemlidir.

Metabolizması uygun çalışan kişilerde, cilt altı yağ dokusunda adiposit (yağ hücreleri) ve preadipositler (yağ hücresi öncüleri) "küçük boyutta ve sağlıklıdır". Bu kişiler, harcayacağı enerjiden daha fazla beslenseler bile cilt altı yağ dokuları daha fazla yağ depolama yeteneğine sahiptir ve ihtiyacı olduğunda adiposit oluşturmak üzere hazırda yeterli preadipositleri vardır. Sayıca artış, "hiperplazi" olarak adlandırılır ve güvenlidir. Asıl risk, boyutun artışı yani "hipertrofi"dir (genetik yatkınlık burada önemli noktalardan biridir).

Aslında sağlıklı bir bedenin, belli bir noktaya kadar bu durumu tolere etme yetisi vardır. Peki, bir kişi düzenli olarak bu kapasitenin de üzerine çıktığında, yani ihtiyacı olandan fazlasını tükettiğinde neler olur? Yağ hücreleri artık sayı olarak değil boyut olarak büyümeye başlar.

"*Bir yağ hücresinin boyutu arttıkça insüline duyarsız hale gelmeye başlar. Bu şu demek, beden sesini duyurabilmek için daha fazla insülin üretmeye başlayacaktır ve bazal insülin seviyelerinde artış gözlenecektir. Amaç, bu büyük yağ hücrelerinin yağ asitlerini depolamasını sağlamaya çalışarak dolaşımdaki yağ asidi akışını dengelemektir. Bu durumda beslenme esnasındaki insüline daha fazla ihtiyaç olacak ve kan trigliserid düzeyleri de yükselecektir.*"

Peki, bu durumun devam ettiğini, kişinin hareketsiz yaşamla birlikte enerji açığından fazla beslendiğini düşünelim. Yağ hücreleri, limit değerlerine kadar büyümeye devam eder (hipertrofi). İşte bu hipertrofik yağ asitleri, beden içerisindeki tehdit mekanizmalarını ve bağışıklık sistemini yüksek düzeyde aktive eden; IL 1, IL6, IL18, TNF alfa, leptin gibi haberciler salgılarlar.

"*Şunu aklımızdan çıkarmayalım: Tüm sistemimizi ilgilendiren bu süreçlerin en önemli basamaklarından biri, hipertrofik hale gelmiş, yani büyüme limitinin sınırına ulaşmış insüline dirençli ve iltihaba zemin hazırlayan cilt altı yağ dokusu hücreleridir. Ortaya çıkan en önemli sonuç yine inflamasyondur. İnsüline yanıt vermeyen cilt altı yağ dokusu hücreleri, kan dolaşımına yağ asidi ve gliserol sızdırmaya başlar. Bu durum, trigliserid düzeylerinin daha da yükselmesine yol açar.*"

Hipertrofik yağ hücresi, obezite kavramından daha farklı algılanmalıdır. Kilo sorunu olmaksızın hipertrofik cilt altı yağ dokusu, Tip 2 şeker hastalığına zemin hazırlayabilir. Böylece okurlar ve sağlık profesyonelleri için çok önemli bir noktaya geliyoruz.

Büyüme limitine ulaşmış, artık daha fazla stresle baş edemeyen cilt altı yağ hücrelerimiz leptin salgıladıkça, "artık doydum gıda tüketme çığlığı" atmasına rağmen, mesaj bize ulaşamaz ve yağ dokularından salgılanan diğer bir hormon olan "adiponektin" düzeyleri azalmaya başlar, böylelikle dengede olması gereken leptin/adiponektin düzeyleri, leptin lehine artar. Leptin yüksekliği ve adiponektin düşüklüğü birçok bağışıklık sistemi hastalığının kökeninde rol oynar.

√ Adiponektin yağ asidi oksidasyonunu (yağ yakımını) artırır.

√ Adiponektin metabolik hızı artırır.

√ Adiponektin pankreas beta hücrelerini (insülin salınımını sağlayan hücreler) hasardan (apopitoz) korur.

√ Adiponektin insülin duyarlılığını artırır, insülinin sesini duyurmasına yardımcı olur.

√ Adiponektin glikozla uyarılmış insülin salınımını destekler (pankreas üzerinde).

Bozulmuş bir metabolik süreçte en büyük sorunlardan biri de yağların bedene zarar verecek yapılara dönüşerek büyük sorunlara yol açmasıdır. Buna "lipotoksisite" denir. "Ceramide", yağlanan organlarda önemli bir hasar nedenidir, tüm hücrelere toksiktir, kanda yağ asitleri ve trigliserid arttıkça ceramide miktarları da artmaktadır. Adiponektin, toksik yağ asitlerinden olan ceramidenin ortadan kaldırılmasını sağlayan "ceramidase" aktivasyonunu sağladığına dair ciddi kanıtlar bulunmaktadır. Yağlı bir pankreasta ceramide, insülin salgısı yapan beta hücrelerine zarar vererek, lipotoksisite aracılığıyla bu hücrelerin programlı hücre ölümüne neden olabilir.

Tip 2 (insülinin fonksiyonel bozukluğu) şeker hastalığı olan bir kişide, hastalığın aylar içerisinde Tip 1 (insülin salgı yetersizliği) şeker hastalığına dönüşebilme probleminin ardında bu mekanizmaların rol oynaması muhtemeldir. Leptin adiponektin düzeyleri, bu anlamda güvende olup olmadığımız hakkında en önemli verileri sunacaktır. Hastalarımda çok nadiren görme ihtiyacı duyduğum, sabah aç karnına alınan kanda yapılan tetkiklerde, adiponektin için 12-20 ug/ml ve leptin için 3-8 ng/ml ideal aralıklardır. Adiponektin için 14 ug/ml üzeri değerlerin gayet olumlu bir sonuç olduğu söylenebilir.

Adiponektini artırmak istiyorsanız, yağ dokudan salgılanan leptin miktarını azaltmalısınız. Leptin/adiponektin oranları bozulduğunda, yağ hücresi insüline direnç geliştirip cevap vermediğinde enerji fazlalığı cilt altı yağ dokusunda değil, iç organlarda depolanmaya başlar. Yediğiniz besinin fazlası; kalp, karaciğer, pankreas, kas, bağırsaklar gibi organların etrafında ve "intra abdominal" olarak adlandırdığımız karın içi bölgesinde yağlanma şeklinde karşımıza çıkar. Bel çevremizin nasıl genişlediğini artık daha iyi kavrıyorsunuz. Yağ dokusu insüline karşı çok daha dirençli hale gelmiştir artık. İşte bu kısım, Tip 2 diyabet olarak adlandırılan kazanılmış şeker hastalığının, yani insülinin artık çalışma ve haberleşme gücünü kaybettiği hastalığın başlangıcıdır. Gördüğümüz gibi, hasta olunmadan önce de bedenin serzenişlerini duymadığımız, fark etmediğimiz, dengenin bozulduğu önemli bir süre vardır.

Karaciğer, yağlı ve insüline dirençlidir, pankreas yağlıdır. Artık elimizde "hiperinsülinemi" dediğimiz, hücrelerde meydana gelen bozulmalar sonucu haberleşme yeteneğini yerine getiremeyen bir insülin yüksekliği vardır. Bu anlamda, ek bir şey yapmaksızın yerine koyacağımız ekstra insülin ya da yüksek insülini düşürme çabalarının ne kadar kalıcı etkiler yaratabileceğini düşünmenizi istiyorum. Yüksek insülin düzeyiyle birlikte, harcanamayan tüm şeker kaynakları karaciğerde yağa çevrilir ve yağ yakımını, yani oksidasyonu durdurur. Bu durumun gerisinde, karaciğerde transkripsiyon faktör denilen "SREBP-1C" artışı vardır. SREBP-1C aktivasyonu, karaciğerde trigliserid birikimiyle sonuçlanır. Bunlar karaciğer yağlanması (NAFLD-NAHS) ve hatta daha ileri tablolarda siroza yol açabilecek mekanizmalardır.

Karaciğer, ağırlığının yaklaşık %1-3'ü oranında yağ miktarıyla baş edebilir. Enerji fazlalığının depolanacağı yer karaciğer değil, cilt altı yağ dokularımızdır. Cilt altı yağ dokusunun depolayamadığı yağların dolaşıma sızmasıyla, karaciğerle birlikte pankreas, böbrekler, bağırsaklar ve kalp yağlanmaya başlar. Yağlanmaya programlanmış bir bedendeki yüksek insülin, yüksek leptin, yüksek glikoz düzeyleri kısır döngüye giden bir süreç olarak karşımıza çıkar. Yüksek glikoz, tüm hücrelere ve dolaşımdaki haberleşme sistemine karşı son derece toksiktir. Bunun adı "glikotoksisite" dir. Peki, sadece bu kadar mı? Elbette değil.

Yüksek trigliserid düzeyleri, yüksek miktarda yağ asitleri ve bu yağ asitlerinden oluşan toksik yağ molekülleri (ceramide), hücreler arası haberleşmeyi son derece olumsuz etkiler. Bu olumsuz etkileşime "lipotoksisite" denir. Böyle bir tabloda, metabolik denge tam anlamıyla bozulmuş, sistemdeki haberleşme de altüst olmuştur. Pankreastan kan glikoz düzeyini dengelemek için salgılanan insülin (kan şekerini düşürme) ve glukagon (kan şekerini artırma) dengesi de artık bozulmuştur. Hormonal dengesizliği bir anlamda geri çevirmeye çalışan, belki birçoğumuzun yeni duyacağı hormonlar da var: Bağırsak L hücrelerinden salgılanan, bedenimizin en uzun siniri olan vagus aracılığıyla beynimize tokluk hissi mesajını gönderen glukagon like peptid (GLP-1). En önemli görevi, sindirim esnasında (inkretin etki) artmış glukagonu baskılayarak, insülin salınımını uyarmaktır. Tip 2 şeker hastalığında en önemli sorunlardan biri, artmış glukagon düzeyleridir. GLP-1 ve leptin sinyal yolaklarının glukagonu baskılayamaz bir duruma gelmesi, adiponektin düzeylerinin azalması, insülin salınımı yapan pankreas beta hücrelerinin hasara açık hale geldiğinin önemli bulgularıdır.

Sağlıklı bir insanda, pankreas beta hücrelerinden salgılanan bir mikro ünite insülin, alfa hücrelerinden salgılanan üç pikogram glukagonu baskılayabiliyor. Tip 2 diyabet geliştiğinde bir mikro ünite insülin, ancak ve ancak 0,02 pikogram glukagonu baskılayabilir. Yüksek glukagon düzeyleri ve onunla baş edemeyen insülin; ortaya çıkan hipoglisemi, hiperglisemi atakları, sık acıkma ve yeme döngüleri… Ortaya çıkan bu sonuçlara müdahale edilmediğinde karaciğer, kalp, böbrek ve beyin tehdit altındaki ilk organlardır.

Bu bilgiler belki de gelecekte metabolik hastalıkların merkezine yerleşecek niteliktedir, bu yüzden biraz ayrıntıya girmek istedim. Klasik tıbbi yaklaşım doğrultusunda, insülin direnci ya da şeker hastalığı tanısı almamızı destekleyen bulgulara da bir göz atalım dilerseniz.

İnsülin Direnci ve Şeker Hastalığı Bulguları

- İnsülin direnci tanısı almamız için "homa indeksi" değerinin 2.5 üzerinde olması yeterlidir (Homa indeksi açlık kan şekeri X açlık insülini /405. Yakında HOMA indeksinin yerini HOMA 2 kavramı alabilir, bu hesaplamalar zaman içinde sürekli değişebilir, ama bütüncül yaklaşımın önemi hep iyileşmenin merkezinde kalacaktır.) Örneğin, açlık kan şekeri iki kez ölçülmüş bir kişide sonuç 126 mg/dl üzerinde saptanmış ise ve dolaşımdaki glikoza doymuş eritrosit HbA1C düzeyi 6.5 ise ya da oral glikoz tolerans testinin ikinci saatinde kan şekeriniz 200mg/dl üzerindeyse, şeker hastalığı (Tip 2 diyabet) tanısı almak için yeterli kriterlere sahipsiniz demektir. Eritrosit ömrümüze göre düşündüğümüzde, yaklaşık üç dört aylık kan şekeri ortalamasını yansıtan HbA1C 6.5 değeri, ortalama kan şekeri düzeyi 154 mg/dl anlamına gelir.

Tetkiklerle bu tanı konuluncaya kadar, karaciğer, pankreas, alt karın bölgesi yağlanmış ve bedenimizde tüm sistemde inflamasyon hâkim hale gelmiştir. Tip 2 diyabet gelişmiş bir kişide, aylar içerisinde pankreas insülin üreten beta hücrelerinin hasar görme ve insülin salınım yetersizliğiyle karşı karşıya kalma olasılığı yüksektir. Yukarıda anlattığım tüm mekanizmalar aslında Tip 2 diyabetin kısır döngülerle nasıl Tip 1 diyabete, yani insülin yetmezliği aşamasına doğru ilerlediğini ortaya koymaktadır. Bu noktayı vurguluyorum, çünkü hastalık tanısı almadan ve ömrümüz boyunca düzenli kullanmamız gereken birkaç ilaç önerilmeden çok daha önce bedenimiz bizlere birçok mesaj vermiş olacaktır.

- Henüz sağlıklı olduğuna inanan bir insan olarak kan tetkikleri yaptırdığınızda, en ideal sonuçların ne olabileceğine bir göz atalım. Burada referans aralıklarına bakacak olursak ya hastayız ya da değiliz şeklinde sınıflandırılma olasılığımız yüksek. Tanı alana kadar her şey yolunda algısı yaratan bu aralıklar için optimum değerleri birlikte gözden geçirelim.

Açlık insülin değeri 25 uU/ml olan bir kişi, benim laboratuvarım için normal aralıklarda bir değere sahiptir. Binlerce hasta deneyimimden yola çıkarak, açlık insülini bu düzeyde olan bir kişinin, öfkesini kontrol edemeyeceğini, günün her anı duygusal dalgalanma atakları yaşayacağını, sürekli acıkacağını, su içme ihtiyacı duyacağını, yemek yerken terleyeceğini söyleyebilirim. Kuvvetle muhtemel eşlik eden depresyon, tiroit sorunları, kronik yorgunluk tanıları da olacaktır. Bunu anlaşılır bir örnekle açıklamaya çalışalım. İki kişinin yapacağı bir işi yirmi kişiye verirseniz o işin yapılması çok daha zorlaşır, her kafadan bir ses çıkar. Normalde bir kişide beş adet insülin kan şekerini normal aralıkta tutabilirken, henüz şeker hastalığı ortaya çıkmamışken, başka bir bireyde bu işi yirmi insülin yapıyorsa orada ciddi bir hücresel haberleşme sorunu vardır. İnsülin arttıkça haberleşme sistemi daha da bozulacaktır.

Öyleyse, sağlıklı bir metabolizma ve bütüncül sağlık açısından on iki saatlik açlık sonrası ölçülen insülin değerimiz 10 uU/ml altında, kan şekerimiz 70-90 mg/dl aralığında olmalıdır. HbA1C değerinde 4.8-5.2 aralığı, açlık trigliserid değerinde 100 mg/dl hatta 80 mg/dl altı, HDL 50 mg/dl üzeri değerler güvenlidir.

Kan tetkiklerimizde ölçülen ve yıllardır iyi yağ (HDL) ve kötü yağ (LDL) olarak nitelendirilen yağ taşıyıcı bu lipoteinler, tek başlarına risk öngörüsü açısından son derece yetersizdir. Teorik olarak biraz daha ayrıntıya girecek olursak, örneğin, LDL'nin (düşük yoğunluklu lipoprotein) kötü yağ olarak adlandırılma nedeni, trigliserid taşıyor olması ve oksidasyona uğramaya yatkınlığı sebebiyle damar hasarı verme potansiyelidir. İnflamasyon ve oksidatif hasarın varlığında, beden hem yağlanmaya gider hem de yağların oksidasyonuyla damarsal hasar olasılığı yükselir. Homosistein yüksekliği de bu sürece katkı sağlayan etkenlerden biridir. Artan trigliserid düzeyleriyle nasıl baş edeceğini bilemeyen karaciğer, çareyi LDL'yi artırmakta bulur.

● LDL'nin küçük sert ve büyük yumuşak olmak üzere iki formu vardır. Kan tetkiklerinde ölçülen, bu ikisinin toplamıdır. Damarlarımızın en iç tabakası olan "intima tabakası" altına yerleşerek, endotel hasarına ve damar sertliğine yol açar. Damar hasarına ve fonksiyon kaybına yol açma riskini büyük oranda taşıyan "küçük ve sert" olan (*small dense*) LDL formudur. Yüksek miktarda basit karbonhidrat tüketimi bu oranı sert ve küçük LDL lehine çevirebilir. Total LDL düzeyi insülin direnci için bakılan homa indeksi (HOMA-IR) değerinin birin altında olması en idealidir.

"Trigliserid/HDL oranı, son zamanlarda ön plana çıkan en önemli oranlardan biridir, bu oranın bir buçuğun altında tespit edilmesi damar sağlığı yönünden çok değerlidir. Neredeyse tüm hastalarımın tetkik sonuçları elime ulaştığında baktığım ilk parametrelerden biri budur."

● AST, ALT ve GGT düzeylerinin 25 u/L'nin üzerine çıkması, işlerin yolunda olmadığının ilk habercilerinden biri olabilir. Bahsettiğim bu aralıklar ve sınır değerler hastalık kapımızı çalmadan çok daha önce, bedeni için doğru mesajları almak ve bir şeyler yapmak isteyenlere eşsiz bir rehberdir. Hastalarımda, bu kitabın ana başlıklarında sunulan kök faktörlere yönelik uygulamalarla, nasıl bu değerlere ulaşıldığını tekrar tekrar deneyimlemiş bir hekim olarak, hazine değerindeki bu bilgilere ulaşmanızdan mutluluk duyuyorum. Riskli hasta gruplarında zaman zaman istediğim tetkiklerden olan Apo B 80 hatta 60 mg/dl'nin altında, Apo A1 130 mg/dl üzerinde (Apo B/ApoA1 0.7 altında) ve lipoprotein A değerinin 30 altında ve yüksek duyarlıklı CRP'nin 0.65 altında olması, hedeflenen en optimal sonuçlardır.

İnsülin Direnci ve Şeker Hastalığını Önlemek için Neler Yapılabilir?

Diyelim ki işler rayından çıktı ve kısır döngüye girme sürecindeyiz. Bu aşamada neler yapabiliriz, çizdiğimiz bu sıkıntılı tabloyu geriye çevirebilir miyiz? Elbette evet. Bedenimizin muhteşem bir işleyişi vardır, yaptığı her şeyin anlamı vardır. Biz sadece onun dilini anlamaya çalışıyoruz. Anladığımızda ve ona kulak verdiğimizde ortaya çıkan hastalığın bizi daha büyük bir felaketten korumuş olduğunu görebiliriz. Burada geri dönüş için yapılması gereken ilk girişim beslenmenin ve yaşam tarzının düzenlenmesidir. Nedir bunlar?

- Odaklanmamız gereken en önemli nokta, kan şekerini yükseltmeyen ve insülin salınımını minimumda tutacak bir beslenme programını uygulamaktır. Düşük düzeyde karbonhidrat, yeterli miktarda protein (normal durumlarda kiloya 1 gr/gün), zeytinyağı, balık yağı gibi sağlıklı yağlar beslenme programına eklenmelidir. Bir gıdanın kan şekerini yükseltme potansiyeline "glisemik indeks", insülin salgılanmasına yol açma durumuna ise "glisemik yük" denir.

Bırakın metabolik dengesi bozulmuş bir kişiyi, sağlıklı bir insanda bile, özellikle basit ve işlenmiş karbonhidratların hızla emilip kana karışması, kan şekerinin yükselmesi ve kısa süreli bir iyilik hali hissetmenin ardından salgılanacak olan insülin etkisiyle kan şekeri düşecektir ve tekrar basit karbonhidratlara yönelim artacaktır. Bu kısır döngüyü kırmak için, sağlıklı proteinler, sağlıklı yağlar, yeterli miktarda sağlıklı su ve karbonhidrat, içeriği kaliteli lahana, kırmızı pancar, havuç, kuruyemiş gibi gıdaları beslenmemizin bir parçası haline getirmek çok önemlidir. Üçüncü Bölüm'de bahsettiğimiz örnek beslenme programını inceleyebilirsiniz.

- Beslenme sıklığının, öğün sayısının zamanla azaltılması hedeflenerek, günde iki öğüne düşülmesi, ilk öğünün sabahın çok erken saatlerinde değil, kortizol düzeylerinin artık azaldığı saat on ve ikinci öğünün akşam saat altı civarı yapılması önemlidir. Öğünlerde glisemik indeksi ve yükü düşük olan gıdalarla doyuncaya kadar beslenilmesi, haftanın üç dört günü akşam altıdan diğer gün sabah ona kadar su dışında bir gıdanın tüketilmediği fasılalı bir açlık yapabilir hale gelinmesi, metabolizmamıza yapacağımız en büyük iyiliktir. Tüm bu süreçlerde kan şekeri düşüşleri hesaba katılarak düzenli ölçümler planlanabilir. Kan şekerinin ani düşüşleri bedene ciddi düzeyde stres yükleyerek kortizol artışına, tansiyon dengesizliklerine, sindirim enzimi üretim sorunlarına, hormonal dengenin bozulmasına yol açabilir. Bu nedenle başlangıçta ara öğünlerle birlikte dört beş olan öğün sayısının giderek azaltılarak iki öğüne düşülmesi hedeflenir. Aç kalabilmek demek leptin direncinin kırılması, ince bağırsakların kendini temizleyen mekanizmalarının çalışabilmesi anlamını taşır. Bunları uygularken doktor kontrolünde olmak şarttır.

• Beslenmede yağların çok büyük önemi vardır. "Polifenol" içeriği yüksek, asiditesi düşük, erken hasat, soğuk sıkım zeytinyağı evimizden eksik olmaması gereken "ilaçlarımızdan" biridir. Hücre düzeyinde Omega 3-Omega 6 yağ oranı ne kadar yüksekse, hücre insülin haberleşmesi de o kadar sağlıklı olur. Bu oranı düşürmek için bitkisel yağların (ayçiçek, mısırözü vb.) diyetten çıkarılması ve Omega 3 desteği alınması çok önemlidir. Isıya en dayanaklı pişirme yağı, "sade yağ"dır. Tekrar tekrar ısıl işleme maruz kalmış bitkisel sıvı yağlarda pişirilmiş gıdalar, bol miktarda trans yağ içerir ve bu yağlar hücre zarınızın, mitokondrilerinizin en büyük düşmanıdır. Aklınıza dışarıda çocuğunuz çok istediği için kıyamayıp aldığınız patates kızartmaları gelsin. Bedenine şefkat gösteren bir kişinin, bu gıdaların yakınından geçmeyeceğine eminim.

• Yeşil yapraklı sebzeler antioksidan kaynağıdır. Her öğüne eşlik etmesi gereken ana gıdalardır. İyi tarım uygulamaları yapan bir çiftçiyle alışveriş halinde olmanız, düzenli tüketilmesi gereken bu gıdalardan çok daha yüksek oranda faydalanmamızı sağlayabilir.

• Toksik yükümüzü artırma potansiyeli her türlü kimyasalın mümkün olduğu kadar kısıtlanmasına dikkat edilmelidir. Gıda katkı maddeleriyle, tarım ilaçlarıyla, suya karışmış ağır metallerle, temizlik malzemeleriyle, kişisel bakım ürünleriyle, plastiklerle, yazar kasa fişleriyle her gün defalarca toksik maddelere maruz kalıyoruz. Mümkün olduğu kadar doğal içeriği olan, hücremize, doğaya zarar verme potansiyeli düşük olan ürünlere ulaşmaya çaba harcamamız gerekiyor.[15]

---

15 Kendi temizlik malzemelerinizi üretmenize yardımcı olabilecek iyi bir kaynak olarak, Erkan Şamcı'nın kaleme aldığı *Ekolojik Temizliğin Kitabı*'nı önerebilirim.

- Bağırsaklarımızın sağlığı, hücreler arası haberleşme açısından akılda tutulması gereken temel etkenlerdendir. Bağırsaklarımızdan kan dolaşımına sızan bakteriyel toksinlerden olan lipopolisakkaritler, insülin hücre iletişimini bozabilir. Bağırsaktaki mikrobiyal dengenin bozulması ve sızıntılı bağırsak, metabolik dengeyi son derece olumsuz etkiler. Aynı şekilde bozulmuş şeker dengesi de bağırsaklara zarar verir.

- İnsülin direncinde kullanılacak takviyelerin hücreler arası haberleşmeye katkı sağlaması, hücrenin insüline olan duyarlılığını artırması, mitokondri ve hücre zarı yapısını desteklemesi gerekmektedir. Karmaşık gibi görünen, ama öğrenmenizi istediğim çok önemli hücre içi haberleşme yolları var. Kullanılan yola göre hücre fonksiyonları değişiyor. İnsülin direnci gelişmiş, insülin sesini yükseltmesine rağmen onu duymayan, cevap vermeyen bir hücrede aktive edeceğiniz bir yol, insülinin sesini duyurmasına ve görevlerini yapabilmesine yardımcı olabilir. Bu anlamda, şu an sık kullanılan ve etki mekanizması olarak oldukça işlevsel görünen "metformin" ilacı aklımıza geliyor.

Metformin, gelecekte adından sıkça söz ettirecek olan AMPK aktivasyonu[16] ve HIF1[17] engelleyici yolu üzerinde etkilidir. AMPK yolunun aktive olmasını sağlayarak hücre içi enerji dengesinin sağlanması, oksidatif hasardan korunma, bölünme ve çoğalma fonksiyonlarının durması sinyalini verir. AMPK insülin hassasiyetini artırır, hücre çoğalmasını engeller, gerekirse hücrenin ya da mitokondrinin kendi kendini sindirmesini sağlar. Tam zıt fonksiyonları üstlenen hücre içi sinyal yolağı mTOR'dur. AMPK ve mTOR bir

16 AMP - Activated Protein Kinase.
17 2019 Fizyoloji Nobel Ödülü HIF 1- Hipoxia Inducible Factor – çalışmalarına verilmiştir.

dengede çalışır. Denge mTOR yolağı lehine olduğunda hücre büyür, bölünür, çoğalır. Kitlesel olarak büyüyen bir kas dokusunda, mTOR sinyalleri artmıştır. Dengenin mTOR yolağı lehine bozulması kontrolsüz hücre çoğalması ve kanserojen özellikler açısından risk taşıyabilir. Kaş yapayım derken göz çıkarmamak için bu bilgilere kulak vermek gerekiyor.

Bu konuda yoğun okumalar yaptığım dönemlerde öğrendiğim noktalardan biri de yoğun protein alımının, özellikle lösin aminoasitinin mTOR yolağı aktivasyonu üzerinde aktive edici özellikleridir. Abartılı protein alımının önerildiği diyetlere, bu anlamda çok dikkatli yaklaşılması gerektiği kanaatindeyim. Metforminin zaman zaman anti kanserojen olarak nitelendirilmesinin arkasında, bu dengeyi AMPK lehine çevirmesi yatıyor olabilir. Metformin ilacının bu harika biyokimyasal etkileri yanında, özellikle B12 eksikliğine yol açarak metilasyona zarar verme olasılığı, laktik asidoz riski ve sık görülen, bence en önemlisi, diamin oksidaz enziminin çalışmasını engeleyerek histamin artışına yol açma riskidir.

"Metforminin histamin intolaransı olan hastalarımda birçok kez şikâyetleri alevlendiren etkenlerden biri olduğunu bilmenizi isterim. Özellikle metformin tedavisi esnasında ortaya çıkan karın şişliği ve gerginliğin gerisinde, histamin artışının olabileceği aklımıza gelmelidir. Metformine alternatif ve biyokimyasal düzeyde benzer etki mekanizmasına sahip AMPK yolunu aktive ederek insülin duyarlılığını artıran ve metformine rakip en değerli takviye 'berberin' dir."

Berberin, geleneksel Çin tıbbında kan şekerini dengelemek için kullanılan bir destektir. Günde iki üç doz 500mg berberin kullanımı, işlevsel görünmektedir. Hatırlarsanız karaciğerden hormonlar, toksinler, toksik maddeler, ilaçlar uzaklaştırılırken Faz 1 ve Faz 2 reaksiyonlardan bahsetmiştik, bu anlamda berberin kullanırken dikkat edilmesi gereken ana noktalardan biri, karaciğerde gerçekleşen Faz 1 reaksiyonlarındaki sitokrom (CYP) enzimleriyle olan ilişkisidir. Karaciğerde en aktif kullanılan CYP2D6 ve CYP3A4 sitokrom enzim yolaklarının, berberin tarafından fonksiyonlarının azaltıldığına dair çalışmalar bulunmaktadır. Bu nedenle ilaç etkileşimi açısından son derece dikkatli olunmalıdır. Bu takviyelerin doktor kontrolünde kullanılması gerekliliğini birçok kez vurgulamanın nedenlerinden biri de bu. Berberin, yüksek dozlarda antibakteriyel etkinliğe sahiptir. Berberin, hastalarıma duruma göre önerdiğim ve çok faydalandığım bir destek.

***

Bir diğer AMPK yolu uyarıcısı ve insülin duyarlılığını artıran molekül, alfa lipoik asittir (600-1200 mg/gün). Hücre zarı yapısının tamiri ve hormon reseptör ilişkisinin desteklenmesi açısından fosfatidilkolin, insülin direncinde önemli yer tutar. Bu konuyu, Altıncı Bölüm'de metilasyon başlığı altında ayrıntılı olarak anlatacağız.

"N-asetil sistein, karnitin, Omega 3, koenzim Q10, inozitol, resveratrol, melatonin insülin hücre ilişkisinde olası olumlu etkiler yaratabilecek takviyelerdir. Magnezyum, çinko ve krom desteklenmesi gereken en önemli minerallerdir. Krom genelde gözden kaçan, şekerin hücre içine alınmasında ve özellikle tatlı ataklarının hafiflemesinde çok etkili bir mineraldir."

Kronik bir hastalık varlığında, mitokondriyal sistem hemen herkeste zarar görmüştür ve tüm hastalarda beslenme alışkanlıklarının değiştirilmesi, antioksidan kapasitenin artırılması, uykunun düzenlenmesi ve hareketli yaşamın desteklenmesi gerekir.

Tiroit Fonksiyonları

Klinik deneyimlerim süresince hastalık tanısı konmadığı halde fonksiyon bozukluğu olan insanlarda en fazla gözlemlediğim alanlardan biri de tiroit fonksiyonlarıdır. Kan tetkiklerinin tamamen normal olduğu söylenen ya da TSH değeri normal aralığa gelene kadar ilaç desteği verildiği halde elleri ayakları ısınmayan, saçları dökülmeye devam eden, kabızlığı geçmeyen, kilo veremeyen, sabah yataktan kalkamayan, depresif onlarca hastadan bahsediyorum.

İngiltere'de L-Tiroksin tedavisine devam eden ve TSH düzeyleri normal aralıkta saptanan 1922 hastanın değerlendirildiği çalışmada; yorgunluk, uykuya meyil gibi "hipotiroidi" semptomlarının devam ettiği gösterilmiştir. Tiroit fonksiyonlarını anlayabilmek için fizyolojisini iyi öğrenmek zorundayız. Mevcut sistemde yapılması muhtemel tetkikler ve verilen ilaç tedavilerinin birkaç adım ötesine geçmeden, gerçek anlamda iyilik halini yakalamamız pek mümkün görünmüyor. Öyleyse tiroit bezlerimize ve işleyişine biraz daha yakından bakmalıyız.

Tiroit bezi, boynun ön bölümünde yer alır ve yirmi kırk gram ağırlığındadır, adını şekli kalkana benzediği için Yunanca "thyreos" kelimesinden almıştır. Kalkan benzetmesi, tiroidin şekline istinaden yapılsa da bedende toksik bir yük ve inflamasyon durumundan ilk etkilenen organlardan biri olması, benim zihnimde şeklinden öte, kendini öne atan bir kalkan olduğu hissini uyandırıyor. Tiroit, tüm hücrelerde enerji üretim süreçlerinin gaz pedalı olarak çalışır. Bu kadar küçük boyut ve ağırlıktaki bir organın fonksiyonlarındaki basit bir aksaklık bile tüm sistemde ciddi sorunlar yaratabilir. Tiroit fonksiyonları değerlendirilirken gözden kaçanlar ve tiroit odaklı bir yaklaşım yerine, tüm sistem içerisindeki rolleri ve etkileşimleri hakkında bilgi sahibi olmaya hazır mısınız?

Tüm hormonal sistemin düzenleyici merkezi, beyinde bulunan "hipotalamus"tur. Hipotalamus açlık, susuzluk, ısı gibi çok önemli bedensel çıktıların alındığı ve düzenleme fonksiyonlarının yürütüldüğü organdır. Tiroit hormon üretiminde de ilk sözü hipotalamus söyler. Hipotalamusun, periventriküler çekirdeğinde "tirotropin salgılayıcı hormon" (TRH) üretilir. TRH tiroit üretim basamaklarında, emir komuta zincirinin ilk ve en üst düzey habercisidir, TRH beyindeki bir alt hormon denge organı olan hipofiz bezini uyarmıştır artık ve tiroit uyarıcı hormon (TSH) salgısı yapılacaktır. Bu aşamaya kadarki süreç, merkezi sinir sistemimizde gerçekleşir. TSH, kan dolaşımına geçerek tiroit dokumuz üzerindeki hedef reseptörlere bağlanır ve tiroit hormonu üretimini uyarır. Hipofiz bir söz söylemiştir ve bunu ancak tiroit dokusu anlayabilecektir. Tiroit dokusu içerisinde tiroit hormonu oluşturabilmek için proteinlerin tam olarak sindirilmesi sonucu ortaya çıkan aminoasitlerden biri olan "L-tirozin" ve iyot gereklidir. Dışarıdan aldığımız iyot, tiroit dokumuz tarafından doğrudan kullanılamaz, öncesinde tiroit peroksidaz (TPO) denilen bir enzim aracılığıyla işlemden geçmesi gerekmektedir. Beyinde hipofizden salgılanan TSH, bir pompa sistemini (sodyum iyot pompası) harekete geçirerek sodyum mineraliyle birlikte, iyotun "tiroit folikül" hücrelerine girişini sağlar ve "tiroit peroksidaz" (TPO) aktivasyonunu artırır. Tiroit peroksidaz, vücudumuza dışarıdan aldığımız iyotun organifikasyonunu, yani tiroit tarafından kullanılabilir hale gelmesini ve tirozinle birleşmeyi sağlar. Bu reaksiyon çok önemlidir ve demir eksikliğinde sağlıklı çalışmaz.

Tiroit peroksidaz, hidrojen peroksit kullanarak bu işlemi gerçekleştirir. Tiroit peroksidaz bu işlemi gerçekleştirirken hidrojen peroksit (H2O2) kullanır. Bu şu demek: Kendisi de hücresel düzeyde hasar yaratma ve serbest oksijen radikali oluşturma potansiyeline sahip olan hidrojen peroksit, burada bir enzimatik reaksiyona hizmet ederek, iyotu tiroit dokumuz için kullanılabilir hale getirebilmemize yardımcı oluyor. Bu reaksiyon ateşle oynamak gibidir. Dışarıdan organifikasyon (iyotu kullanılabilir hale getirme) kapasitesi üzerinde alınan iyotun, oksidatif hasarı besleyebileceğini ve hatta tiroit peroksidaz enzimine karşı oksidatif hasar oluşturabileceğini unutmamalıyız. Hemen yeri gelmişken söyleyelim, haşimato hastalığına, "tiroglobulin" ve "tiroit peroksidaz" enzimine karşı oluşan bağışıklık yanıtının verdiği hasar yol açar. Öyleyse, tiroit hücrelerimiz içerisinde oksidatif hasar konusunda kritik bir denge olduğunu söyleyebiliriz.

Sentez için, yeterli organifikasyonu yapılmış iyot ve yeterli mide asidine, pankreas enzimine maruz kalarak iyi sindirilmiş bir proteinden elde edilmiş tirozin aminoasitine ihtiyaç vardır. Tiroit hücresinde üretilen tiroit hormonlarının yaklaşık %80-90'ı T4 (tiroksin) ve %10-20'si T3 (triiyodotironin)'tür. Tiroit bezimizde işler yolundaysa T3'ün dört katı T4 hormonu üretilir. Tiroit hormonları kan dolaşımına salgılandığında hormonların çok büyük bir kısmı tiroit bağlayıcı globülin (TBG) ve bir kısmı da albümine bağlanarak taşınır. Östrojen baskınlığı ve östrojen replasmanı, TBG düzeylerinde artışa yol açarak, daha fazla tiroit hormonunun taşıyıcı proteine bağlanmasına sebebiyet verir. Yani etkin tiroit miktarını ve dolayısıyla tiroit fonksiyonlarını azaltabilir. Taşıyıcı proteine bağlı hormonlar, fonksiyonlarını yerine getiremezler, aktif olarak görev yapanlar serbest hormonlardır.

Taşıyıcı proteine bağlanmayan hormonlar, yani serbest olanlar hücrelerimizde aktif rol oynarlar. Tiroit hormonlarından aktif olan, yani elimizi ayağımızı ısıtan, dikkatimizi, enerjimizi artıran, yağ yakımını sağlayan "serbest triiyodotronin"dir, yani laboratuvar tetkiklerine FT3 olarak ölçülen değerdir. Genel olarak FT4 ve TSH değerleriyle tiroit fonksiyonlarını yorumlamaya çalıştığımızı düşünürsek, FT3 değerinin önemini anlayabiliriz. Tiroit hormonlarının etkisini gösterebilmesi için T3 formuna dönüşmesi gerektiğini biliyoruz artık, peki bu dönüşüm nasıl sağlanıyor ve T3 hormonu nasıl etki gösteriyor?

"*Dolaşımda yüksek oranda bulunan T4 hormonu öncelikle hedef hücrelerde 5' deiyodinaz enzimi aracılığıyla bir iyot atomu çıkarılarak T3 hormonuna dönüşür. Bu dönüşümün sağlıklı bir şekilde gerçekleşmesi için selenyum ve çinko minerallerine ihtiyaç vardır.*"

Beden üzerinde stres yaratacak kronik bir inflamasyon, insülin direnci, psikolojik stres, kortizol yüksekliği varsa T4-T3 dönüşümü bozulur ve T3 yerine "reverse T3" (RT3) olarak adlandırılan ve aslında, aşırı açlık ya da karbonhidrat kısıtlanması varlığında sistemi metabolik yavaşlama ya da kış uykusu moduna almakla görevli olan hormon devreye girer. RT3 bedende normal şartlarda düşük seviyelerdedir. T3 gaz ise, RT3 frendir. RT3'ün beyin ya da başka hücrelerdeki olası görevleri bir yana, beden için tehdit oluşturacak durumlarda T3 üretimi sekteye uğrar. T3-T4 hormon üretimi azaldığında, T4-T3 dönüşümü bozulduğunda ve RT3 oluşumu arttığında hipotiroidi bulguları ortaya çıkar. Hipotiroidi bulguları şunlardır:

- Halsizlik, çabuk yorulma, sabah kalkmakta güçlük çekme.
- Hareketlerde yavaşlama.
- Sindirim sorunları, kabızlık.
- Depresyon ve dikkati sürdürme güçlükleri.
- Kalp atışlarının yavaşlaması (Erişkinlerde tedavi edilmediğinde kalp damar hastalıklarına neden olabilir.)
- Uykuya eğilim.
- Soğuğa tahammülsüzlük.
- Cilt kuruluğu, saç dökülmesi.
- Yüz ve göz kapaklarında şişlik.
- Gebelerde görüldüğünde, bebekte gelişme geriliği ve zekâ geriliği (kretenizm) oluşabilir.

Çok nadiren total T3/reverse T3 oranlarına bakma ihtiyacı duysam da burada anlatmak istediğim; kronik inflamasyon, insülin direnci, kortizol yükseklikleri, bağırsak mikrobiyal denge ve emilim sorunları, vitamin mineral eksiklikleri görüldüğünde tiroit hormonlarının üretimi, aktif hale dönüşmesi ve etkin çalışması güçleşir. Tiroit hormon seviyesi yeterli olduğunda beyin, hipofize, "Tiroit hormon düzeyi yeterli TSH salgılamana gerek yok," mesajı verir. Bedenin kendi içerisinde kurduğu bu sistem sayesinde, hormon dengesi sağlanmaya çalışılır.

TSH düzeyleri yükselmeye başladığında tiroit hormon miktarının azaldığını öngörebiliriz. TSH için verilen laboratuvar referans değerleri 0.4- 4.5 uIU/ml aralığındadır, yani tetkik sonucu 0.5 olan ile 4 olan kişiler, yaşamlarına kaldığı yerden devam edebilirler. Takip ettiğim neredeyse tüm hastalar, birçok doktorla temasa geçtikten sonra benimle görüştükleri için, verilen bu referans aralığındaki hiçbir sonuca müdahale edilmediğini rahatlıkla söyleyebilirim. Bir çalışma, TSH 2 uIU/ml üzerinde değerleri ve uzun dönem düşük tiroit hormon üretimini ortaya koyarken; azalmış refleks ve Alzheimer hastalığıyla ilişkilendirirken başka bir çalışmada, subklinik hipotiroidi yani "TSH yükselmiş (>4 uIU/ml) ama hormonlar henüz bu durumdan etkilenmemiş ve klinik bulgular yok" tablosuyla takip edilen kadınlarda 4 üzerinde TSH değerlerinin damar sertliğine ve iki kat daha fazla kalp krizi geçirme olasılığına yol açtığı saptanmıştır. Tiroit fonksiyonlarında meydana gelecek kronik bozulmalar yıllarca fark edilmeden devam edebilir, özellikle kalp ve santral sinir sistemi üzerinde olumsuz sonuçlara yol açabilir. Yine başka bir çalışmada klinik ve subklinik hipotiroidi tablosu, "kronik ve tedaviye dirençli depresyonla" ilişkilendirilmiştir.

2002 yılında, *American Association for Clinical Chemistry* (AACC), hazırlamış olduğu rehberde, referans aralıklarında TSH limitinin üst sınırını 2.5 uIU/ml olarak belirlemişti. 2003, yılında *American Association of Clinical Endocrinologists* bu öneriyi değiştirerek TSH için hedeflenen normal aralığın 0.3 to 3.0 uIU/ml olmasına karar verdi. TSH için bu referans değerlerinin en optimal düzeyini konuşacak olursak, akla en uygun olanının AACC'nin önerisine de paralel olan 1-2 uIU/ml aralığı diyebiliriz, yani TSH, 2 düzeyinin üzerine çıkmaya başladığında yolunda gitmeyen bir şeyler olabileceğini akılda tutmalıyız. Elbette sadece TSH üzerinden yorum yapamayız.

"*Klasik hasta yaklaşımında TSH'nin arttığı ve tiroit hormonu ihtiyacının var olduğu değerlendirilerek, dışarıdan L-tiroksin yani T4 hormonu desteği planlanması yerinde bir yaklaşımdır. Ancak dışarıdan uygulanan T4 doğrudan olarak TSH üzerinde etkili olarak seviyesini düşürür ve bize işlerin yoluna girdiği izlenimini verebilir, oysa biz T4 - T3 dönüşümünü ve T3'ün hedef organa ulaşıp ulaşmadığını, hücre içine girerek mesajını iletip iletmediğini daha çok merak ediyoruz.* ”

Aslında hipotiroidi varlığı açısından TSH, sadece bir habercidir ve seviyesi düşürülmesi hedeflenerek ortaya konulan tedavi girişimleri, fonksiyonel anlamda ortaya çıkan yetersizlikleri de maskelemektedir.

Tiroit fonksiyonlarını bütüncül pencereden değerlendirirken elimizde bulunması gereken tetkikler ve optimum değerler şunlardır:

- TSH 0.8- 2 uIU/ml
- FT4> 1.1- 1.8 ng/dl (pmol/L ye çevirmek için 12.9 ile çarpılır)
- FT3> 3.2- 4.2 pg/ml (pmol/L ye çevirmek için 1.56 ile çarpılır)
- Değerler pmol/L 'ye çevrildikten sonra FT3/FT4 oranı 0,33 üzerinde olmalıdır.
- TT3/rT3 > 6 olmalı
- Anti TPO (Tiroit Peroksidaz) – Anti TG (Tiroglobulin) – <4 IU/ml ya da negatif – Hipertiroidi varlığında, TSH reseptörlerine karşı oluşmuş antikor varlığı araştırılabilir.

TSH yüksek FT4 ve FT3 düşük ise hipotiroidi, TSH düşük ve FT4 ve FT3 yüksek ise hipertiroidi lehinedir ve bir dahiliye ya da endokrin hekimi yönetiminde görüntüleme yöntemleriyle de desteklenerek, tiroit dokusunda yapısal bir patoloji varlığı ve gerekiyorsa takibi açısından ayrıntılı değerlendirme yapılmalıdır.

Fonksiyonel pencereden en sık karşılaştığım ve size aktarmak istediğim tablo, kan tetkiklerinde hafif yükselmiş (laboratuvar referans aralıkları içerisinde) TSH düzeyi, normal aralıkta FT4 ve düşük FT3 değerlerdir. Özellikle depresyon hastalarımda TSH ve FT3 düzeylerini optimum aralığa gelmesini sağlayacak bütüncül yaklaşımlar sayesinde, klinik açıdan büyük ilerleme kaydediyoruz. Ana başlıklarımız olan beslenme; bağırsak sürecine, inflamasyon odaklarına, varsa kan şekeri dengesizliklerine, ruhsal sistem sorunlarına yönelik gerekli düzenlemelerle eşzamanlı olarak, vitamin mineral eksikliklerine odaklanılmalıdır. Kan tetkiklerinde ölçülen tiroit hormon değerlerinin optimum aralıklarına, hormon üretimi ve tiroit hormonlarının fonksiyonel açıdan sağlıklı çalışabilmesi için gerekli vitamin minerallere göz atalım.

İyot

Kliniğime başvuran hastalarımın çok büyük bir kısmında iyot eksikliği tespit etmekteyim. Yıllardır her hastamın idrar iyot düzeylerini düzenli takip ediyorum. İyot sadece tiroit fonksiyonları için değil, beyin gelişimi, bağışıklık sistemi, östrojen metabolizması gibi çok önemli süreçlerde rol oynar. İyot, beyin, meme, akciğer, prostat sağlığı için kritik bir mineraldir. İyot alımı yetersizliğine ek olarak, tiroit dokumuzda ve tüm hücrelerimizde iyotla moleküler benzerlik (klor, flor, brom) nedeniyle iyotun yerini alma potansiyeline sahip halojenler, iyot fonksiyonlarını engellemektedir.

İyotun hedef dokularda etkinliğini gösterebilmesi ve tiroit hormonu oluşumunun devamlılığı için halojen toksisitesinden korunmak gerekiyor. Klorlu sular, havuzlar, florlu diş macunları, florla beyazlatılmış kâğıt mendiller, koruyucu olarak brom içeren gıdalar, brom içeren yazarkasa fişleri gibi örnekleri daha da çok artırabiliriz. Günlük ihtiyacımız yaklaşık 150-200 mcg gibi görünse de toksik halojenler varlığında bu miktarlar yetersiz kalabilir. Genel olarak hastalarımda var olan iyot eksikliğini haftada/on günde bir 6.25 mg (%5 lik Lugol çözeltisinden bir damla) olarak desteklemeye çalışmaktayım. İyot desteği planlanacak hasta, doktor kontrolünde olmalıdır ve haşimato olanlarda iyotun oksidatif hasarı artırabileceği (Anti TPO artışı) akılda tutulmalıdır. İyot desteği verilen kişide, iyotun tiroit dokusunda kullanılabilir hale gelmesi (tiroit peroksidaz enzim aktivasyonu) ve sodyumla birlikte tiroit hücresine girebilmesi için (sodyum iyot pompası) TSH'ye ihtiyaç vardır. Bu nedenle hipofiz, TSH üretimini artırabilir. İyot desteği verilirken TSH ve FT3, FT4 ve Anti TPO, Anti Tiroglobulin seviyeleri hakkında bilgi sahibi olunmalı ve takip edilmelidir.

İyot eksikliğinin giderilmesinden öte halojen toksisitesi tedavisi amaçlı çok yüksek dozlarda (50-100 mg/gün) uygulanan iyot tedavileri, benim klinik yaklaşımımda henüz yer almamaktadır. Deniz ürünleri ve özellikle deniz yosunlarından kelp, iyi iyot kaynaklarıdır. İyot desteği verildiğinde tiroit peroksidaz aktivasyonu artar demiştik, öyleyse iyot desteği verilmeden önce tiroit peroksizdazın yakıtı olan demirin yeterliliği çok önemlidir.

Demir

Bedenimizde demir yeterliliğiyle ilgili en önemli gösterge, demir depomuz olan "ferritin"dir. Laboratuvar referans aralıklarından farklı olarak, 40-60 ng/ml aralığı optimumdur.

"Demir eksikliği tiroit üretimini bozar, hemoglobin sentezini olumsuz etkiler. Mide asidi yetersizliği ve ince bağırsak bakteriyel dengesizlikleri (SIBO-aynı zamanda hipotiroidi nedeni) kronik demir eksikliği kökeninde gözden kaçabilen faktörlerdir."

Yeri gelmişken, demir fazlalığının oksidatif hasara yol açma potansiyeli taşıdığını unutmamak gerekiyor.

Çinko

Tiroit hormon üretiminde demirin yanı sıra, yine çok önemli yere sahip olan diğer bir mineral de "çinko"dur. Çinko, aynı zamanda T4'ün aktif hormon olan T3'e dönüşümünde görev alır. Çinkonun doku onarımından bağışıklık sistemi fonksiyonlarına, sindirim enzimi üretimine destekten metilasyon çarkının dönmesine kadar aldığı rollere ek olarak, tiroit hormon üretimi ve fonksiyonlarına sağladığı katkıyı öğrenmiş oluyoruz.

Selenyum

T4 - T3 dönüşümünde rolü olan diğer bir önemli mineral de "selenyum" dur. Selenyumun diğer bir önemli rolü de okside, yani kullanılmış ve görevini yerine getiremeyecek olan glutatyonu indirgenmiş, yani tekrar kullanılabilir hale getiren glutatyon peroksidazın kofaktörü (çalışmasına yardımcı faktör) olmasıdır. Hemen hatırlayalım, tiroit hücrelerinde iyotun kullanılabilmesi için ve tiroit hormon sentezi için TPO (tiroit peroksidaz) hidrojen peroksit (H2O2) kullanıyordu, yani oksidatif hasar riski olan bir ortamdan bahsediyoruz. Öyleyse artmış H2O2 ve artmış oksidatif hasar, Anti TPO yüksekliği ve haşimato hastalığında rol oynuyor olabilir mi? Selenyum takviyesiyle birlikte Anti TPO değerlerinin düşüşünü gösteren çalışmalar, bu ilişki açısından bilgi verebilir. Selenyum artışı, glutatyon peroksidazı destekleyerek "hidrojen peroksit" in uzaklaştırılmasını kolaylaştırıyor gibi görünüyor. Selenyum değeri, her hastamda merak ettiğim parametrelerden biridir. Kanda bakılan serum selenyum değerinin 100-150 ug/ml aralığı, optimal düzeyler gibi düşünebilir. Selenyum eksikliğinde, özellikle L-selenometionin formu, günlük 100-400 mcg dozlarda doktor takibinde kullanılabilir. Selenyum yüksek seviyeleri, insülin direnci ve diyabetle ilişkilendirilmiştir. Bu anlamda dikkat edilmesi gerekiyor.

Magnezyum ve D Vitamini

Mucize mineral olarak adlandırılan "magnezyum", özellikle metilasyon döngüsü, enerji üretim ve detoksifikasyon süreçlerinde aldığı rollerle ve tiroit fonksiyonlarıyla yakından ilişkilidir.

Tüm sistem ve tiroit bezi için olmazsa olmaz etkenlerden biri de "D vitamini"dir. Tiroit hormonlarının reseptörlerle sağlıklı bir iletişim kurabilmesi için D vitaminine ihtiyaç vardır. Hormon üretimi yeterli olsa ve T4'ten T3'e dönüşüm sağlansa bile hormon reseptör bağlantısıyla ilgili bir problemin varlığında, fonksiyonel bir bozukluk ortaya çıkacaktır. D vitamini eksikliği hem hipotiroidi hem de haşimato hastalığına yatkınlığı artırmaktadır.

Hormonal Sistem Komutanı:
Hipotalamus-Hipofiz-Adrenal Bez Aksı

Beden içerisinde müthiş bir iletişim ağı olduğunu ve hiçbir sistemin birbirinden habersiz çalışmadığını artık biliyoruz. Bu aşamadan sonra, hormonal sistemin en üst seviyesinde gerçekleşen ve tiroit fonksiyonlarını çok yakından ilgilendiren "hipotalamus-hipofiz-adrenal bez aksından" bahsedelim. Bir anlamda emir komuta zinciri olan bu aks, bedendeki hormonal sistemin düzenlenmesinden sorumludur. Bedende sistemi tehdit eden bir durum yoksa, işleyiş olağan seyreder. Hipotalamus-hipofiz bezi aksı sağlıklı işlediğinde ve hedef organlar uyarıldığında, kadınlık, erkeklik hormonları, tiroit hormonları üretilebilir ve bir anlamda beden "yapım, üretim" modunda çalışır.

> "*Tehdidin olmadığı bir sistemde; sindirim, emilim, büyüme, üreme ve üretme vardır. Hayatta kalmak üzere programlanmış bir bedende misafiriz ve işler bedenimiz açısından yolunda gitmediğinde, tüm hormonal fonksiyonlar durdurularak mevcut tehdit ortadan kaldırılana kadar hipotalamus-hipofiz aksı ağırlıklı olarak böbrek üstü yolunu aktive eder ve buradan 'savaş ya da kaç' yanıtını oluşturan kortizol ve noradrenalin sentezini uyarır.*"

Kortizol, insülin fonksiyonlarını, tiroit fonksiyonlarını, hormon üretim mekanizmalarını baskılayarak sistemimizi "yıkım" moduna sokar: Tek amacı var olan tehdidi ortadan kaldırmaktır. Tıpkı inflamasyonda olduğu gibi bu süreç, tehlikenin atlatılması için kısa vadede koruyucudur, ancak uzun dönemde ciddi sorunlarla karşı karşıya kalabiliriz.[18]

---

18 Primatlar üzerine yoğun çalışmalarıyla tanınmış bir nörolog olan Robert Sapolsky'nin, "*Zebralar Neden Ülser Olmaz*" kitabında, bu sistemin aktif çalışması halinin nasıl kronikleştiği ve bu durumun sonuçları etkileyici bir biçimde anlatılmaktadır.

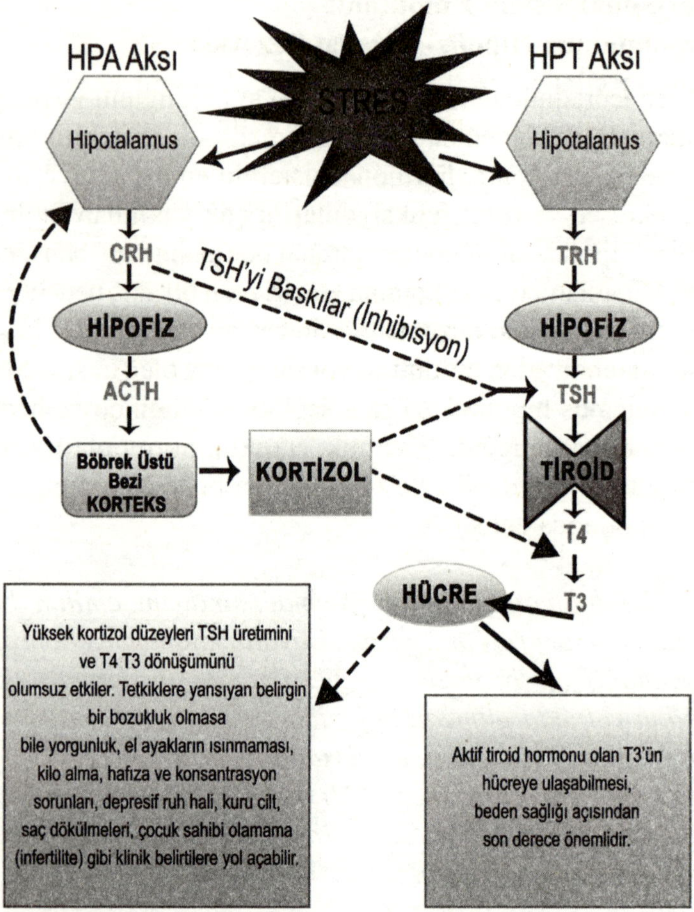

Şekil 11: Stres ve Tiroit Fonksiyonları İlişkisi

Östrojenin Önemi ve Kadınlık Hormonları Dengesi

Hormonal denge konusuna geçmeden önce özellikle değinmemiz gereken, toplumun büyük bir bölümünü ciddi anlamda etkisi altına alan kadınlık hormonları dengesindeki bozukluklardan bahsedeceğiz. Hipotalamustan GnRH salgısı, hipofizden FSH ve LH uyarımıyla kadın yumurtalık hücrelerinde, "östrojen" ve "progesteron" üretilir. Kadınlarda mensturasyon döngüsü olarak adlandırılan sürecin ilk bölümü "foliküler" (kalınlaşma), ikinci bölümü "luteal" faz (salgılama) olarak adlandırılır. Rahim iç tabakası, âdet döngüsünün ilk gününden itibaren salgılanan östrojen hormonu etkisiyle kalınlaşır. Ovulasyon yani yumurtlama gerçekleştikten sonra salgı miktarı artan "progesteron" hormonu, östrojenin bu etkisini frenler, döllenmesi muhtemel bir yumurta hücresinin yerleşimi ve gebeliğin başlaması için elverişli bir ortam oluşturur. Döllenme gerçekleşmezse progesteron seviyeleri düşecek ve kanama başlayacaktır. Bu döngünün ilk fazının süresi değişebilir, ancak ikinci fazı sabit on dört gündür. Öyleyse döngüsü otuz gün olan bir kişide ovulasyon on altıncı gün, otuz beş gün olanda ise yirmi birinci gündür. Bu döngü ve salgılanan hormonlar, her ne kadar lokal bir alanı ilgilendiriyor gibi görünse de hormonal anlamda tüm sistemi etkileyen bir öneme sahiptir.

Östrojen, kadının dişi olduğunu hissetmesinde, cinsel istek, vajinal ıslanma fonksiyonlarında başrol oynayan bir hormondur. Bunun dışında kemik erimesinin engellenmesi, kalp damar sağlığı, beden kolesterol dengesi gibi hayati fonksiyonlarda görev alır. Hatta menopozla birlikte östrojen seviyeleri düşmeye başladığında en çok etkilenen organlardan biri de beyindir. Hafıza merkezi olarak adlandırabileceğimiz hipokampusta ve plan yapma, problem çözme, karar verme gibi fonksiyonların yürütüldüğü prefrontal kortekste, östrojen reseptör yoğunluğu fazladır. Östrojen üretiminin azaldığı süreç, bu organların fonksiyonlarını ciddi oranda etkileyebilir.

Önümüzdeki yıllarda, özellikle Alzheimer hastalığı ve östrojen düşüklüğü ilişkisine çok daha fazla önem verileceği kanaatindeyim. Östrojenin birçok psikiyatrik hastalıkta da rol oynaması muhtemeldir. Nöronal habercilerden serotonin oluşumunda, enzim (triptofan hiroksilaz) aktivasyonuna katkı sağlayarak depresyondan korunmayı sağlar. Östrojenize olmuş bir kadın beyninin, erkek beynine kıyasla çok daha üst düzeyde bilişsel fonksiyon kapasitesine sahip olduğunu düşünüyorum. Östrojen hormonuyla ilgili en çok korkulan durum, hücre çoğalmasına yol açan etkileri nedeniyle meme ve rahim kanseri riskidir. Peki, hangi östrojen türleri ve reseptörleri vardır ve hangileri hücre çoğaltıcı etkilere sahiptir?

E1 (Estron), E2 (Estradiol) ve E3 (Estriol) olarak üç farklı östrojen tipi vardır. Yukarıda bahsi geçen östrojenik etkiler, özellikle E2 yani estradiole aittir. Bu anlamda östrojenik etki açısından en güçlü olan "estradiol"dür ve ana kaynağı yumurtalıktır.

"*Östrojen, etkilerini alfa (ERa) ve beta (ERß) reseptörleri üzerinden gösterir. Alfa reseptörünün uyarılmasında ve hücre çoğalmasında rol oynar, bu reseptörler özellikle meme ve rahimde yoğun bulunur. Beta reseptör uyarıldığında, hücre çoğalmasının engellenmesi, yani bir anlamda anti kanserojen etkiler gösterir. Kalın bağırsaklarda beta reseptörleri vardır. Kardiyovasküler sistemde ve beyinde de beta reseptör baskındır.*"

Estradiol, "alfa" ve "beta" reseptörlerini eşit oranda uyarır. Estron, alfa reseptörlerini betaya oranla beş kat daha fazla uyarır, özellikle memede, hücre çoğalması açısından yüksek risk taşır. Estron, kanserojen etkinliği en yüksek olan östrojen formudur, menopozal süreçte hâkim olan da estrondur, ana kaynağı yağ dokudur ve özellikle yağ dokuda meydana gelen enzimatik reaksiyonla (aromatizasyon) diğer hormonlardan üretilir.

Estriol, beta reseptörünü alfadan üç kat daha fazla aktive eder ve bir anlamda hücre çoğalmasına karşı koruyucudur. Gebelik süresince hâkim östrojen hormonu, "estriol"-dur. Bedende östrojenin depolanmış hali "estron sülfattır" (aktif değil). Bu haliyle aktif hormon görevi yapmaması bir anlamda koruyucu bir durumdur ve progesteron (Tip 2 17 b-HSD ve sulfotransferaz) enzimatik aktivasyonla estradiolü estrona ve estronu "estron sülfata" çevirir. Bu mekanizma, progesteronun anti kanserojen özelliklerini vurgulamak açısından önemlidir.

Progesteron, birçok mekanizmayla östrojenin yaratabileceği olası riskleri geri çevirme özelliğine sahiptir. Östrojen ve progesteron dengesi, her kadın bedeni için son derece önemli bir konudur. Ne var ki otuz beş yaşından menopoza kadar, kadın yumurtalık (over) hücreleri fonksiyonları zayıfladıkça progesteron düzeyi östrojene göre daha fazla düşüş gösterir. Çünkü böbrek üstü bezlerinden salgılanan erkeksi hormonlar (androjenler), aromatizasyona uğrayarak östrojene dönüşürler, yani yumurtalık dışı östrojen kaynakları vardır ve en önemlileri meme ve yağ dokusudur. Bu durumda östrojen baskınlığı durumu yaşanması için zemin hazırlanmış olur. Östrojen düzeyleri yüksek seviyelerde olmasa bile progesteronla karşılanmamış östrojen, östrojen baskınlığı (estrogen dominance) semptomlarıyla kendini gösterebilir. Bu, işin biraz da doğal seyrinde gerçekleşen fizyolojik hali, ama aşağıda paylaşacağımız nedenlerle çok daha erken yaşlar itibariyle östrojen baskınlığının sonuçlarıyla baş başa kalınabilir ve ilerleyen yaşlarda çok daha ağır problemler yaşanabilir. Peki, ne gibi klinik durumlar bizi östrojen baskınlığından şüphelendirmeli?

* *Endometriyozis:* Rahim içini kaplayan endometrium dokusunun karın iç zarı, yumurtalık gibi organlara yerleşerek mensturasyon (âdet) döneminde çok yoğun ağrıya yol açabilen bir hastalık.

* *Premenstrüel sendrom* (PMS): Mensturasyondan (âdet) yaklaşık bir hafta önce başlayan huzursuzluk, mutsuzluk, öfke, tahammülsüzlük, duygusal dalgalanma, memede hassasiyet, şişkinlik hissi, ödem, tatlı isteği atakları, yeme isteğinde artışla giden klinik bir tablo.

* Menstrüasyon döngülerinde düzensizlik, yoğun kanamalar.

* Meme ve yumurtalık kistleri.

* İnfertilite (kısırlık).

* Tiroit fonksiyon bozuklukları (TBG artışı) ve tiroit nodülleri.

* Uyku bozuklukları.

Bu klinik durumlar, toplumda çok yaygındır ve en büyük sorun, uygulanan tedavilerin sorunu tam anlamıyla çözememesi, hatta beraberinde ekstra sorunları da getirebilmesidir. Östrojen baskınlığında östrojenin, vücuttaki hayati fonksiyonlarını yerine getirdikten sonra sağlıklı bir şekilde bedenden atılması, bu atılım süresince ortaya çıkan kanserojen metabolitlerin (4-OH E1, E3) etkisiz hale getirilmesi ve uzaklaştırılması, dışarıdan bedene alınan östrojenik etkiye sahip toksik maddelere ve ilaçlara maruziyetin en aza indirilmesi çok önemlidir.

Kendi köyümde, dayımın yetiştirdiği buğday için kullandığı tarım ilaçlarından birinin içeriğini okuyup araştırdığımda, güçlü bir "xenoestrogen", yani östrojeni taklit eden toksik bir madde olduğunu öğrenmiştim. Kendi köyümde yıllardır kullanılan bu ilaç, ekmekte asıl korkutucu olanın glüten olmadığını ortaya koymuştu. Köy ekmeğimiz, farkında olmadan birçok kişide defalarca DNA hasarı yapmıştı ve iddia ediyorum ki bizim oralarda yakın akrabasında meme kanseri saptanmamış tek kişi bulamazsınız. Elbette tek faktör bu değil, okumaya devam ettikçe diğer risk faktörlerini daha da yakından tanıyacağız. "Xenoestrogenler" ve dışarıdan vücudumuza giren hormonal etkilere sahip diğer kimyasal toksinler, östrojen alfa reseptörlerini (hücre çoğaltıcı) ve tehlikeli östrojen metabolitleri oluşumunu besleyen enzim yolaklarını (CYP1B1) etkileyerek, kanser gelişiminde birçok mekanizmayla önemli rol oynarlar.

Diyelim ki sağlıklı yaşamayı öğrenme sürecindesiniz ve ekmek tüketmiyorsunuz. Tarım ilacına maruz kalmış gıdalara dikkat etmeye başladınız, bu anlamda güvenilir üreticilerle temas halindesiniz ve olası pestisitlere karşı sebzenizi tüketmeden önce on beş dakika alkali suda bekletiyorsunuz. Tüm bunlar bile yeterli olmayabilir. Sık maruz kaldığımız bazı kimyasallara bir göz attığımızda bana hak vereceksiniz:

- **Fitalatlar (phthalates):** Kozmetik ürünlerde, ojede, parfümde bulunabilir. Erken ergenlik ve meme kanseri riskini artırır.

- **Triclosan:** Anti bakteriyel sabunlar, diş macunları ve deodorantlar içerebilir. Tiroit fonksiyonlarını ve meme gelişimini olumsuz etkileyebilir.

- **Paraben:** Kremlerde, losyonlarda, koltuk altı deodorantlarda anti fungal (mantar üremesini engellemek için) olarak eklenebilir. Bu madde meme tümörü biopsi materyallerinde bulunmuştur.

- **Etilen oksit:** Kişisel bakım ürünlerinde ve sterilizasyonda kullanılabilir. Hayvanlarda meme kanseri açısından olası risk etkeni olduğu gösterilmiştir.

- **1.3-butadiene:** Propellant isobutene içeren ürünlerde bulunması olasıdır. Olası meme tümörü riskini artırır.

- **Kurşun:** 650'nin üzerinde kişisel bakım ürününde bulunan katkı maddesi. Öğrenme, dil ve davranışsal problemlerle; kadın ve erkekte kısırlık, düşükler ve geç ergenlik durumlarıyla ilişkilendirilmiştir.

- DDT, PCB (Polychlorinated biphenyls), BPA (Bisphenol A), PBDE's (Polybrominated diphenyl ethers), PFC's (Perfluorinated chemicals) de kanser ve obeziteyle ilişkili olması muhtemel kimyasallardır.

İçtiğimiz suyla, aldığımız havayla, yediğimiz yiyecekle ve derimize temas eden her türlü maddeyle doğrudan birçok zehre maruz kalıyoruz. Bütüncül iyileşme yolculuğunda, toksik maddelerden uzaklaşılarak, kaynağı ve içeriği güvenli ürünlere ulaşmak için çaba harcamak büyük önem taşıyor.

Östrojen yükünü artıran bir diğer önemli faktör de yağ dokusu demiştik ve bu anlamda karşımıza yine insülin direnci, bel çevresi genişliği, karaciğer yağlanması gibi klinik durumlar çıkıyor. Bu durum düzeltilmeden hem östrojen üretimi artışı hem de atılım güçlüğü sorunlarıyla karşı karşıya kalırız. Toksik madde maruziyeti ve metabolik bozukluklar, kadınlar için olduğu kadar erkekler için de büyük risktir. Erkeklerde de aynı şekilde yağ dokuda testosteron hormonu enzimatik reaksiyonla aromatize olur ve östrojen üretilir. Karaciğer yağlanması ve fonksiyon bozukluklarında östrojen vücuttan atılamaz. Bu durum, erkeklerde meme dokusunda büyüme (jinekomasti), prostat dokusunun büyümesi ve kanserojen etkilerle ilişkilendirilmiştir.

Östrojen, beden içerisinde harika işler çıkardıktan sonra atılmak üzere karaciğere gelir ve burada Faz 1 sitokrom reaksiyonlarıyla ara ürünlerine dönüşür, ardından Faz 2 de metilasyon, sulfasyon, glukuronidasyon ve glutatyon ile bedenden uzaklaştırılır. Metilasyon ve glutatyon, kanserojen etkisi olan östrojen metabolitleri üzerinde hayat kurtarıcı bir rol oynar. Faz 3 ise transport, yani idrar ve dışkıyla atılımıdır.

"Faz 2 reaksiyonlardan glukuronidasyon, bir anlamda östrojenin paketlenmiş halidir. Paketlenmiş östrojen bağırsaklara atıldıktan sonra işler yolundaysa dışkıyla atılabilir, fakat glukuronidaz enzimine sahip bakterilerin varlığında bu paket açılırsa, östrojen tekrar bağırsaklardan emilerek karaciğere döner. Buna 'enterohepatik sirkülasyon' denir. Dışarı atılması gereken östrojen metabolitleri, tekrar bedene dönmüş olur. 'Calcium d glukarat' gibi destekler, bakteriyel enzimleri bloke ederek östrojenin glukuronid paketinin bozulmasını engelleyerek dışkıyla atılmasına ve östrojen yükünün azalmasına yardımcı olur."

Aynı zamanda bozulmuş bakteriyel denge, safra asitlerinin de tekrar emilerek yeniden kullanılabilme döngüsünü bozarak vücuttan atılmasına (safra asidi kaybı) yol açar. Safra asitleri hem yağ metabolizması hem anti bakteriyel etkinlik hem de toksinlerden arınmada (detoksifikasyon) dikkate değer bir öneme sahiptir. Bağırsaklarda mikrobiyal denge bozulmuşsa bedenden; toksinlerin, toksik maddelerin ve hormonların atılımı zorlaşır. Detoksifikasyon denilen zehirlerin atılma süreçleri, karaciğer ve bağırsak sağlığıyla çok yakından ilişkilidir. Burada her ne kadar sadece östrojen atılımını konuşuyor gibi görünsek de sistemin genel olarak nasıl çalıştığını da anlamış oluyoruz.

Östrojen baskınlığı, birçok klinik durumla ilişkilidir, bununla ilgili neler yapmamız gerektiğini şöyle özetleyebiliriz:

- Hormonal dengeyi sağlamak için ilk odaklanılması gereken nokta, hipotalamus-hipofiz-adrenal bez aksıdır. İnsülin direnci, metabolik sendrom, bağırsak mikrobiyota dengesizliği, inflamasyon, metilasyon sorunları ve ruhsal sistem, yani ilk olarak bütüncül yaklaşımın ana kök faktörlerine, ağacın köküne bakıyoruz.

- Dikkat edilmesi gereken ikinci nokta da tiroit fonksiyonlardır. Tiroidin sadece bir iki tetkikle değil "gerçek anlamda" sağlıklı çalışıyor olması gerekir.

- Antiinflamatuar diyet planı, bir diğer önemli noktadır. Omega 3, zeytinyağı, zerdeçal, zencefil, yeşil yapraklı sebzeler tüketilmelidir (örnek beslenme programına bakabilirsiniz). Unutmayalım ki kaynağını bilmediğiniz et ve süt ürünü tüketimi hormonal dengeyi bozabilir. Hayvansal yağ tüketiminde de aynı noktaya dikkat çekmek gerekiyor. Toksinler ve toksik maddelerin yağ dokuda biriktiğini unutmayalım.

"Unutmayın, tükettiğiniz her gıdanın maruz kaldığı zehirler, sizi de doğrudan etkileyecektir."

- Diyette yüksek lif (kuruyemiş, kuru baklagiller, muz, yulaf, karahindiba) tüketmek hem östrojen hem de toksik madde atılımını sağlar. Bu klinik durumda, keten tohumu da iyi bir lif desteğidir. Burada aklımıza şu soru gelebilir, keten tohumunun fitoöstrojen (östrojenik etkiye sahip bitki) bir bitki olması, var olan östrojen baskınlığını daha da artırabilir mi? Hayır artırmaz, çünkü fitoöstrojenler östrojen reseptörlerine bağlanırlar, fakat zayıf östrojenik etkiye sahiptirler. Bu sayede, güçlü östrojenik etkiye sahip östrojenlerin etkinliğini göstermesine engel olurlar. Östrojen baskınlığında fitoöstrojenler, tedavi sürecinin bir parçasıdır. Ortamda hiç östrojen olmadığında durum biraz farklıdır ve bu fitoöstrojenik etki önem kazanır. Örneğin, hormon pozitif meme kanseri ve rahim kanseri geçirmiş, yumurtalıkları alınmış bir kişide, yani östrojen düzeyi düşük bir kişide, fitoöstrojen olsa dahi sisteme girmesi konusunda dikkat edilmelidir.

- Brokoli, brokoli filizi, karnabahar, soğan, sarımsak, kırmızı pancar, lahana düzenli tüketimi çok önemlidir (sülfür içeren gıdalar karaciğerin en iyi dostlarıdır).

- Metilasyonun desteklenmesi ve eksik vitamin minerallerin yerine konulması.

- Klinik duruma göre N-asetil sistein, alfa-R lipoik asit, iyot, melatonin, glutatyon, selenyum, Omega 3, kurkumin, deve dikeni (silimarin-silibin), resveratrol (direkt resveratrol yerine genelde fermente edilmiş üzüm çekirdeği ve kabuğu öneriyorum) destekleri.

- Alkolün kısıtlanması, xenoestrogen maruziyetinin en aza indirgenmesi.

Progesteronun Önemi ve Menopoz Kavramı

Hormonal dengeyi sağlamak için önemli konulardan biri de "progesteron" desteğidir. Östrojen baskınlığı durumunda, progesteron yetersizliği vardır ya da yeterli etkinlik göstermiyordur. Klinikte sık karşılaştığım durumlardan biri, "Bu dengesizliğin tek nedeni şu," gibi düşünülerek hızla progesteron verilmesinin planlanması, ama kök faktörlere yeteri kadar dokunulmamasıdır.

"Yoğun anksiyete atakları, uykusuzluğu, gerginliği, hüznü, bağırsak problemleri, insülin direnci olan kortizolu yüksek olan bir kişiye, sadece progesteron verilerek mucize beklenmesi hayal kırıklığı yaratabilir. Hatırlayalım kortizol ne demekti: savaş ya da kaç. Böyle bir ortamda artmış kortizol, progesteron reseptörlerini kapatır ve progesteron var olsa bile çalışmaz. Kortizol üretimi lehine çalışan bir beden, yıkım modundadır ve progesteron üretemez."

Öyleyse, bütüncül yaklaşıma ek olarak progesteron desteği planlamak, çok daha makul gibi görünüyor. Progesteron doğru zamanda, doğru kişide, doğru formda kullanıldığında tedaviye katkısı muazzamdır. Östrojen baskınlığı düşündüğüm danışanlarıma, âdetin ikinci bölümünün tam ortasında (toplam mensturasyon döngü süresinden bir hafta öncesi) sabah saatlerinde progesteron, estradiol değerlerine ve ikisinin birbirine oranına bakıyorum. Yurtdışına gönderilen pahalı idrar tetkiklerine başvurmadan önce, bu yöntem klinikle birlikte değerlendirildiğinde çok kıymetli bilgiler verebilir.

Danışanlarımın takibinde talep ettiğim, olmazsa olmazlardan biri de "bütüncül yaklaşıma sahip" bir kadın doğum hekimidir. Kadın doğum hekimi danışmanlığında, progesteron eksikliğinin doğal (bioeşdeğer-bioidentical) hormonal desteklerle (progestin değil!) sürdürülmesi çok önemlidir (ağızdan ve veya gerekiyorsa vajinal). Kaygı ve uyku bozukluğu olan bireylerde, ağızdan doğal progesteron tercihi yerinde bir yaklaşım olabilir. Progesteronun karaciğerde parçalanmasıyla ortaya çıkan "allopregnanolon", beyinde etkinlik gösterir ve kaygı giderici, rahatlatıcı, uyku kolaylaştırıcı etkilere yol açan $GABA_A$ reseptörlerini uyarır (bu nedenle genelde akşam yatağa gitmeden önce alınır). Doğal progesteron desteklerinin zamanla çok daha yaygın kullanılacağını ve özellikle erkeklerde birçok klinik durumda (prostat büyümesi, kanser riski, kellik...) ön plana çıkacak ek tedavi stratejilerinden biri olacağını düşünüyorum.

Gördüğünüz üzere, kök faktörlere odaklanıldığında yapılacaklar açısından büyük farklar yoktur. Bu bölümde, son olarak menopozal süreçle birlikte kadınlık hormon seviyelerinin düşüşe geçmesi ve ortaya çıkan sorunlara kısaca değineceğiz. Menopoz, her ne kadar doğal bir işleyişin sonucu gibi tanımlansa da ortaya çıkan sonuçlar, kadınların büyük bir bölümünde sağlığı ciddi anlamda tehdit edebilecek durumları da beraberinde getiriyor. Hormon yerine koyma tedavisini, sadece "sıcak basma tedavisi" olarak algılıyorsak, büyük resmi kaçırıyor olabiliriz.

Östrojen yetersizliğinde karşılaştığımız olası durumlar şunlardır:

* Lipit profilinde bozulma, kalp damar rahatsızlıkları riskinde artış.
* Kemik erimesine yatkınlığın artışı (östrojen kemik yıkımını azaltır, progesteron kemik yapımını artırır).
* Zihin fonksiyonlarında yavaşlama, odaklanma problemleri,
* Depresif ruh hali (östrojen triptofan hidroksilaz enzimi aktivasyonuyla serotonerjik etki gösterir).
* Vajinal kuruluk nedeniyle ağrılı cinsel ilişki (Özellikle lokal estriol- E3 desteği işlevsel olabilir).
* İdrar yolu enfeksiyonlarının sıklığında artma (Estriol- E3).
* Sıcak basmaları.
* Memelerde sarkma.

Duruma bu pencereden bakıldığında, menopozal sürecin ortaya çıkaracağı olası problemlere ve hormonal destek ihtiyacına dikkat etmek gerekiyor. Tekrar doğurgan olacak kadar değil, ama beyni, damarları, ruhsal sistemi, kemikleri korumak adına alınacak minik dozdaki doğal hormonlar, hayatımıza olumlu anlamda katkılar sağlayabilir. Östrojen olarak önerilen konjuge equine (at idrarından elde edilen) preparatlarının ya da progesteron gibi sunulan ve moleküler yapı ve fonksiyon olarak progesterona pek benzemeyen progestinlerin yerini, eşdeğer hormon tedavileri almaya başlıyor. Zaman akıp gidiyor, bilgi ve deneyim arttıkça hormon desteği (HRT) korkularının da giderek azaldığını görüyoruz.

"*Öykünüzü, ek hastalıklarınızı, kullandığınız ilaçları, bağırsaklarınızı, karaciğerinizi, ruhunuzun ihtiyaçlarını, östrojen, progesteron düzeylerinizi, rahim duvarı kalınlı-*

ğınızı öğrenme çabasında olan bütüncül yaklaşıma sahip kadın doğum hekiminiz kontrolünde; ciltten, vajinal yolla uygulanacak doğal östrojen ve ağızdan, vajinal ya da krem olarak önerilecek doğal progesteron destekleri, son derece işlevsel olabilir. ”

ALTINCI BÖLÜM

METİLASYON VE DÖNÜŞÜM

Enerjik, sabırsız ve dikkatli olup olmayacağınızı belirleyen biyokimyasal faktörler, aynı zamanda memenizdeki fibrokistik değişikliklere ve hatta meme kanserine zemin hazırlayabilir mi? Öyle bir biyokimyasal reaksiyon zinciri düşünün ki panik ataklar, migren, baş ağrıları, alerjik burun akıntıları, bağırsak sıkıntıları, kurdeşen (ürtiker), mide ağrıları ve reflü yakınmalarına sebep olma potansiyeli olsun.

Bu bölümde, yaklaşık kırk trilyon hücremizde her saniye meydana gelen bir reaksiyondan, "metilasyondan" bahsedeceğiz. Yine okuduktan ve biraz sindirdikten sonra, asla eskisi gibi olamayacağınız bilgileri almaya hazır mısınız? Bu, yaşamımın akışını değiştiren, kendime ve hastalarıma yaklaşımımı kökten değiştiren, "iyileşme umudu olmayan" hastalıklara dokunmama büyük katkı sağlayan bir konu.

Tıp fakültesinde biyokimya derslerimizde duyduğum "-CH3", yani bir metil grubunun girdiği reaksiyonlar sonrasında nelere yol açabileceğini ve ortamda olmadığında ortaya çıkabilecek sonuçları öğrendiğimde, meslektaşlarım ve benim için önemli bir eksiklik olduğunu fark etmiştim. Yaklaşık sekiz yıl önce başlayan, aylarca uykularımdan ödün vererek sabahlara kadar okuma yapmamı ve zayıf

İngilizce okuma yetilerimi geliştirmemi sağlayan bu biyokimyasal reaksiyonlar dizisi hakkında öğrendiklerimi paylaşmak istiyorum.

Bu konularla yatıp kalktığım 2013 yılı baharında, çok sevdiğim bir doktor arkadaşımla sohbet ederken, birkaç yıl önce henüz kırk yaşındayken kalp krizi geçirdiğini, yıllardır tekrarlayan tendinit ve depresyon atakları olduğunu, tüm çabalarına rağmen insülin direncini kıramadığını ve sabah yataktan kalkacak hali olmadığını öğrendim. İlk bakışta saydığı klinik durumların birbiriyle ilişkisi yok gibi görünüyordu, ama artık biliyordum ki her birinin kökeninde "metilasyon" büyük rol oynuyordu. "Hemen homosistein, ardından da MTHFR genlerine bakalım," dedim. Şaşkın bakışlarla başını aşağı yukarı hareket ettirerek kabul ettiğini belirtti. Tahmin ettiğim gibi, birkaç kez ölçülen "homosistein" değeri 30'un üzerindeydi, MTHFR C677T geni ise "homozigottu" (anne ve babadan aktarılan her iki gen de yetersiz çalışıyordu).

Türkiye'de o yıllarda, uygun vitamin-mineral kombinasyonlarına ulaşmak mümkün değildi. Yurtdışından sipariş verdiğimiz "metilkobalamin, metilfolat, R5P, P5P, trimetilglisin" kombinasyonu ve beden tarafından daha etkili kullanılabilir formdaki magnezyum, çinko desteklerinden benim hazırladığım beslenme programından kendi deyimiyle, "bugüne kadar hiç görmediği," faydayı görmüştü. Yine aynı dönemde hiperaktivite tanısı almış yetişkin bir danışanımda, kendi aldığı kararla ara verdiği "metilfenidat" yerine, tetkikleri ışığında uygulamasını önerdiğim beslenme programı eşliğinde, Omega 3, fosfatidilkolin, metilkobalamin ve metilfolat kombinasyonun yarattığı olumlu değişimler, içimdeki coşkuyu daha da artırıyordu.

“Kitabın girişinde de anlattığım gibi, ben iyileşmeye çalışan bir yolcuydum ve kendime dokunmanın yollarını ararken çevreme yayılan ışığın yarattığı aydınlık, artık en büyük motivasyonumdu.”

Metilasyon Neden Önemli?

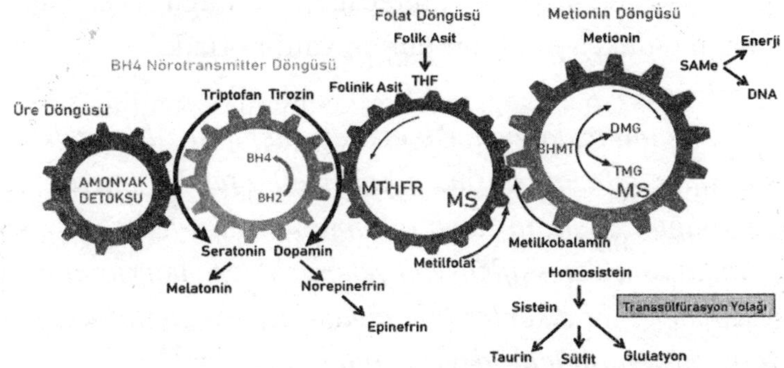

MTHFR: Metilen Tetrahidrofolat Redüktaz
MS: Metionin Sentaz
BHMT: Betain Homosistein Metiltransferaz
SAMe: S-adenozil Metionin
SAH: S-adenozil Homosistein
THF: Tetrahidrofolat
BH4: Tetrahidrobiopterin
BH2: Dihidrobiopterin

Şekil 12: Metilasyon ve Yakın İlişkide Olduğu Döngüler

Size, bilinen en önemli biyokimyasal şemaları tek bir devasa şema halinde sunabilme fırsatım olsa ve bu şemada etkisi olmayan herhangi bir döngüyü bulmanızı istesem çok zorlanabilirdiniz. Peki, neden? Metilasyon, tek karbonlu bir metil grubunun transferinden çok daha fazlasıdır. Bu çarkın hemen yanında, çok yakın ilişkide olduğu “folik asit döngüsü”, onun yanında “biopterin”, altında “transsülfürasyon yolağı” adı verilen, hayati öneme sahip biyokimyasal zincir reaksiyonlar bulunur. Birbirileriyle yakın etkileşim içerisinde olan bu döngülerin ve yolakların her biri, kitaplara sığmayacak büyüklükte bilgi ve ayrıntı taşır.

Metilasyon, bir anlamda biyokimyasal bir "epigenetik" süreçtir. Epigenetik, genler üstü bir yaklaşımdır. Yalın bir söylemle, çevresel faktörlerin genler üzerindeki tetikleyici ya da durdurucu rollerinin önemini vurgulayan bir kavramdır. "Tek bir değişkenle", fare deneyleri üzerinden epigenetik kavramını farkında olmadan değersizleştiren ve neredeyse geninize göre oturacağınız koltuğu seçen yaklaşımdan oldukça farklı bir durum vardır ortada.

"Yaşamımızda genlerin etkileri hiçbir şekilde yadsınamaz, ama onların çalışma potansiyelini tek bir 'metil' desteği, bağırsaklardan sızan toksinler, insülin-leptin direnci, inflamasyon, detoksifikasyon yetersizlikleri, hormonal dengesizlikler gibi etkenler bile ciddi düzeyde etkileyebiliyorsa bu durum tıp için 'devrim' niteliğindedir."

Genetik yatkınlığın hastalıklarda önemli rol oynadığını biliyoruz, ama kliniğimde takip ettiğim yüzlerce hastamdan edindiğim deneyimle; depresyon, Tip 2 diyabet, polikistik yumurtalık gibi hastalıklarda kök faktörlere dokunulduğunda kaderci bir genetik yaklaşımın ötesinde ciddi yol alınabilir.

Metilasyon Nedir?

Metilasyon mesajdır. RNA/DNA yapımı ve onarımında, kanserin önlenmesinde (bazı genlere "sus" mesajı vererek), sinir ileti hızında son derece önemli "miyelin" kılıf üretiminde, hücre zarı yapısına katılan fosfatidilkolin oluşumunda, kaygı yönetimi için "noradrenalin"in ortamdan kaldırılmasında, hücresel enerji sisteminin merkezindeki mitokondri sağlığı için koenzim Q10, karnitin yapımında, "serotonin"i "melatonin"e dönüştürmede, fazla "histamin"in ortadan kaldırılmasında ve savunma hücrelerimizden T hücre üretiminde hayati önem taşır.

Ana metil vericimiz SAMe yani "S-adenozil metionin"dir. SAMe üretim fabrikamız, bedenimizin her hücresinde gerçekleşen "metionin ve homosistein" dönüşüm çarkıdır. Bu çarkın dengeli bir şekilde dönüyor ve yeterli SAMe üretebiliyor olması, ana tıbbi hedeflerden biri olmalıdır. SAMe metil grubunu aktardıktan sonra, "S-adenozil homosistein"e dönüşür (SAH). SAH ve SAMe birbiriyle yarışan moleküllerdir. SAMe/SAH oranının SAMe lehine olması, çok önemli bir parametredir. Aksi halde SAH, SAMe'nin katılacağı tüm reaksiyonları bloke edebilir.

"SAH düzeyleri damarsal hasar riski açısından belki de homosisteinden daha iyi bir gösterge olmaya adaydır. Bu anlamda SAH'ın, 'homosistein'e, ardından 'metionin'e ve metioninin SAMe'ye dönüşmesi kritik bir öneme sahiptir. Bu döngü içerisinde ortaya çıkabilecek tıkanıkların giderilmesi, hatta alternatif biyokimyasal yolların desteklenmesi çok önemlidir. SAMe'nin çok büyük bir kısmı, enerji üretmek üzere kreatin ve hücre zarının yapısına katılan 'fosfatidilkolin' oluşturmak için kullanılır."

Kreatin sentezi bozulduğunda enerji üretim kusurları ortaya çıkar. Fosfatidilkolin üretemiyorsanız hücre zarı akışkanlığı ve hücre reseptörü hormon ilişkileri bozulur. İnsülin direnci konusundaki "hücresel haberleşme bozukluğu" kavramını hatırlayalım. Fosfatidilkolin üretim sorunları, dışarıdan da bu destek sağlanamıyorsa, insülin direncinden karaciğer yağlanması ve safra akışkanlığının bozulmasına kadar birçok klinik tabloya yol açabilir.

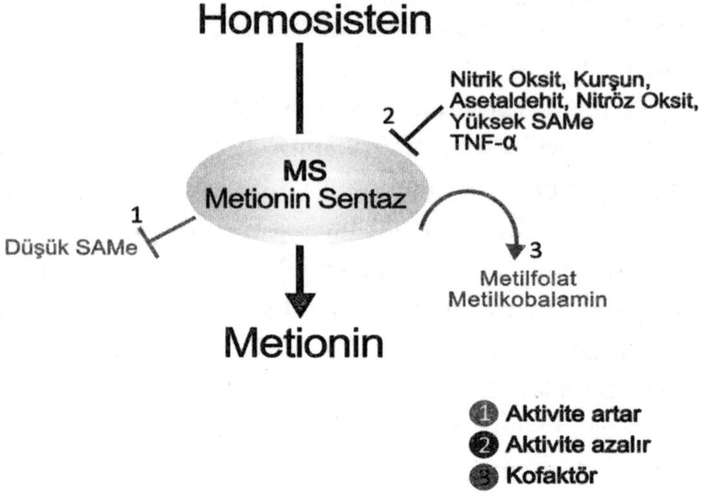

Şekil 13: Homosistein Metionin Dönüşümü

Metilasyonun bilinen bazı fonksiyonları şunlardır:

- Kas kontraksiyonu (kasılması) için gerekli kreatin üretimi.
- DNA ve RNA sentezi.
- Gen regülasyonu, genlere sus ya da çalış mesajı (epigenetik).
- Hormon regülasyonu ve detoksifikasyon (özellikle östrojen).
- Enerji üretimi (koenzim Q10, karnitin, ATP).
- Hücre, zar yapısını oluşturma (fosfatidilkolin).
- Yağ metabolizması.
- Miyelin üretimi (sinir hücresi etrafını saran kılıf).
- Bağışıklık hücresi üretimi (T ve NK hücreleri).
- Nöronal haberci (nörotransmitter) üretimi ve dengesi.
- Damar endotel fonksiyonu ve nitrik oksit oluşumu.

Metilasyon Döngüsü Nasıl Sağlıklı Çalışır?

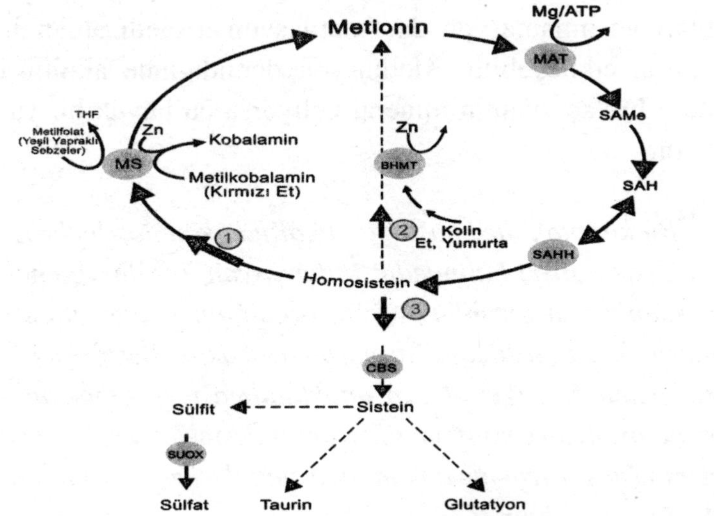

MS: Metionin Sentaz
MTHFR: Metilen Tetrahidrofolat Metiltransferaz
BHMT: Betain Homosistein Metiltransferaz
MAT: Metionin Adenozil Transferaz
SAHH: S-adenozil Transferaz
CBS: Sistatyon Beta Sentaz
SOUX: Sülfit Oksidaz
SAMe: S-adenozil Metionin
SAHH: S-adenozil Homosistein Hidrolaz

Şekil 14: Metilasyon Döngüsü

Sağlık işleyen bir döngü için, yeterli miktarda metionin aminoasidi, magnezyum; ATP homosistein oluşumu sonrasında metilkobalamin, metilfolat, çinko ve sağlıklı çalışan metionin sentez geni gereklidir. Bu merkezi reaksiyonda, ortamda hidrojen peroksit (H2O2) artışı, kurşun-civa toksisitesi, inflamasyon, insülin direnci, bağırsaklardan sızan toksin varlığının olup olmaması çok önemlidir. Bu şu demektir:

Örneğin, mide asidi düşük olan bir kişinin sindirimi gerçek anlamda sağlayamaması, metilasyon için gerekli vitaminlerin, minerallerin, aminoasitlerin oluşumu ve emilimi konusunda sorunlar yaratabileceği gibi, sindirilmemiş gıdaların uzun vadede oluşturabileceği kronik bağırsak sorunları ve inflamasyon da "metilasyon"u ciddi anlamda olumsuz etkileyebilir. Metilasyon denildiğinde aklımıza sadece birkaç vitamin-mineral geliyorsa bu büyük bir yanılgıdır.

"Bu kitaptaki her başlıkta ele alınan konular birbiriyle çok yakın ilişki halindedir. İnflamasyon, insülin direnci, detoksifikasyon sorunları varsa, istediğiniz kadar vitamin mineral kullanın hiçbir işe yaramayacaktır. Beslenmenin düzenlenmesi, bağırsaklara odaklanılması, metabolizmanın, detoksifikasyonun, metilasyonun desteklenmesi ve kişi hazırsa ruhsal sisteme dokunulma süreçleri eşzamanlı olarak planlanmalıdır."

Yaklaşık yedi yıl önce, metilasyonla yatıp kalktığım dönemde çoğu hastama, B12 vitamininin aktif hali olan "metilkobalamin" öneriyordum. Metilkobalamin o dönem Türkiye'de bulunmuyordu ve bağırsak problemi olan hastalarım, doğrudan dolaşıma geçebilecek cilt altı ampul formunu yurtdışından temin ediyorlardı. Sıkıntının hızla ortadan kalkması niyeti ve heyecanıyla ortaya koyduğum bu yaklaşım, hastaların büyük bir kısmında hızlı ve çok iyi dönüşler sağlamasına rağmen, küçük bir grupta ciddi kaygı, geniz akıntısı, eklem ağrısı, huzursuzluk ve kas krampları gibi durumlara yol açmıştı. Öyleyse şunu belirtmeliyiz, "metilkobalamin" her hastada B12 eksikliğini gidermek için iyi bir tercih olmayabilir. Özellikle yoğun inflamasyon varlığında, metil gruplarının büyük oranda glutatyon üretmek üzere çıkış kapısı olan "transsülfürasyon" yolağına (3 nolu yolak) yönelmesi muhtemeldir ve bu kapıdan girdikten sonra ortaya çıkan bazı ürünlerin artışı (sülfit, amonyak) zaten fonksiyonları yeterli olmayan hücre için ciddi düzeyde ek bir yük getirebilir.

"Bedeni, fizyolojisi, inflamasyon durumu hakkında hiçbir fikri olmayan bir kişinin, komşusunun önerisiyle 'metilkobalamin' kullanması, bedenine farkında olmadan zarar vermesiyle sonuçlanabilir."

Şunu rahatlıkla söyleyebilirim ki bir bedende beslenme, bağırsaklar, metabolik sistem ve ruh sağlığına dokunmadan bütüncül bir iyilik halinin sağlanması mümkün değildir. Tüm hücrelerde gerçekleşen metilasyon döngüsü, şekil 13'te görülen bir numaralı yoldan gerçekleşir. Bu yolun çalışması için B12'nin aktif hali metilkobalamin ve folik asidin aktif hali "metilfolat" gereklidir. Bu iki aktif vitamin varlığında homosistein, "metiyonine" dönüşecektir. Döngünün bu yolu tıkandığında, yani bu vitaminlerin yetersiz olduğu ya da yoğun inflamasyon oksidatif hasar varlığında metilasyon, ancak iki numaralı yolaktan sağlanır. Bu yol, "betain homosistein metiltransferaz yolağı" olarak adlandırılır. Bu yolu destekleyen ve aynı zamanda metil vericisi olan maddeler, trimetilglisin molekülü ve çinkodur. Bu yol çok aktif kullanılırsa ve bedende yeterli trimetilglisin yoksa "kolin"den bu yolun devamlılığı sağlanır. Bu yolağın uzun süre kullanılması özellikle karaciğer ve safrada ciddi sorunlara yol açabilir.

B12 Vitamini Size Ne İfade Ediyor?

B12 vitamini eksikliğinden bahsedildiğinde unutkanlık, denge sorunları, el ve ayaklarda uyuşma hissi gibi klasik klinik durumlar aklımıza gelebilir. Ancak bunların yanında, eksikliğinde safra akışkanlığının azalmasından insülin direncine kadar bir dizi klinik bulgu da karşımıza çıkabilir.

"B12, bir vitamin olmanın ötesinde metilasyon çarkının kalbinde yer alır ve yetersizliğinde binlerce reaksiyonu sekteye uğratabilir. Biyokimya laboratuvarlarının verdiği sayısal aralıklarla değerlendirilmesi, B12'yi bir sonuç olarak görmemize ve onun fonksiyonlarını göz ardı etmemize yol açar."

Sabah aç karnına verilen kanda ölçülen B12 değeri, toplam kobalamin değeridir. B12 dediğimizde aslında kastedilen "siyanokobalamin", "hidroksikobalamin", "adenozilkobalamin" ve "metilkobalamin"dir. Ölçülen değer, bu formların toplamıdır. Kan tetkiklerinde yüksek düzeyde B12 saptanmasına rağmen homosistein düzeylerinin de yüksek olması, klinikte sık karşılaştığım durumlardan biri. Bu durum, ölçülen B12 değerinin aslında büyük kısmının fonksiyonel olmadığının bir göstergesi olabilir. İnsan bedeni onbinlerce yıldır hidroksi, adenozil ve metil B12 formlarını bilir, tanır, kullanır, ama siyanokobalamini bilmez. Ülkemizde, eczane raflarında halihazırda B12 olarak satılan vitaminlerin tamamına yakını, siyanokobalamindir. Siyanid eklenerek oluşturulmuş bu form sentetiktir, raf ömrü uzundur ve stabildir.

Eksik B12 düzeyini siyanokobalaminle tamamladığınızda, vücut bu formu doğrudan kullanamaz. Öncelikle siyanid parçasının glutatyon desteğiyle uzaklaştırılması ve SAMe'den alınacak bir metil grubuyla metilkobalamine ya da ATP aracılığıyla adenozilkobalamine dönüştürülmesi gerekiyor. Burada siyanokobalaminle ilgili olarak biraz da spekülatif olabilecek siyanid toksisitesi gibi bir durumdan bahsetmiyorum, ama bedene yabancı olması, oluşturduğu siyanid yükü, aktif forma dönüşmesinin kolay olmaması gibi nedenlerden dolayı yıllardır tercih etmiyorum.

Diğer bir B12 formu, hidroksikobalamindir. Türkiye'de aktif formların bulunmadığı dönemde, ana tercihim olan bir B12 formuydu. Hidroksikobalamin aktif form değildir, ancak aktif formlara dönüşüm açısından siyanokobalamine göre daha avantajlıdır, doğal formdur, aynı zamanda tüketim ömrü de uzundur. Bunu bir "depo form" gibi düşünebilirsiniz, siyanokobalamin, hidroksikobalamine göre çok daha hızlı bir şekilde vücuttan atılır. Sigara kullananlarda, siyanid toksisitesinde ve nitrik oksit radikallerinin oluşturduğu nitrozatif streste, hidroksikobalamin harika bir seçimdir. Ülkemizde enjeksiyon dışı oral formuna da artık ulaşılabiliyor oluşu, çok sevindirici bir gelişme.

"*Metilasyon döngü sorunları yaşayan bir kişide işlevsel olması en zor olan formun siyanokobalamin olduğunu rahatlıkla söyleyebilirim. B12'nin aktif yani direkt biyokimyasal yolaklarda işlev gösteren formları, metilkobalamin ve adenozilkobalamindir. Metilasyon çarkını çeviren B12 formu ise metilkobalamindir.*"

B12'nin doğal formları, "hidroksi", "adenozil" ve "metilkobalamin"dir. Adenozilkobalamin mitokondride görevli aktif B12 formudur. Enerji üretiminde, sinir yapılarının etrafını saran ve miyelin kılıfı oluşturan yağ asitlerinin sentezinde görev alır. Multiple Skleroz (MS) hastalığında, kendi bağışıklık hücrelerimizin (özellikle T hücreleri) sinir hücrelerimizi saran miyelin kılıfına karşı verdiği hasar söz konusudur. Sağlıklı işleyen bir metilasyon varlığı, miyelin kılıfının onarılması, T hücre fonksiyonlarının düzenlenmesi hem de bağışıklık yanıtının dengelenmesi için olmazsa olmaz faktörlerden biridir. Fonksiyonel pencereden bakıldığında kan B12 düzeyleri, aktif B12 formları hakkında ve aldığımız B12'lerin sistemde çalışıp çalışmadığı hakkında bilgi vermez. Peki, biraz daha derinleşelim, B12 aktif formlarının fonksiyonel yeterliliği hakkında, yorum yapabilmemize yardımcı olacak veriler var mıdır?

Metilkobalaminin, "metionin sentaz" isimli enzimin sağlıklı çalışmasını sağlayarak homosisteinden metionin oluşumunu destekler. Metilkobalamin eksikliğini gösterebilecek en önemli göstergelerden biri homosistein yüksekliğidir. Homosistein değeri ölçülmeden yirmi dört saat önce, yüksek protein içeren (et, yumurta gibi) gıdaların ortalama tüketim miktarı üzerinde tüketilmemesi gerekir. Sağlıklı bir ölçüm için on iki saat açlık sonrası sabah alınmış kan örneğinin bir saat içinde işleme konması önemlidir. Yeterli metilkobalamin ve metilfolat varlığı, homosisteinin-metionin döngüsünün Şekil 14'te gösterilen bir numaralı yoldan akışını sağlar. Tüm hücrelerde ana metilasyon döngüsü ağırlıklı olarak bu yol aracılığıyla sağlanır. B12'nin diğer aktif formu olan adenozilkobalamin, hücrelerin enerji üretim merkezi olan mitokondrilerde "metilmalonil CoA" aktivasyonundan sorumludur. Bu enzim, "metilmalonik CoA'dan suksinil CoA" oluşumunu sağlayarak ATP oluşumunu destekler. "Adenozilkobalamin, mitokondrinin B12 vitaminidir," diyebiliriz.

Adenozilkobalamin yetersizliğinde, idrarda metilmalonik asit artışı gözlemlenir. Adenozilkobalamin eksikliği, ATP üretim kusuruna bağlı olarak kas güçsüzlüğü, kronik yorgunluk gibi klinik durumlarla karşımıza çıkabilir. Öyleyse B12 eksikliği kavramına bakışımız sayısal verilerin çok daha ötesinde olmalı. Metilasyon yolaklarının ayrıntısını öğrendikçe buradaki vitamin, mineral ve desteklerin bir bütün olarak değerlendirilmesi gerektiğini, tek başına mucize bir molekülün olmadığını göreceksiniz. Sadece B12 vitamini verilerek yapılan çalışmalarda, hangi B12 formu verildi, homosistein düzeyleri kaçtı, inflamasyon var mıydı ve yönetimi sağlandı mı, metilasyon çarkı dönüyor muydu, mitokondriler ne durumdaydı, metilfolat, magnezyum yeterli miydi, glutatyon üretimi ve sağlıklı çalışması desteklendi mi, beslenme ya da bağırsaklara dokunuldu mu gibi soruların cevabını çok merak ediyorum. Burada da bütüncül bir bakış söz konusu.

"Hücresel düzeydeki işleyişi, hücrenin beslenmesini, hücrede ortaya çıkan pas ve külün temizlenme mekanizmalarını, hücreler arası haberleşme süreçlerini kavramaya başlamak bütüncül dönüşümün temel kurallarıdır. Bedene şefkat, hücrenin ihtiyaçlarını doğru anlamak ve karşılamakla başlar."

Homosistein Bir Neden mi Yoksa Sonuç mu?

Metil grubunu harcayan SAMe'den S-adenozil homosistein (SAH), SAH'dan ise sülfür içeren bir aminoasit olan homosistein oluşur. Homosistein için bu aşamada, gidilebilecek üç yol vardır. Ya klasik yoldan (Şekil 14'te gösterilen bir numaralı yol) B12'nin aktif formu metilkobalamin ve folik asidin aktif formu metilfolatla sağlıklı çalışan "metionin sentaz" aracılığıyla metionine dönüşecek veya Şekil 14'te gösterilen ve daha kısa olan ikinci yoldan çinko ve trimetilglisin ile "betain homosistein metiltransferaz" aracılığyla "metionine dönüşecek ya da üçüncü yol olarak, transsülfürasyon" yoluna giderek glutatyon oluşumunu destekleyecek. Bu üç yolak dengede ise homosistein düzeyi yükselmez ve genellikle 6-8 umol/lt aralığında seyreder. Homosistein değerlerinin yüksek bulunması hemen her zaman metilasyon çarkının döngüsüyle ilgili bir sorunu işaret eder. Homosistein yaklaşık son yedi sekiz yıldır, beni ziyaret eden hastalarımın tetkik sonuçlarında baktığım olmazsa olmaz parametrelerden biridir. Yüksek homosistein düzeyleri varlığında homosistein, tiolakton ve N-homosistein gibi modifiye protein türleri oluşturarak inflamasyonu besleyebilir.

Homosistein siniri hücrelerine zarar verir, yani "nörotoksik"tir. İnme, insülin direnci ve diyabetik retinopati ile ilişkisi konusunda çalışmalar vardır. "Asimetrik dimetil arjinin" düzeyleri üzerine etkileri, MMP9, CRP artışı gibi etkileri sistem içerisindeki "haberleşmeyi" bozabilir, inflamasyon artışına yol açabilir, kalp damar hastalıklarına zemin hazırlayabilir ve lizil oksidaz enzim aktivasyonunu bozarak kolajen sentezini bozabilir. Tek bir değişken üzerinden büyük yorumlar yapma konusunda her zaman temkinli davranan bir hekim olarak şunu rahatlıkla söyleyebilirim:

"Homosistein yüksekliği, bedeninizde cereyan eden hayati biyokimyasal yolakların sekteye uğradığının en önemli habercisidir. Homosisteinin yol açtığı sorunların çok önemli olması bir kenara, yüksekliğinin gerisinde yatan durumları fark etmek asıl meselemiz olmalıdır. Şundan emin olun: Eğer bir ilaç olsaydı ve ne şekilde yükseldiği önemli olmaksızın homosistein değerlerini doğrudan düşürseydi, bugün hepimiz homosistein kavramını çok daha yakından tanıyor olurduk.

Tıbbın 'yetim' ama çok önemli bu kavramını çok yakından tanımanızı öneriyorum, binlerce hastanın homosistein düzeylerini düzenli takip etmiş bir hekim olarak, bütüncül çerçeve de hesaba katıldığında, klinik ilerlemeye katkısının muazzam olduğunu söyleyebilirim. ”

İkinci görüşmesini yaptığım bir hastamın, diğer tetkik sonuçlarındaki sıkıntılara eşlik eden homosistein değeri ilk görüşmemizde 47 umol/lt idi. Kuvvetle muhtemel gen aktivitesini de olumsuz etkileyen durumlara (tek gen mutasyonu, ağır metal birikimi, kronik inflamasyon, oksidatif hasar) eşlik eden vitamin-mineral eksiklikleri ve insülin direnci, metilasyon çarkının dönüşünü ciddi anlamda olumsuz etkilemişti. Hastamın en önemli şikâyeti beyin sisiydi. Algısının iyi düzeyde olmadığını, sanki zihnine bir sis indiğini, düşünme hızının yavaşladığını dile getirmişti. Bu yüzden dışarı çıkmak, arkadaşlarıyla görüşmek istemiyordu. Bu şikâyetlerle başvurduğu birçok hastane ve özel doktor, durumun psikolojik, "tüm tetkiklerinin normal" olduğu, ortada "organik bir durum" olmadığı konusunda hemfikirlerdi. Hastamın, benim baktığım pencereden çok ciddi metabolik sorunları, belirgin karaciğer yağlanması, deyim yerindeyse "yerlerde" diye tabir edebileceğim bir vitamin-mineral düzeyi vardı. Klinikte sıkça karşılaştığım ve çok üzüldüğüm durumlardan biri de şuydu:

“*Fizyolojik düzeyde ve biyokimyasal olarak her şeyin yolunda olduğuna ikna olmuş, yaşamını büyük ölçüde olumsuz etkileyen sabah yorgunluğu, isteksizlik, enerjisizlik, beyin sisi şikâyetleri için çözüm arayan bir hastanın çaresizliği.* ”

Bu hastamda oksidatif hasar, inflamasyon, beslenme ve bağırsak sorunları, ciddi düzeyde mikro besin eksiklikleri, metilasyon döngü sorunları çözülmeyi bekleyen başlıca problemlerdi. Eksik vitamin-minerallerin yerine konulması, ortaya çıkan hücresel haberleşme sorunlarına katkı sağlayabilecek ve glutatyon oluşum yolakları gibi antioksidan kapasiteyi destekleyebilecek gıda takviyelerinin düzenli kullanarak yaklaşık iki buçuk ay içinde müthiş bir dönüşüm yaşadık. Bedenimizin ve hücrelerimizin ihtiyaçlarını anlayıp karşılamaya çalışmamızın sonucu hastamın enerjisinin hissedilir düzeyde artışı, kendi söylemiyle "düşünce hızının artışı, zihnini çok daha berrak hissetmesi", sekiz kilo kaybı ve homosistein düzeyinin 14 umol/lt'ye düşmesi oldu. Optimum homosistein düzeyleri 6-8 umol/lt aralığında diyebiliriz. Tek başına homosistein değeri bize metilasyonla ilgili yeterli bilgi sağlamaz. Ancak yüksek olması, hemen her zaman bir problemin varlığına işarettir.

Peki ya homosistein düşüklüğü ne anlama gelir? Homosistein düşüklüğünün gerisinde, yetersiz protein alımı olabileceği gibi kronik toksisite veya oksidatif hasar halinde hücrenin kendini korumak için glutatyon oluşumunu artırma yoluna gitmesi de olabilir. Bu, hücrenin kendini koruma mekanizmalarından biridir. Hücrelerimizin bunu gerçekleştirebilmesi için homosisteini bir numaralı yol yerine üç numaralı yola, yani transsülfürasyon yoluna yönlendirir. Hücre, bunu kendisi için tehdit oluşturabilecek durumlarda yapar ve homosistein düşük olsa bile metil üretimi yine de sekteye uğramış olabilir.

Metilasyon ve Folik Asit

Folik asit, tıpkı B12'de olduğu gibi, isminin çok daha ötesinde anlamlar taşıyan sentetik bir vitamindir. Beden içerisinde bulunan doğal formu "folat"tır.

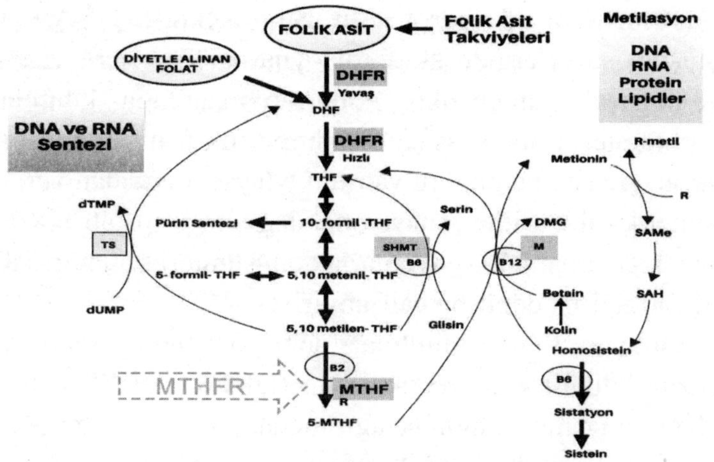

DHFR: Dihidrofolat Reduktaz
MS: Metionin Sentaz
MTHFR: Metilen Tetrahidrofolat Reduktaz
SHMT: Serin Hidroksi Metiltransferaz
TS: Timidilat Sentaz
DHF: Dihidrofolat
THF: Tetrahidrofolat
5-MTHF: 5- Metil Tetrahidrofolat
SAMe: S-adenozil Metionin
SAH: S-adenozil Homosistein

Şekil 15: Folik Asit ve Metilasyon

Şekilde de görüldüğü gibi, hepsini "folik asit" olarak adlandırdığımız ama aslında fonksiyon olarak birbirinden çok farklı olan moleküllerdir. Folat kelimesinin kökeni yaprak anlamını taşıyan *folium* kelimesidir. Özellikle yeşil yapraklı sebzeler folat kaynağıdır. Folik asit ise bunun sentetik formudur. Folik asit "sağlıklı işleyen" bir dizi reaksiyon sonrası en son ürünü olan "5-metil tetrahidrofolat"a (5-mthf veya metilfolat) dönüşerek, metilasyon reaksiyonunda kullanılabilir hale gelir. Bu nedenle folik asitten metilfolat sentezine kadar gerçekleşen tüm reaksiyonlar, metilasyon döngüsünün etkin çalışabilmesi için çok önemlidir. Folik asitten metilfolata ilerleyen reaksiyon zincirinde iki kritik folik asit formu vardır.

Bunlardan ilki, "10-formil tetrahidroflat", diğeriyse "5.10 metilen tetrahidroflat"tır. Bu moleküller DNA/RNA oluşum süreçlerinde aktif rol oynarlar. Gebelere verilen ve doğacak olan çocukta "nöral tüp bozukluğu" gibi olası problemlerin önüne geçmek adına folik asit verilmesinin gerisinde işte bu öngörü vardır. Öyleyse, dışarıdan verilen sentetik folik asitler fonksiyonel değildir, yani çalışmazlar, ancak enzimatik reaksiyonlarla dönüşümleri sağlanırsa aktif formlarına dönüşüp çalışabilirler.

Örneğin, folik asidin folata dönüşmesi için gerekli olan enzim "dihidrofolat reduktaz"dır (DHFR). DHFR kalıtsal olarak iyi çalışmadığında, ağır metal maruziyetiniz yoğunsa ya da "metotreksat", "sulfonamid" gibi ilaçlar kullanıyorsanız dışarıdan aldığınız folik asit, daha ilk basamakta bloke edilmiş olur.

İkincisi de "metilen tetrahidrofolat" (MTHFR) geni-enzimi aracılığıyla folik asidin, metilasyonda kullanılacak forma (metilfolat) dönüştüğü son ve ana reaksiyondur. MTHFR, klinik deneyimim süresince önemine birçok kez şahit olduğum bir gendir. Bu genin en önemli görevi, isminden de anlaşılacağı gibi "folat"a metil transferi yaparak aktif hale gelmesini sağlamaktır. MTHFR geninde yaklaşık yirmi dört adet mutasyona rastlanmıştır. Bu mutasyonlar içerisinde özellikle C677T sorunları, metilasyon döngüsünde çok kritik bir öneme sahiptir ve metilfolat oluşumu açısından risk oluşturmaktadır. Bu gen, anne ve babamızın sadece birinden bozuk aktarıldıysa heterozigot, her ikisinden de problemli geldiyse homozigot bozukluk olarak adlandırılır. Çalışmalar heterozigot MTHFR C677T varlığında %40, homozigot varlığında ise %70 civarında bir işlev kaybını göstermektedir. Metilasyonla ilişkili birçok gen enzim sistemi var, ancak bu genden özellikle bahsediyor olmamın en önemli nedeni; Türkiye'de, genin çalışmasını olumsuz etkileyen bu poliformizmlerin yaygın olarak görülmesidir.

Türkiye'de bu genin en çok bakıldığı alan, özellikle kadın doğum ve dahiliye klinikleridir. Tekrarlayan düşükler ya da "venöz tromboz" olarak adlandırdığımız toplardamarlardaki pıhtılaşma varlığında akla gelen ilk genlerden biridir. Bu durumda, gen bozukluğu tespit edilen hastalara "kan sulandırıcı ilaçlar" ve "sentetik formda folik asit" önerme dışında pek de bir şey yapamıyoruz. Folik asit halihazırda "metilfolat"a dönüşemiyorsa, yüksek doz folik asit uygulamaları ne kadar işlevsel olabilir? Hatta "metilfolat"a çevrilemememiş folik asit formları, acaba "metilfolat"ın hücre içine taşınmasını ya da reseptör düzeyinde işlevselliğini bozabilir mi?

"Artık şunu zihnimize yazmamız gerekiyor, folik asit ve B12 hayati öneme sahip moleküllerdir, fakat sadece aktif ve fonksiyonel hale geldiklerinde sistem için büyük anlamları vardır. Bizler, onların nasıl aktif hale geldiğini, nasıl çalıştığını, bu süreci başka hangi faktörlerin etkilediğini iyi öğrenmek zorundayız."

MTHFR ile ilgili çalışmaları araştırdığınızda, karşınıza birçok hastalık ve gen ilişkisinden bahseden yayınlar çıkacaktır. Konuya biraz daha farklı bir pencereden yaklaşacak olursak, özellikle MTHFR C677T genindeki bir bozukluğun olası sonucu, folik asidin yolculuğunun son noktasında metilfolat oluşamamasıdır. Hemen tekrar hatırlayalım, metilasyon döngüsünün kalbi, metilfolat (5-mthf) metilkobalamin ve sağlıklı çalışan "metionin sentaz" (MS) varlığında homosisteinin, metionine dönüştüğü reaksiyondur.

"Öyleyse, metilasyon reaksiyonlarını önemli ölçüde etkileme potansiyeline sahip MTHFR C677T geni, mitokondiriye yağ taşıyan karnitin oluşumundan, hücre zarının yapısına katılarak tüm haberleşme sistemlerini etkileme yetisine sahip fosfatidilkolin oluşumuna, metillendiğinde kanserojen olma (DNA hasarı) özelliğini kaybeden östrojenin detoksundan, en önemli hücre içi antioksidanlardan biri olan 'melatonin sentezine' kadar birçok kök reaksiyonda önemli rol oynar."

Şüphe duyup tetkik istediğim birçok hastanın neredeyse tamamında MTHFR geninde kalıtsal problemler görmekteyim. Bu kısımda size çok önemli bir bilgi daha vermek istiyorum. Bu konulara en çok heyecan duyduğum 2013'lerde, neredeyse her hastama MTHFR baktırmamak için kendimi zor tutuyordum. Son üç dört yıldır bu testi isteme oranım düştü. Neden mi? MTHFR enziminin "yakıtı" B2 vitaminidir ve bazı araştırmacı hekimler, B2 (riboflavin) eksikliğinin bu gen mutasyonlarından çok daha önemli olduğu konusunda epey iddialılar. Ben bu konuda o kadar iddialı değilim, ama homosistein yüksekliklerinde duruma göre hastalarıma verdığim ilk desteklerden biri, B2 vitaminin aktif formu olan "R5P"dir. Konuyu bir adım daha öteye taşıyarak şunu söyleyebiliriz:

"MTHFR de dahil olmak üzere beden içerisinde işlevselliği olan ya da 'sessiz' tüm gen enzim sistemlerinin, kalıtsal olarak 'aktarılmış potansiyellerinin' en üst seviyede çalışabilmesi için, iyi bir beslenme programına, sağlıklı bir sindirim sistemine, bağırsaklarda mikrobiyal bir dengeye, görevini yerine getirebilen detoksifikasyon sistemine, metabolik-mitokondriyal sağlığa, kontrollü bir inflamasyona ve dengede bir metilasyon döngüsüne ihtiyacımız var."

Metil üreten biyokimyasal yolaklarımız, yani metilasyon döngümüz konusunda artık bir fikir sahibi olduğumuzu düşünüyorum. Peki, biz bu metil gruplarını nerelerde kullanıyoruz? Klinik anlamda bazı noktalara değinebiliriz:

Fosfatidilkolin Sentezi

"Fosfatidilkolin"i ilk kez burada duyuyorsanız yaşamınıza çok önemli bir bilgi eklediğinizden emin olabilirsiniz. Neden mi? Daha önce de kısmen bahsettik, ama burada biraz daha ayrıntıya gireceğiz.

Trilyonlarca hücremiz var ve hücrenin dış dünyayla iletişimini, alışverişini sağlayan, aynı zamanda hücreyi toksinlerden ve toksik maddelerden koruyan bir zarı var. Bu zarın adı hücre zarı. Bunu anlaşılır bir örnekle açıklamaya çalışalım.

Evinize kapandığınızı, kapıları, pencereleri kilitlediğinizi ve dış dünyayla iletişiminizi tamamen kopardığınızı düşünün. Ya da tam tersini, kapı ve pencerenin sürekli açık olduğunu, eve yabancı insanların girdiğini, eve zarar veren hayvanların olduğunu ve bunu engelleyecek bir mekanizmanın olmadığını düşünelim. Her iki örnekte de ciddi sıkıntılar yaşayabilirdik. Hücrede de durum aynıdır, hücre zarı sağlamsa hücre içindeki çekirdek ve onun içeriği olan DNA ve enerji santralleri olan mitokondrilerin de güvende olma şansı vardır. Hücre zarı yoksa, bu durum hücrenin ölümüyle sonuçlanır. Fosfatidilkolin ise hücre zarı yapısına katılan ana madde olan bir "fosfolipit"tir.

- Fosfatidilkolin zar yapısında yeterli miktarda yoksa, hücre ihtiyacı olan mikro besinleri tanıyamaz ve alamaz. Siz dilediğiniz kadar güzel vitaminler-mineraller alın, hücre zarı görevini yapamıyorsa, reseptör ilişkisi sağlıklı değilse, siz tok olsanız bile hücre aç kalacaktır.

- Her gün, yaklaşık ortalama iki yüz yirmi milyar hücremizin öldüğünü ve yeniden üretildiğini biliyor muydunuz? Hücre üretilmesi demek, bir anlamda fosfatidilkolin ihtiyacı anlamına da geliyor. Büyüme çağında, emzirme ve gebelik dönemlerinde bu ihtiyaç daha da artıyor.

- Fosfatidilkolin safra akışkanlığını sağlar ve "çamurlaşma" olarak ifade edilen durumun önüne geçer. Safra akışkan ise özellikle emilimin yoğun olduğu ince bağırsaklarda "mikrobiyal çoğalmayı" engeller. SIBO olarak adlandırılan tabloda, safra önemli bir koruyucu faktördür.

- Fosfatidilkolin, karaciğerde "trigliserid"lerin paketlenerek uzaklaştırılmasında rol oynar. Eksikliğinde, karaciğer yağlanmasına yatkınlık ciddi oranda artar.

- Fosfatidilkolin ve kolin oluşumu için gerekli enzim, "fosfatidiletanolamin metiltransferaz"dır (PEMT). Bu gen-enzim sisteminin sağlıklı çalışabilmesi için metil desteği kritik bir faktördür. Sağlıklı işleyen bir metilasyon varlığında üretilen metil gruplarının çok büyük bir kısmı (%70), bu reaksiyona aktarılacaktır.

- "Kolin", karaciğer fonksiyonları, sinir sistemi, kas hareketi, asetilkolin üretiminde (öğrenme ve konsantrasyonda etkilidir) görevlidir.

- Fosfatidilkolin düzeyinin vücutta yeterli düzeyde olmasını sağlanması için en önemli desteklerden biri "kolin"dir.

Diyette yeterli miktarda kolin alınması çok önemlidir. Nereden geldiğini bildiğimiz ciğer, yumurta, tavuk, balık, kırmızı et en iyi kolin kaynaklarıdır. İşte bu gıdalar, metilasyonu destekleyecek en önemli takviyelerdir. Vejetaryen ve vegan beslenme, kolin eksikliği için risk faktörüdür. Kuşkonmaz, kırmızı pancar, ıspanak, brokoli, kinoa ve keten tohumu kolin için alternatif desteklerdir.

- PEMT, östrojen varlığında daha etkin olarak çalışır. Genç kadınlarda kolinin yetersiz alımı kısmen tolere edilse bile, erkeklerin düzenli "kolin" tüketimi önemlidir. Menopoz sonrası kadınlar için de kolin tüketimi, özellikle karaciğer sağlığı açısından kritik öneme sahiptir.

- PEMT iyi çalışmıyorsa, yorgunluk, yaygın kas ağrıları, karaciğer yağlanması, safra kesesi sorunları, kas zayıflığı ve trigliserid yüksekliği olası problemlerdir (bir anlamda metilasyon döngüsünü olumsuz etkileyen her türlü faktör, bu sonuçlara yol açabilir diyebiliriz).

Histamin İntoleransı ve Metilasyon

Bu konuyu açıklamaya başlamadan önce mevcut tıbbi sistemde henüz gündeme gelmeyen, ortaya çıkarabileceği klinik problemler nedeniyle birçok farklı branştan doktora başvurulmasına yola açan ve tedaviye tatmin edici bir cevabın alınmasının çok zor olduğu bir tabloyu inceleyelim: Kırk bir yaşındaki Elif Hanım'ın üniversite döneminde yaşadığı bir ayrılık sonrası tetiklenen ve yaklaşık yirmi iki yıldır devam eden, iki ayrı psikiyatri hekiminden panik bozukluk tanısı almasına yol açan ve ataklar halinde gelen kaygı, tansiyon oynamaları, gastro özefageal reflü, ishal-kabızlık döngüsü, şiddeti değişken baş ağrıları, geniz akıntısı, dikkatini sürdürme güçlükleri, kaşıntı rahatsızlıkları vardı. Özellikle stresle tetiklendiğini düşündüğü bazı zamanlar kortikosteroid kullanılmasını gerektirecek ürtiker (kurdeşen) şikâyetleri ve son iki buçuk yıldır bu semptomlara eklenen, âdet öncesinde belirgin huzursuzluk, kilo verememe sorunları ve meme hassasiyeti vardı. Neredeyse tüm ataklarda, bu şikâyetler bir aradaydı. Aldığı tanılar şunlardı: panik bozukluk, migren, gerilim tipi baş ağrısı, sinüzit, huzursuz bağırsak sendromu, reflü, ürtiker. Mevcut haliyle dört uzman hekimin düzenli takibindeydi ve onun üzerinde reçetelenmiş ilaç kullanıyordu.

Elif Hanım'la görüşmemizin hemen başında anlattığı hikâyenin, benim öyküme de paralellik göstermesi nedeniyle aklıma ilk histaminle ilgili bir problem olabileceği gelmişti. Yıllardır birçok tedaviyle dönemsel ve kısıtlı yanıt alınmış bu şikâyetlerin neredeyse tamamının zemininde, histamin intoleransı olabileceğini bilmenizi istiyorum. Sağlıklı yaşamla ilgili takip ettiği sosyal medya hesaplarından birinde önerilen yirmi dört saat kaynatılmış kemik suyunu içtikten sonra acile başvurmak zorunda kalışı, kliniğiyle ilgili ciddi bilgiler veriyordu.

Bedenin bir dengesi vardır. Sağlık için büyük önem taşıyan belli miktardaki haberci, yüksek düzeylere ulaştığında ciddi sıkıntılara yol açabilir. Histamin de bunun en iyi örneklerinden biridir. Histamin, sindirimde kilit noktalardan biri olan mide asidinin salgılanması, mikrobiyal bir etkene maruz kaldığımızda bağışıklık sisteminin uyarılması ve bağırsak hareketliliği gibi çok önemli rolle sahiptir. Yani kısaca, sağlıklı bir bağışıklık, sağlıklı bir sindirim ve boşaltım sistemi için histamin gereklidir.

İçi histamin dolu bir kova hayal edelim. Ürettiğimiz, dışarıdan aldığımız ve harcadığımız düzeylerin dengesizliğinde, yani kova taşmaya başladığında, bağışıklık sistemi hatalı olarak tetiklenecektir. Sindirim sisteminde artmış olan histamin, bağırsak hareket dengesizliğine yol açacaktır. Burada devreye girecek en önemli enzim, "diamin oksidaz"dır (DAO). Artmış histamine yanıt vererek, fazla histamini parçalamaya çalışacaktır. DAO, özellikle insülin direncinde sıklıkla tercih edilen metformin ilacından olumsuz etkilenir. Metformin kullananlarda karında şişkinlik gerginlik ortaya çıkıyorsa, DAO etkin bir şekilde çalışamadığı için aklınıza histamin miktarınızın arttığı gelmeli. Antiasitler, antibiyotikler ve monoamin oksidaz inibitörlerinin de DAO üzerinde olumsuz etkileri vardır.

"*Kalsiyum ve bakır, DAO'nun etkin çalışmasına büyük katkı sağlar. Roka, dereotu, ısırgan kalsiyum için; dana ciğer, badem, mercimek ve ay çekirdeği bakır için önemli kaynaklardır.*"

Histamin Nedir?

Peki, nereden geliyor bu histamin? Elbette, öncelikle yediğimiz proteinlerin içerdiği "histidin aminoasiti"nden. Önemli bir nokta şu ki aldığımız "histidin"i histamine çeviren bakterilerin, önemli bir rolü vardır. Yüksek histamin içeren gıdalar da yine histamin yükümüzü artıran önemli bir etkendir. Yüksek miktarda histamin içeren besinler şunlardır:

- Canlı bakteri içeren turşu
- Yoğurt
- Kefir
- Yıllanmış peynir
- Kurutulmuş et

Burada, özellikle çok besleyici ve sağlıklı gıdalardan biri olan kemik suyunun histamin düzeyini ciddi oranda artırabileceği olasılığını aklımızdan çıkarmayalım. Histamin intoleransı olan kişide alkol alımı hem histamin yükünü artırır hem de DAO enziminin etkinliğini azaltarak "histamin taşmasına" yol açabilir.

- Histamin hücre içinde, histamin "N-metil transferaz" enzimiyle yıkılır, isminden de anlaşılacağı üzere bu enzimi metil grubu kullanır. Histamin arttıkça metil ihtiyacı da artar.

- Histamin taşması sonucu, geniz akıntısı, hapşırma, burun akıntısı, kaygı artışı, tansiyon dengesizlikleri, baş ağrısı atakları, bağırsak hareket bozuklukları, ciltte kaşıntı, kızarıklık gibi yakınmalar gözlemlenebilir. Bu herhangi bir gıdaya karşı duyarlılıktan öte, artan histamin yükünü bedenin yönetebilme kapasitesiyle ilgilidir. Bu nedenle aynı gıdanın, farklı günlerde, ortamlarda farklı etkilere yol açması muhtemeldir. Örneğin, glüten hassasiyeti olan bir kişi, her tüketim sonrasında sorun yaşayabilir, ama ev yapımı elma sirkesi içen bir kişide her zaman aynı histamin hassasiyeti gözlenmez.

- Burada aklımıza antihistaminik ilaçlar gelebilir. Madem sorunumuz histamin, "anti"sini verirsek acaba işe yarar mı? Bu ilaçların etki mekanizması reseptör düzeyindedir. Örneğin, siz alerjik bir süreç için H1 reseptörlerini bloke ettiniz. Bu, "histamin"in reseptör üzerinden ortaya çıkaracağı sonuçları, ilacın etki süresince erteler, ama histamin düzeyini etkilemez. Yani bu ilaçlar, histamin seviyesini değil "histaminerjik" yanıtı engeller. Sorunun kökeninde histamin yüksekliği vardır ve histamin kovasını dolduran bu kök faktörlerle ilgilenmezsek, kalıcı bir iyilik hali yakalamak bir kenara, ilacın etkin olmadığı sistemlerde ortaya çıkabilecek diğer sorunlar için başka branş hekimleri ve başka ilaçlar arayışında olacağız demektir. Tıpkı histamin taşmasına yanıt olarak ortaya çıkan mide asidi artışına, antiasit (H2 bloker ya da PPI) vermek gibi.

- Taşan bir histamin kovası varlığında, sızdıran bağırsakları ve ince bağırsaklardaki mikrobiyal artışı, yani SIBO'yu, tedavi etmek çok zordur.

- Probiyotik kullanılacaksa seçenekler konusunda çok dikkatli olunmalı ve özellikle "Lactobacillus casei" ve "Lactobacillus bulgaricus" probiyotiklerinin histamin artışına yol açması açısından dikkat gerektirdiği bilinmelidir. "Bifidobakteriler" ve "lactobacillus plantarum", histamin intoleransında bize yardımcı olabilecek desteklerdir.

- Östrojen baskınlığı varlığında, histamin salgısı artabilir. Kadınlarda yumurtlama döneminde (döngü yirmi sekiz günse on-on dördüncü günler) histaminerjik şikâyetler artıyorsa, şüphe duymamız gereken kök faktörlerden biri de hormonal dengesizliktir.

- Beslenmenin, histamin yükünü artırmayacak şekilde düzenlenmesi, aşırı protein alımından kaçınılması, gıdaların taze bir şekilde tüketilmesi çok önemlidir. Taze et ve balık, turunçgiller dışındaki meyveler, gezen tavuk yumurtası, karabuğday, kinoa, hindistancevizi sütü, badem sütü, zeytinyağı, domates ve patlıcan dışındaki sebzeler, genel olarak güvenli diyebileceğimiz gruptadır. Uygun koşullarda, geleneksel yöntemlerle üretilmiş elma sirkesi de deneme eğiliminde olduğum gıdalardan biri. Çok düşük miktarlarda öneriyorum, hassasiyet olmazsa devam ediyorum. Pişirme ya da çimlendirme, besinlerdeki histamin düzeyini genel olarak azaltmaz. Bu nedenle en iyi yol kısıtlamaktır.

- Sindirim sürecinin desteklenmesi gerekiyorsa mide asidi, pankreatik enzimler ve safra takviyeleri, kliniğe ciddi katkı sağlayabilir. Yönetilemeyen kaygı sindirimin her aşamasına zarar verir. Uykunun düzenlenmesi ve egzersiz, her anlamda iyileşme sürecine katkı sağlayacaktır.

- Metilasyon döngüsünün sağlıklı işlemesi, taşan histaminlerin uzaklaştırılması için olmazsa olmaz bir etkendir. Bu yüzden döngünün sağlıklı çalışabilmesi için gerekli önemli ayrıntıları artık daha iyi biliyoruz.

- C vitamini, B6 vitaminin aktif hali P5P, bakır ve kalsiyum, histaminin ortadan kaldırılmasında rol oynayan önemli mikro besinlerdir.

Metilasyon ve Östrojen Detoksifikasyonu

Sağlıklı çalışmayan bir metilasyon döngüsü varlığında veya yetersiz metil üretimi sonucunda meme kanseri ve endometrium (rahim) kanseri gibi ciddi problemlerle karşılaşabilir miyiz? Hazır olun sevgili okurlarım! Sizi "zamanın ötesine" taşıyacak konulardan birini daha öğrenmek üzeresiniz.

Östrojen de tıpkı histaminde bahsettiğimiz gibi, bedende önemli görevleri olan bir kadınlık hormonudur. Hormonal denge başlığı altında daha ayrıntılı olarak bahsettiğimiz östrojen düzeyi, belli bir dengede olmalıdır. Histamin için yaptığımız kova benzetmesi gibi düşünebilirsiniz. Östrojen, bütüncül yaklaşım penceresinden bakıldığında son derece büyük bir öneme sahiptir. Üreme, kadınlık organlarının sağlıklı çalışma fonksiyonlarından, kalp, beyin damarlarının sağlığına, lipit profilinin dengesine, kemik erimesinden korunmaya, kolajen, fosfatidilkolin üretimine katkı sağlamaya kadar birçok reaksiyonda görev alır. Peki, östrojen vücuttan nasıl uzaklaştırılır, hangi aşamalar vardır ve metilasyonun buradaki fonksiyonu nedir?

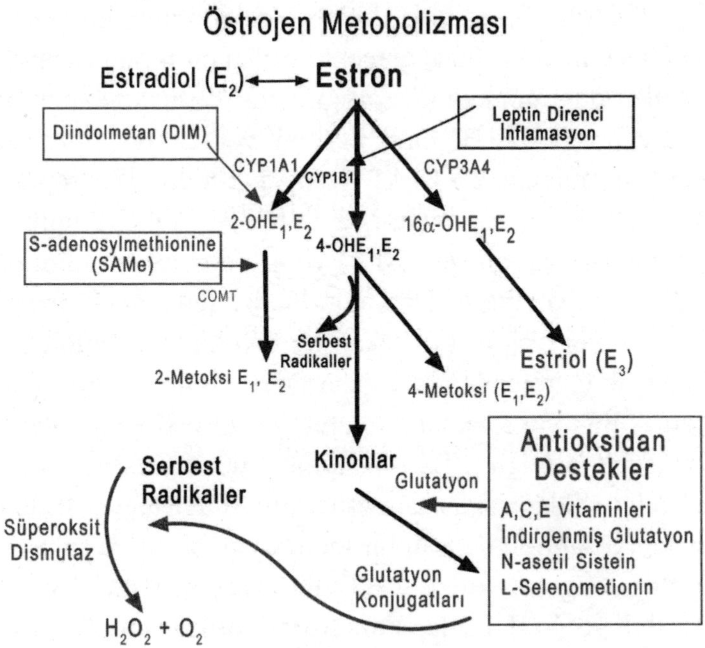

Şekil 16: Östrojen Metabolizması

Östrojenin, fizyolojik olarak en etkin formu "estradiol" dür. Menopoz sonrası hâkim olan "estron"un detoksifikasyonu çok önemlidir. Detoksifikasyon sürecinde sistemde ne kadar estron (E1), estradiol (E2) yükü olduğu ve mevcut miktarı işleyip, paketleyip idrar ve dışkı yoluyla dışarı atabilecek kadar çalışır nitelikte bir sisteminizin olup olmaması çok önemlidir.

Daha önce karaciğerin Faz 1, Faz 2 detoks süreçleri ve transport olarak adlandırılan Faz 3'ten bahsetmiştik. Burada yine karşımıza bu sistem çıkıyor. Östrojen (özellikle estron ve estradiol) karaciğer Faz 1 reaksiyonları, büyük oranda sitokrom adını verdiğimiz CYP ile başlayan sitokrom enzimleriyle yürütülür. Özellikle östrojen metabolizmasında ve memede gerçekleşen sitokrom reaksiyonlarının, çok önemli bir rolü vardır. Bu aslında ilaçların, zehirlerin, hormonların vücuttan atılmadan önce gerçekleştirilen bir tür ön işlemdir.

Yukarıdaki görsele göz attığımızda, en üstte karşımıza CYP1A1 ve CYP1B1 enzimleri çıkıyor. Bu enzimler östrojen hormonunu CYP1A1 yoluyla 2-hidroksiestron (2-OHE1), 2-hidroksiestradiol (2-OHE2); CYP1B1 yoluyla da 4-hidroksiestron (4-OHE1) ve 4-hidreoksiestradiol (4-OHE2) ortaya çıkarır. Dikkat edilmesi gereken en önemli ayrıntılardan biri, ortaya çıkan bu biyokimyasal moleküllerin artık östrojenden çok daha farklı etkilere sahip olduğudur. Şunu vurgulamamız gerekiyor ki östrojen metabolizmasında 4-OHE1, E2 oluşumuna giden CYP1B1 yolu, beden için ciddi riskler taşımaktadır. 4-OHE1, E2 oluştuktan sonra, sağlıklı çalışan bir metilasyon döngüsü sayesinde elde ettiğiniz "metil-CH3" (SAMe) desteğiniz varsa, 4-OHE1 ve 4-OHE2'ler Faz 2 detoksifikasyon sürecinde metillenerek sistemden uzaklaştırılabilir. Oluşan metoksi östrojenler, bizim için güvenli bir biyokimyasal sürecin sağlandığının habercisidir. Hatta bazı ileri düzey testler (Dutch), idrarınızdaki metillenmiş östrojenlerin metillenemeyenlere oranını ölçebilir. Etrafımızda kan homosistein düzeyleri 15-20 umol/lt civarında, hücreleri B12 ve magnezyum açlığı içerisinde olan onlarca insanın (başka hiçbir teste ihtiyaç duymadan) östrojenlerini metilleyemediğini rahatlıkla söyleyebilirim.

"Metil desteğimizin transferi için genetik olarak sağlıklı çalışan katekol-o metiltransferaz (COMT) enzimine ihtiyacımız var. COMT'un yakıtı metil gruplarıdır ve magnezyum COMT'un çalışmasında olmazsa olmaz mineraldir."

COMT yani katekol-o metiltransferaz enzimi, katekol halkası içeren "tehlikeli" östrojen metabolitlerini yeterli SAMe varlığında metilleyerek detoksifiye eder, bunun dışında santral sinir siteminde de önemli rolleri vardır. Örneğin, katekol halkası içeren noradrenalin-dopamin dengesinin sağlanmasında da kayda değer bir görev üstlenmiştir. Noradrenalin-dopamin dengesi, noradrenalin lehine kayarsa, kaygı endişe ve huzursuzluk hissederiz. Noradrenalinin ortadan kaldırılmasındaki en önemli işlev, COMT enzimine aittir. Tersini de düşünebiliriz, sürekli kaygı ve endişe varlığında fazlaca COMT, metil grupları ve magnezyum harcarsınız. Peki, metil yetersizliğinde ve COMT aktive olamazsa neler olur?

Hücrelerimizde ortaya çıkan östrojen ara ürünleri, metil yokluğunda veya yetersizliğinde oksidasyona uğrayarak 4-OHE1, E2 kinon ve semikinon türevlerini ortaya çıkarır, işte bu son ürünler son derece kanserojendir. Bunlar DNA'ya kuvvetli bir şekilde bağlanır ve onu mutasyona uğratır.

"Ortaya çıkan bu mutajen yani kanserojen molekül, sadece meme ve endometrium dokusu için değil, tüm beden için son derece büyük bir risk kaynağıdır."

Bu anlattıklarımızın sadece kadınları ilgilendirdiğini düşünürsek hata yaparız, çünkü bu durumun erkeklerde özellikle prostat kanseri riskini artırdığıyla ilgili ciddi kanıtlar bulunmaktadır. Şekilde NQO1 olarak simgelenen "kinon reduktaz", bizi bu kanserojen östrojen türevlerinden koruyan en önemli antioksidan enzimdir. Kinon ve semikinon formundaki 4-OHE1 ve 4-OHE2'leri kurtarmanın iki yolu vardır: Ya kinon reduktaz aracılığıyla tekrar hidroksi haline getirilir ya da glutatyonla uzaklaştırılır.

Oksidatif hasarın azaltılmak yani mitokondrilerimize temiz yakıt sağlamak, varsa sızıntılı bağırsakları onarmak, antioksidan destekler vermek, inflamasyonu yönetmek, beslenmeyi düzenlemek, melatonin, N-asetil sistein, biberiye ve oleanolik asit içeren zeytin yaprağı ekstresi almak, enzim sistemimize sadece östrojen detoksu değil, bütüncül bir destek de sağlayacaktır. Brokoli, karnabahar ve lahanada bulunan "indol 3 karbinol (I3C)", yeterli mide asidine maruz kaldığında ise "diindolmetan (DIM)" ortaya çıkar ve kanserojen yolak olan CYP1B1 yolağını baskılar. Bu iki molekül, ülkemizde henüz olmasa da takviye olarak ulaşılır durumdadır. "Glutatyon"un önemi ve metilasyon ilişkisi, ayrı bir başlık altında anlatılacak.

Bazılarımız için bu teorik bilgiler biraz kafa karıştırıcı gibi görünse de özetle anlatmaya çalıştığım durum şu ki, östrojen olmazsa olmaz bir hormonken nasıl oluyor da kanserojen bir moleküle dönüşebiliyor? Eminim kendisine sorsak o da böyle bir şey olsun istemezdi. Peki, ne oldu?

Düşünün ki siz östrojensiniz, eşiniz ve çocuğunuzla önümüzdeki ilk bayram tatiliniz için gidebileceğiniz üç seçenek var. Eşinizin anne babasıyla ilişkileriniz pek de iyi değil, eşinizin de sizin anne babanızla. Siz üç bayramdır gitmediğiniz anne babanızı ziyaret etmek istiyorsunuz ve aynı şekilde eşiniz de kendi anne babasını. Üçüncü seçenek ise daha önceden bir şekilde defalarca aklınızdan geçmiş olmasına rağmen ertelediğiniz Göbekli Tepe gezisi. Şunu unutmayın, eşlerden birinin hiç iyi hissetmeyeceği öngörülen bir ortama gidilmesi CYP1B1, yani 4-OHE1, E2 yolağıdır. Bu yol sıkıntılıdır. Zaten isteksiz bir şekilde gidiyorsanız ve eşiniz ya da herhangi bir kişi kırılmasın, üzülmesin diye duruma katlanıyorsanız, bunun adı inflamasyondur.

Eğer eşinizin baskısı ve zoruyla gidiyorsanız, bu da leptin direnci olarak ifade edilen metabolik sorunlardır, hani sık acıkan ve günde beş altı öğün yapmak zorunda kalan, bel çevresi yüz santimin üzerinde kişilerdeki durum. İsteksiz, huzursuz, biraz öfkeli, "sıkıntı yokmuş gibi görünmeye çalışan", ama diğer taraftan patlamaya hazır, aklının bir tarafında Göbekli Tepe hayali kalmış bir östrojen olarak bu yola girdiniz diyelim. Kayınvalideyle sorunlar var ve gittiğinizde size karşı soğuk, mesafeli, eve girdiğiniz andan itibaren neredeyse hiç göz teması kurmadı ve her yaptığı davranış size evlilik sürecinde yaşattığı "değersizlik, yetersizlik" duygularını aklınıza getirdi. Geçmiş olsun sevgili okurum! Siz artık okside oldunuz, kinonlanmış östrojene dönüştünüz ve artık siz "bildiğiniz siz" değilsiniz. Bu aşamadan itibaren kontrolü kaybettiniz, işte bu sizin en toksik ve en kanserojen haliniz.

Ev ortamında siz henüz kontrolü yitirmeden önce var olan faktörler de önemli. Kayınbaba ortamı rahatlatan, gerginliği azaltan, sevecen, güvende hissettiren, babanızın çocukluğunuzda hissettirdiği ya da hissettiremediği yakınlığı, şefkati sağlayan bir adamsa, bu da "kinon reduktaz"dır. Sizde zaten var olan ve kayınvalideyle tetiklenen tüm duyguların tersini yaşamanızı sağlayarak, sevilmeye değer olduğunuz ve buraya ait olduğunuz hissini deneyimlemenize yardımcı olabilir. An itibariyle olay çıkarmadınız, ama o ortamda olmaktan pek de memnun değilsiniz. Eşiniz tüm bu süreçlerde yaşadığınız hisleri anlayarak, sizi eleştirmeden, değersizleştirmeden, yargılamadan, geçmişinizin ışığında tetiklenen duygularınızı anlayarak ve kabul göstererek, tatilin kalan kısmını Göbekli Tepe seyahatine ayırmaya karar verdiyse artık siz, metillenmiş "risk yaratmayan" bir östrojensiniz. Öyleyse gittiğimiz yol, yolda kimlerle olduğumuz ve öykümüz, şu ana etki eden en önemli faktörlerdir. Bu örnek biraz nükte içerse de özünde; hücrelerin, nöronal habercilerin, enzimlerin, hormonların ve genlerin bizler gibi varlıklar olduğunu, hepsinin de ayrı bir "huyu, suyu" olduğunu hissedişimin bir yansımasıdır.

Metilasyon, Glutatyon ve Melatonin

"İnsan oksijenle zehirlenen bir varlıktır." Bu cümleyi okuduktan sonra şaşırmanız gayet normal. Çünkü siz oksijensiz bir yaşamın olamayacağını bilirsiniz, ki bu kesinlikle doğrudur. Beslenme yoluyla aldığımız, sindirdiğimiz, bağırsaklardan emilimi sağladığımız gıdaların mitokondri içerisinde "oksijenli" ortamda yakılması sonucu ortaya çıkan enerji, bizim bedenli bir varlık olarak sistem içerisinde yer almamızı sağlamıştır. Bu mucize belki de milyonlarca yıldır devam eden adaptasyon, yani bulunduğumuz ekosisteme uyum sağlayabilme yolcuğunun bir sonucudur. Hücre içinde enerji üretim görevini üstlenen mitokondrilerimizden bahsetmiştik. Peki, oksijen bizi nasıl zehirler?

Oksijenle yüksek miktarlarda enerji (ATP) üretiyor olmamızın faturası, serbest oksijen radikalleridir. Bu moleküller düşük miktarlarda olumlu diyebileceğimiz etkilere sahipken yüksek seviyelere çıktığında mitokondri ve hücre zarı, DNA için son derece zararlıdır. Doğrudan yapıyı bozabilir, hücre ölümüne veya kontrolsüz çoğalmasına yol açabilir. Serbest oksijen radikalleri ve antioksidan sistemin dengesi bozulduğunda, ismi değişen onlarca hastalığa yatkınlığımız artar. Hücrenin ana hücre içi antioksidanı "glutatyon"dur. "Kanser olmak istemiyorum, ailemde Alzheimer, Parkinson, multiple skleroz var korkuyorum, yaşlanmak istemiyorum, doksan yaşında sudoku çözmek istiyorum, karaciğerime iyi bakmak, depresyondan kurtulmak istiyorum, hayatımın büyük kısmı bağışıklık sistemi hastalıklarıyla geçti, çok sık hasta oluyorum, göz altımdaki morluklar neden geçmiyor," gibi şikâyetleri olan herkesin, "glutatyon" konusunda bilgi sahibi olması gerekiyor. Bu kitabı okuyan herkes artık hastalık değil, kökendeki ana etkenleri konuşmalı.

Glutatyon; glisin, glutamin ve sisteinden oluşan hücrenin, en güçlü "antioksidanı"dır. Bunun yanında detoksifikasyonda da görev alır. Glutatyon sentezinde sistein, glutatyon oluşum reaksiyonlarında hız kısıtlayıcı olarak yer alır. "N-asetil sistein" desteğinin, glutatyon düzeylerini yükselttiğini biliyoruz. Şekilde gördüğünüz gibi, "homosistein"in gidebileceği üç yolaktan biri de transsülfürasyon yolağıdır. "Homosistein"den sistatyon ve "sistatyon"dan da "sistein" sentezleyebiliriz. Bu yolun en önemli destekleri B6 (p5p), çinko, magnezyum ve glisindir. Sistein, glutatyonun yapısına mı katılacak yoksa taurin ve purivata mı dönüşücek, buna oksidatif stres durumuna göre hücre karar verecektir.

"Yeterli sisteininizin olduğunu ve oksidatif yükünüzün olmadığını düşünelim. Sistein, glutatyon oluşturmak yerine santral sinir sistemimizi uyarıcı etkilerden koruyan, yani

daha sakin kalmasını sağlayan, safra asitlerinin yapısına katılan, obez ve diyabetik hastalarda LDL seviyelerinin düşmesine katkı sağlayan, damarsal yapıları (endotel) koruyan bir antioksidan ve nöronal haberci olan 'taurin' oluşturacaktır. ❞

Tehdit varlığı ve yokluğunda sistem tamamen farklı çalışacaktır. Transsülfürasyon yolağı özellikle oksidatif hasar ve inflamasyon varlığında yoğun çalışarak, glutatyon üretme çabasına girebilir. Bu durumda metilasyon çarkı dönmeyecek ve tehdit algısı düzelene kadar 3 numaralı yolak kullanılacaktır. Aslında bu, "kısa vadede" koruyucu bir mekanizma gibi düşünülebilir. Uzamış hücresel stres varlığında, homosistein düzeyinin çok düşük seviyelerde gözlenmesi de muhtemeldir. "Sistein"in yanı sıra son zamanlarda özellikle "glisin aminoasidi" yetersizliğinin de glutatyon oluşumu üzerinde olumsuz etkileri ön plana çıkmıştır. Glisin, glutatyonun yapısına katılmanın yanı sıra kolajen, kreatin, safra ve oksijen taşınmasında rol oynayan hemoglobin oluşumunda da rol oynar. Hücrelerde antioksidan ve antiinflamatuar etkinliği vardır. Glisin için et, balık, jelatin, baklagiller; sistein için dana eti, tavuk eti ve yumurta iyi kaynaklardır (tabii sindirim, emilim sorunlarınız yoksa).

❝*Glutatyon, sağlıklı çalışan bir glutatyon peroksidaz varlığında H2O2'yi (hidrojen peroksit) suya dönüştürebilir. Hem hidrojen peroksitin zararlı etkilerinden hem de oluşması muhtemel tehlikeli hidroksil (-OH) gruplarının önüne geçmiş olur. Glutatyon peroksidazın 'yakıtı', yani olmazsa olmazı 'selenyum'dur.* ❞

Tüm takipli hastalarımın serum selenyum değerlerini ölçmemin sebeplerinden biri de budur. Glutatyon bu reaksiyon sonrası okside olduğu için tekrar kullanılamaz. Glutatyon, glutatyon reduktaz ve B2 varlığında fonksiyonel haline dönebilir. "Glutatyon"un fonksiyonel olarak değerlendirilmesi amacıyla, indirgemiş okside formlarının oranının ölçülmesi gibi yöntemler, henüz çok pratik gibi görünmemektedir. Bununla birlikte kan değerleri içerisinde glutatyon ihtiyacımızın artmış olabileceğinin en önemli göstergesi GGT (gama glutamil transferaz) enzim düzeylerinin yükselmesidir. Hücre içine daha fazla glutatyon oluşturacak aminoasitleri sokmaya çalışan bu enzimin, laboratuvarın verdiği aralıklardan ziyade 25 u/L üzerine çıktığında dikkatli olmak gerektiğini vurgulamak gerekiyor.

Glutatyonun hem oluşum süreci hem de fonksiyonel olarak çalışır yeterlilikte olabilmesi için neler yapabiliriz? Metilasyon döngüsünün sağlığı, inflamasyon yönetimi, metabolik dengenin sağlanması, sindirim ve bağırsak sorunlarının giderilmesi, stres yönetiminin desteklenmesinin ana kurallar olduğunu artık biliyoruz. Doğrudan glutatyon takviyesi olarak eksikliğin giderilmeye çalışılması, özellikle "redukte glutatyon" formlarının oda koşullarında okside forma dönüşme olasılığı nedeniyle tartışmalıdır. Muhtemelen önümüzdeki yıllarda lipozomal glutatyon formları, hücresel düzeyde etkinlik açısından ön plana çıkacak gibi görünüyor. Özellikle glutatyon oluşumunu destekleme penceresinden bakarsak, sistein kaynağı olarak N-asetil sistein ve alfa lipoik asit, benim en sık yararlandığım takviyeler. Glutamin ve glisin desteği açısından da önemli bir destek olarak, güvendiğiniz bir kaynaktan elde ettiğiniz ve beş altı saat kaynattığınız kuzu veya dana kemiğinin suyunu, protein alımıyla ilgili yetersizlik varsa da toz jelatin takviyelerini öneriyorum. Uzun süreli kaynatılan kemik sularında artış gösteren histamin ve glutamik asit konusu tartışıladursun, klinik deneyimlerimden şunu rahatlıkla söyleyebilirim ki kaynağına güvenseniz dahi yirmi dört saat kaynatılmış kemik suyunun tüketimi, hastalarımın büyük kısmında anksiyete (kaygı) düzeyini artırdı. Kemik suyu yıllardır önerdiğimiz beslenme programında yer almaktadır. Kişiye özgü metilasyon döngüsünü destekleyecek takviyelere ek olarak, ihtiyaç varsa selenyum, C, E vitamini takviyeleri büyük öneme sahiptir. E vitamini takviyeleri gama ve mikst/takoferol formunda bulunabiliyorsa hücresel açıdan daha etkin kullanılabilir.

Glutatyonun fonksiyonlarını sürdürmesine en büyük desteklerden biri de melatonindir. Melatonin denildiğinde aklınıza sadece uykuya dalmak için kullanılacak bir takviye ismi gelmemeli. Melatoninin çok daha fazlası olduğunu söylemeliyim. Melatonin;

- Uyku problemlerinde (sirkadyen ritmin düzenlenmesi),
- Nöropatik ağrılar dahil tüm kronik ağrılarda,
- Depresyonda yaşam kalitesinin artırılmasında,
- Oksidatif hasarın azaltılmasında,
- 5-LOX ve COX-2 sentezini baskılayarak (inhibisyon) antiinflamatuar etkinlikte,
- Gün boyunca bağırsaklar, gece beyin aracılığıyla sirkadyen ritmin sağlanmasında,
- Hasarlı dokuların iyileşmesinde rol oynar.

Melatonin, tükettiğimiz tavuk eti, balık, ıspanaktan, yeterli mide asidi ve sindirim enzimleri varlığında ürettiğiniz, dışarıdan alınması zorunlu olan triptofan amionasitinden sentezlenir. Triptofan, demir, folat, D vitamini, magnezyum, çinko, C, B6, B3 vitamini varlığına serotonine dönüşür ve serotonin de metilasyon reaksiyonuyla melatonine dönüşür. Beyinde üretim yeri "pineal bez"dir. Bağırsaklarda, pineal bez ve kan dolaşımında olduğu miktarlardan çok daha fazlası üretilir. Gece ışık ortadan kalktığında ise beyin, asıl üretim merkezi haline gelir. Özellikle sahip olduğu dalga boyu nedeniyle mavi ışık melatonin sentezi için olumsuz bir etkendir. Gece saat on bir itibariyle başlayıp saat ikide en üst düzeyine ulaşan bir sentez süreci vardır.

"Beyin, retina (göz), kardiyovasküler sistem, karaciğer, safra kesesi, bağırsaklar, böbrekler, bağışıklık hücreleri, yağ hücreleri, prostat ve meme epitel hücreleri, yumurtalık granüloza hücreleri, rahim kas hücreleri ve ciltte melatonin reseptörleri bulunmaktadır. Aslında kısaca, melatoninin bedende etkili olmadığı yer yoktur."

Muhtemelen zamanla bedende melatonini desteklemenin en iyi yolu, yatağa gitme konusunda geç kalmamak, düzenli bir uykunun sağlanması, sağlıklı işleyen bir sindirim sistemi ve metilasyon dengesidir. Melatonin desteği benim klinik uygulamalarımda önemli yer kaplamaktadır. Dışarıdan verilen melatonin desteklerinin, bizim kendi ürettiğimiz melatonini baskılamadığına (hâkim teori, suprakiazmatik nukleustaki ışık duyarlılığı) dair veriler mevcut olsa da eğer gerekli bir durum yoksa (meme kanseri riski, geçirilmiş meme kanseri, yüksek oksidatif stres, otoimmun hastalık, bazı sindirim sistemi sorunları), yavaş salınımlı (time release) preparatlardan, birkaç aylık periyodlar halinde 5 mg civarında, alınmasını önerme eğilimindeyim.

Metilasyonla İlişkili Vitaminler Mineraller

B12 ve Folik Asit

Metilasyonda çalışan B12 formu "metilkobalamin"dir. Tetkiklerde "metilkobalamin" henüz doğrudan ölçülemediği için, sadece total B12 düzeylerini görebiliyoruz. Genelde tetkiklerde normal aralıklar (200-1100 pg/ml gibi) olarak verilen değerlerin "çok geniş" olduğunu rahatlıkla söyleyebiliriz. Bu başlık altında belirtilen tüm tetkik sonuçlarıyla birlikte B12 değerlendirilmeli, ama homosistein değerlerini görmek de büyük önem taşıyor. 6-8 umol/lt aralığında görmek istediğimiz homosistein değerini sağlayacak B12 ve folik asit değerlerini hedefliyoruz (klinik deneyimlerime göre B12 genelde 600 pg/ml üzerinde). Maalesef B12 için günlük alınması gereken (RDA) birkaç mikrogramlık desteklerle ne tek bir hastamın B12'sinin yükseldiğini ne de homosistein düzeyinin düştüğünü hatırlıyorum.

Homosistein düzeyi yüksek olan birinde 100-200 pg/ml düzeyinde B12 varsa, öncelikli hedef B12 depolarının doldurulmasıdır ve hemen ardından gerekiyorsa metilfolat desteğidir. Metilkobalamin yetersizliğinde folat formları, metilasyon döngüsünde çalışmayacaktır.

"Yoğun inflamasyonu, sızıntılı bağırsakları, insülin direnci ve glutatyon ihtiyacı olan bir kişiye B12 eksikliği için doğrudan 'metilkobalamin' verilirse, kaygı artışı, geniz akıntısı, eklem ağrıları, kas ağrıları gibi şikâyetler görülebilir ve kişide 'metil duyarlılığı' olabilir. Bu konu hakkında doktorunuzdan bilgi almalısınız."

B12 depolarının doldurulması için en ideal form "hidroksikobalamin"dir. Kronik mide bağırsak sorunları ya da atrofik gastrit gibi klinik durumları olanlarda, kas içi hidroksikobalamin uygulamak çok daha etkili olacaktır. Et, ciğer, balık B12'den zengin kaynaklardır. Folik asidin "metilfolat"a dönüşene kadar gerçekleşecek tüm reaksiyonların sağlıklı ilerleyebileceği konusunda içiniz rahatsa, bu sentetik desteği kullanılabilirsiniz. Ben kendi adıma bu konuda çok rahat olmadığım için öncelikle yeşil yapraklı sebzeleri düzenli tüketmeyi tercih ediyorum (ilaç maruziyeti en minimal düzeyde, ata tohumundan elde edilmiş olan yeşil yapraklı sebzelere ulaşabiliyorsanız bu harika bir durum, kaynağından emin olamadığınız sebzeleri yıkadıktan sonra en azından on dakika karbonatlı suda ve ardından on dakika da sirkede bekletip tüketebilirsiniz. İlk yapılan işlem kısmen de olsa yüzeydeki tarım ilacı kalıntılarını uzaklaştırmaya yardımcı olacaktır).

Homositein yüksekliği ve en önemlisi MTHFR gen bozukluğu olan kişilerde folik asit tercih edeceksem, öncelikle tercihim B12 depoları dolduktan sonra folik asiti metilfolat formunda desteklemektir. Belki konuları içselleştirdikçe ülkemizde, folinik asit ve folinik asit-metilfolat kombinasyonları gibi seçeneklere ihtiyaç duyacağız.

Magnezyum

Magnezyum, hücresel düzeyde hayati minerallerden biridir. Enerji üretilen her noktada magnezyum vardır. Metilasyonun kritik reaksiyonlarından biri olan ana metil taşıyıcısı SAMe oluşumunu, ATP ile birlikte reaksiyonu kolaylaştıran mineral magnezyumdur. Eksikliğinde kaygı, endişe hali, depresif hissetme, hiperaktivite, uykusuzluk, gerginlik, insülin duyarlılığında azalma, kalp ritim sorunları, sabah yorgunluğu, kabızlık, kramplar, kemik erimesi, âdet öncesi huzursuzluk, öfke atakları gözlemlenebilir.

"Hiperaktivite tanısı almış bir yetişkin ya da çocukta ilk akla gelmesi gereken eksiklik magnezyumdur (demirle birlikte). Çocuklarda yapılan birbirinden farklı iki çalışmada magnezyum ve B6 kombinasyonun "beklendiği üzere" santral sinir sisteminde kolay uyarılabilirliği azalttığı ve davranışsal sorunlarda azalma sağladığı gösterilmiştir."

Magnezyum eksikliğinin rutin tetkiklere yansıması oldukça zordur, çünkü magnezyumun büyük bir kısmı hücre içi ve kemiklerde, %1'den daha azı da kanda bulunur. Yanındayken en rahat, huzurlu, anlaşılmış ve gevşemiş hissettiğiniz arkadaşınızı hayal edin (varsa şanslısınız), işte o magnezyumdur. Hücre magnezyumu görünce de aynen bu şekilde hisseder. Önümüzdeki yıllarda, magnezyumla ilgili sağlıklı veriler sunabilecek tetkiklere kolay ulaşılabileceğine şüphem yok, ancak şu an için en azından "eritrosit içi magnezyum" düzeyinize baktırmak veri anlamında çok daha güvenli bir yol gibi görünüyor.

Hastalarımın büyük kısmına uzun zamandır eritrosit içi magnezyum testi yaptırıyorum ve verdiğim magnezyum destekleriyle eritrosit içi düzeylerini takip ediyorum. Muz, avokado, badem, ıspanak önemli magnezyum kaynaklarıdır. Magnezyum düzeyinin klasik tetkiklerle eksikliğini saptamanın güçlüğünü anlamış bulunuyoruz. Diyelim ki klinik olarak eksikliğinden şüphelendik, bu kez de karşımıza ikinci bir sorun çıkıyor: Magnezyum eksikliği için hangi formda bir preparat seçimi yapmalıyız?

Magnezyum desteği planlamadan önce böbrek fonksiyonlarınızın sağlıklı olup olmadığını doktorunuz kontrol edecektir. Doktorunuzun önerisiyle gittiğiniz en yakınınızdaki eczaneye ulaştığınızda karşılaşacağınız form, kuvvetle muhtemel "magnezyum oksit"tir. Hedefimiz kabızlık için ek bir destek arayışıysa doğru yoldayız demektir. Ancak hücresel düzeyde bir etkinlik istediğimizde, biraz daha ayrıntıya girmemiz gerekiyor. Bundan henüz iki yıl öncesinde kadar ülkemizde magnezyumun başka bir formunu bulmak çok zordu. Mutluluk duyduğum noktalardan biri de yurtdışından takip ettiğim hastalarımın gerekli magnezyum form kombinasyonlarını artık ancak bizim ülkemizden temin edebiliyor olmaları.

Magnezyum desteği planlarken böbrek fonksiyonlarının sağlıklı çalıştığından emin olmamız gerekiyor. Bir diğer önemli nokta da magnezyum-kalsiyum dengesinin takibidir. Magnezyum desteği, kalsiyum düzeylerini düşürebilir. Magnezyumun farklı formlarından farklı klinik etkiler beklenmesi konusuna bir göz atarsak, özellikle aminoasitlerle şelatlanarak üretilen magnezyumlar etkin dozda kullanıldığında, fonksiyonel açıdan son derece işlevseldirler.

"Özetleyecek olursak, kaygı, endişe, uykusuzluk şikâyetlerinde 'magnezyum glisinat' ve taurat, fibromiyalji, migren ve kronik ağrıda 'magnezyum malat', kabızlıkta, böbrekte 'kalsiyum okzalat taşı' varlığında, kramp ve ritim bozukluklarında 'magnezyum sitrat' etkili formlar gibi görünmektedir."

Çinko

Bu yazıyı okuduktan sonra, çinkonun sizlere saç dökülmesi için şampuanlara ilave edilmiş bir mineralden çok daha fazlasını ifade edeceğini biliyorum. Çinko, metilasyonun merkezindeki "metiyonin sentezi" enziminin sağlıklı çalışmasına katkı sağlar. Karbonhidrat, yağ, protein nükleik asit sentezi ve metabolizması gibi üç yüzden fazla enzimin katalizörü olarak işlev gösterir. Çinko, tat ve koku alabilme, bağışıklık sisteminde, özellikle T hücre ve NK hücre fonksiyonlarında yer alır. Ülsere ve şeker hastalığına bağlı olarak ortaya çıkan yaraların iyileşmesinde de önemi büyüktür. Gribal enfeksiyonlarda yanımdan ayırmadığım bir mineral olduğunu rahatlıkla söyleyebilirim.

Çinko eksikliği olan bir kişide depresyon, iyileşmeyen yaralar, enerjisizlik, ishal, zayıf bağışıklık sistemi olması muhtemeldir. Çinko eksikliğinde "metallotionin" fonksiyonları bozulur ve oksidatif hasara yatkınlık artar. İstiridye, çiğ kabak çekirdeği, ay çekirdeği, badem, dana eti, baklagiller önemli çinko kaynaklarıdır. Pek merak duyulmayan çinko kan değerleri için güvenli aralık: 100-110 ug/dl'dir. Kan tetkiklerinde saptanan düşük "alkalen fosfataz" değeri (optimum aralık 70-90 IU/L), çinko eksikliği açısından dikkate değer bir veri olabilir.

"*Çinkoyu dışarıdan takviye edeceksek en ideal form, 'pikolinat'tır. Olağan şartlarda günlük ihtiyacımız 10-15 mg civarındadır. Çinko desteğinin bakır eksikliği yapma olasılığına karşın, çinkonun yanına onda biri oranında bakır eklenmesi iyi bir fikir olabilir (pikolinat, glisinat ya da glukonat formları tercih edilebilir).*"

Sigara içenlerde (kadmiyum toksisitesi), oksidatif yükü ve inflamasyonu fazla olanlarda, bağırsak emilim bozukluklarında, yetersiz beslenme durumlarında çinko ihtiyacı artabilir.

B2 (Riboflavin)

B2 vitamini, klinikte isminden pek bahsedilmeyen, ama metilasyon döngüsünün merkezine yerleşmiş çok önemli bir vitamindir. MTHFR geninin ana yakıtıdır. Bir çalışmada, "MTHFR C677T homozigot" kalıtsal bozukluğa sahip bireylere, B2 verilmesi ardından tansiyon düzeylerinin düşmesi sonucuna varılması pek de şaşırtıcı değil.

"Bu aslında şu demek: Kalıtsal olarak bir gen bozuk aktarılmış olsa bile o genin besinini verdiğinizde ve çalışma potansiyelini maksimum kapasiteye ulaştırdığınızda, var olan bozukluktan etkilenmeyebiliriz."

Öyleyse homosistein yüksekliklerinde, elimizdeki en önemli desteklerden biri de B2'dir. B2'nin okside olmuş ana antioksidanımız "glutatyon"un tekrar kullanılabilir hale gelmesine yardımcı olduğunu asla unutmuyoruz. Kendi hasta grubumda yıllardır, B2 değil aktif formu olan R5P (riboz 5 fosfat) önermekteyim. Sağlıklı çalışan bir MTHFR enzimi, metilasyon ve folik asit döngüsü açısından son derece önemlidir. Bu reaksiyonda doğrudan B2 değil, aktif formu olan R5P fonksiyoneldir (B2'nin R5P ye dönüşümü için çinko ve T4 hormonu gereklidir). Sistem içerisinde her şey birbirine bağlıdır. Düzenli ciğer tüketen ve sağlıklı yaşamaya dikkat eden bir kişide, B2 eksikliği görülme olasılığı düşüktür. Bunun dışında böbrek, kalp gibi sakatatlar ve badem, çok değerli B2 kaynaklarıdır.

B6 (Pridoksin)

Metilasyon döngüsünün son ürünü olan homosisteinin gideceği yollardan biri olan transsülfürasyon yolağı (üç numaralı yol) için gerekli enzim, sistatyonin beta sentazdır (CBS). CBS'nin sağlıklı çalışması için B6'nın son derece önemli olduğunu bilmeliyiz. Biliyorsunuz ki bu yolak, glutatyon ve taurin gibi beden için çok önemli moleküllerin üretimini sağlıyordu. Glutatyon oluşumunu sekteye uğratma potansiyeline sahip herhangi bir mekanizma, hidrojen peroksit artışı, oksidatif stres ve metilasyon reaksiyonlarının bloke olmasına yol açabilir. Tüm bu sistemler birbirleriyle iç içedir ve biyokimyasal şemalarda çizdiğimiz ok işaretleriyle gösterilebilecek basitlikte değillerdir.

B6 denildiğinde yine aklıma gelen ilk reaksiyonlar, serotonin, dopamin, gama aminobutirik asit gibi nöronal habercilerin oluşumuna sağladığı katkıdır. Yani depresif ruh halinden, kaygıya, dikkat sorunlarından hareketliliğe ve hatta epileptik nöbetlere kadar birçok klinik süreçte etkinliğe sahiptir. B6 rutin kan tetkiklerinde baktığımız parametrelerden biri olmasa bile, kendi adıma çok önemli bir faktör olduğunu rahatlıkla söyleyebilirim. Karaciğerde hasar, hücresel düzeyde bir yıkım varlığını değerlendirmek üzere bakılan ALT (alanin aminotransferaz) değeri, bize B6 düzeyi ve fonksiyon durumuyla ilgili bilgi verebilir.

"Kan tetkiklerinizde ALT düzeyiniz 12'nin altındaysa B6 eksikliğinden şüphelenmenizi tavsiye ederim. Plazmada bakılan pridoksal fosat değerinin 30 nmol/L altında olması ya da idrar organik asit testinde xanturinat ve kyenurinat seviyesinin yüksek olması, B6 eksikliğinin önemli göstergeleridir."

Tıpkı diğer B grubu vitaminlerde bahsettiğimiz gibi yine burada da B6 vitamininin aktif, fonksiyonel hali P5P (pridoksal 5 fosfat) dir. B6'nın P5P'ye dönüşmesi için ortamda magnezyum olması gereklidir. O yüzden aktif olmayan, yani P5P dışı bir B6 vitamini, çok yaygın bir şekilde şahit olduğumuz magnezyum eksikliğinde yeterli etkinlik gösteremeyebilir. Takviye planladığım tüm danışanlarıma, P5P formunda B6 takviyesi öneriyorum.

Trimetilglisin (TMG)

Genel olarak ismine yabancı olduğumuz, diğer adı betain olan, metilasyon döngüsünün ana yolu olan bir numaralı yolak tıkandığında (B12 eksikliği, 5MTHF eksikliği gibi), büyük önem kazanan iki numaralı alternatif yolağın çok önemli bir desteğidir. En önemli kaynağı kırmızı pancardır ve kolinden de sentezlenebilir. Kolinden sentezleniyor olması bir numaralı yolağın aktif kullanılamadığı durumlarda kolin yetersizliğine sebebiyet verebilir. Homosistein yüksekliği olan hastalarımın bir kısmına diğer takviyelere ek olarak düzenli kırmızı pancar suyu (TMG) ve ciğer (kolin) tüketme önerisinde bulunuyorum. Metil hassasiyeti olmayan bazı takipli hastalarıma da ihtiyaç halinde metilasyon döngüsüne destek için günlük 1000-1500 mg trimetilglisin önerebiliyorum.

D Vitamini

D vitamini, özellikle gen düzeyindeki metil gruplarının, DNA'nın hangi bölgesine ekleneceği veya çıkarılacağı konusunda önemli bir role sahiptir. D vitamini, hücrelerimiz için gerekli birçok hayati fonksiyonda son derece önemlidir. Eksikliği sonucu ortaya çıkan "raşitizm" nedeniyle önemi konusundaki farkındalık sadece kemiklerle sınırlı kalmıştır. D vitamini bağışıklık sisteminde dengeleyicidir, ayrıca kan basıncının düzenlenmesinde ve birçok kanser türünden korunmada da önemi büyüktür. Birçok santral sinir sistemi hastalığından veya depresyondan korunmak istiyorsanız D vitamininden yoksun kalmamanızı öneririm.

Yeterli düzeyde D vitamini sentezini güneşten sağlayabileceğimize dair söylemler hem bilimsel hem de deneyimler açısından hayal kırıklığı oluşturmaktadır. D vitamini sentezi için özellikle yaz aylarında UVB ışınının en dik geldiği saatlerde yaklaşık yirmi dakika, koruyucu krem kullanılmadan gözlüksüz olarak güneşlenmek etkin bir yöntem gibi görünmektedir.

"Daha uzun süre güneşlenerek UVA ışınlarına maruz kalmak, esmer tenli olmak, güneş koruyucusu kullanmak, güneşlenmenin ardından hemen duş almak gibi durumlar D vitamini sentezi açısından olumsuz faktörlerdir."

Kan tetkiklerinde optimum D vitamini aralığını 60-80 ng/ml olarak düşünebiliriz. Toplumun çok büyük bir bölümünde ciddi düzeyde D vitamini eksikliği var ve bu eksiklikleri takviye desteği olmadan kapatmak çok zor görünüyor. Ekmeğe damlatılarak alınması önerilen üç yüz bin ünitelik çok yüksek dozlar içeren ampul formlar ya da dört yüz ila bin ünite önerilen çok düşük günlük dozlara alternatif, günlük her on kiloya bin ünite şeklinde uygulanan D vitamini takviyesi, hastalarımın büyük bir bölümünde yaklaşık birkaç ay içerisinde, olumlu değişiklikler oluşturmaktadır. D vitamininizi hekiminiz desteğinde alırken kalsiyum yükseklikleri ve "parathormon"un baskılanması açısından dikkatli olunmalıdır.

Diğer önemli bir nokta, bağırsaklarda emiliminde artış görülebilen kalsiyumun, D vitamini desteğiyle kemiklere yönlenmesini sağlamaktır. Bu rolü yerine getiren K2 vitaminidir. D vitaminiyle birlikte K2 vitamini yol arkadaşı gibidir. Türkiye'de bu iki vitamin kombinasyonuna ulaşılabiliyor olması çok önemli. D vitaminin fonksiyonlarını etkin bir şekilde yürütebilmesi için yeterli magnezyum düzeyine ihtiyaç vardır.

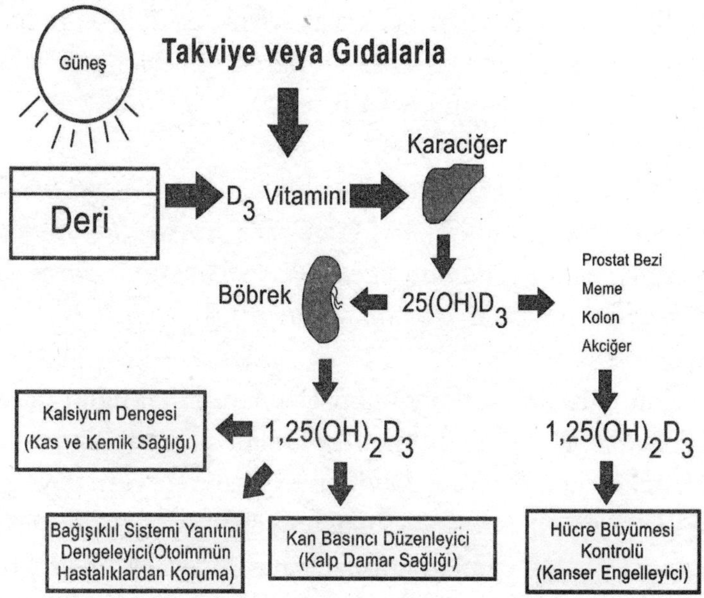

Şekil 17: D Vitamini

YEDİNCİ BÖLÜM

BAZI HASTALIKLAR İÇİN ÖRNEK VAKALAR

Bu bölümde, sizlere anlattığım konuların gerçek hayatta, gerçek hastalarda nasıl oluştuklarını ve bahsi geçen tedavi yöntemlerinin insanların hayatında ne gibi farklılıklar yarattığını aktarmak isterim. Binlerce kişinin deva bulduğu bütüncül yaklaşımın pratikte nasıl olduğunu aşağıdaki vaka örneklerinden anlayabilirsiniz.

Gastrit ve Reflü

Mehmet Bey, kırk sekiz yaşında, üç yıl önce boşanmış, yalnız yaşayan ve iki kız çocuğu olan bir oto tamircisiydi. Göğsündeki dinmeyen ağrılar nedeniyle yirmi beş yıldır çoğunluğu gastroenteroloji uzmanı olmak üzere, alternatif tıp uzmanları, bütüncül tıp uygulayıcıları ya da bitkilerle tedavi yapan birçok doktora başvurmuştu. Yaşadığı hazımsızlık şikâyetleri, şişkinlik, mutsuzluk hissi, cinsel isteksizlik ve kaygıları, göğsünde yaşadığı ağrının gölgesinde kalmıştı. Defalarca yapılan endoskopiler ve sonrasında başlanan antibiyotik kombinasyonları ve mide asit engelleyicileri, ağrı hissini kısmen azaltsa da şikâyetleri kısa süre sonra yeniden alevleniyordu. Bu kadar tetkik, tedavi ve alanında ün yapmış onca hekime rağmen neden yol alınamıyordu?

Mehmet Bey benimle karşılaştığında gayet samimi ve açık bir şekilde, "Yirmi beş yıldır bana kimse yardımcı olamadı, umarım sen olursun!" demişti. Yıllardır yaşadığı hayal kırıklıklarını, mağduriyet hissini, maddi manevi uğraşılara rağmen yanıt alınamayan tedaviye yönelik öfkesini, hafiften benimle olan pazarlığını, bundan sonrası için umudunun azaldığını, kurban edilmişlik hissini bana tek bir cümleyle anlatmıştı. Beden dili de bu giriş cümlesini destekliyordu. Umutsuzluğun, hastalığın, çevresel faktörlerin getirdiği ağır yükle çöken omuzları, hafiften çıkmış kamburu, ortamı ayrıntılı bir şekilde kontrol eden tedirgin hali dikkatimden kaçmamıştı. Güven duymaya, yanında olduğumu hissettirecek tek bir söze ihtiyacı vardı. "Sen beni yarı yolda bırakmazsın," cümlesini birkaç kez tekrar etmesinin nedeni buydu belki de. Mehmet Bey'in bu sözü beni çok etkilemişti, bu öykünün bende büyük bir hüzün yaratması ve yardım talebine hızla cevap verme ihtiyacı duymamın gerisinde, on bir yaşında çifti yirmi beş kuruştan elma satarak ihtiyaçlarını karşılamış, yatılı okulda kendi imkânlarıyla okul yaşamını sürdürmüş ve sadece fiziki değil duygusal olarak da yarı yolda bırakıldığı hissini derinden yaşayan ve defalarca anlattığı anılarda bu acıyı dillendiren bir babanın öyküleriyle büyümüş olmam olabilirdi. Mehmet Bey yaşına göre fazla yıpranmıştı. Çocukluk öyküsünde, benzer bir duygusal yoksunluk ve erken sorumluluk alma süreci vardı. Bu anlamda dedemden babama, babamdan bana aktarılan şemaları göz önünde bulundurduğumda, onun duygularını anlama konusunda güçlük çekmemiştim. Sorun şuydu ki kendisi duygularını tanımlayamıyordu. Hiç anlaşılamayacağına, çok erken yaşlardan itibaren ihtiyaç duyduğunda yardım alamayacağına dair inancı ve duygusal ihtiyaçlarının fark edilmemesi, yaşamındaki en önemli yol arkadaşları olan duygularına yabancılaşmıştı.

İlk görüşmemiz sonunda, "Sanki seni yıllardır tanıyorum, çok sıcak samimi bir ortam burası," dedi. Sıcaklığa, samimiyete, güvende hissetmeye, anlaşılmaya olan ihtiyacını bu şekilde dile getirmişti.

Bedensel yakınmalarının merkezine oturan göğüs ağrısıyla, duygularına olan uzaklığı arasında bir ilişki olmalıydı. Eşiyle boşanma sürecinde ağrılarının katlanılmaz bir hal alması, kızıyla yaşadığı çatışmaların ardından karnında şişkinlik oluşması kendisinin de farkında olduğu, birbiriyle ilişkili durumlardı. Duygularını fark edemiyor, tanımlayamıyor oluşu bedenin çığlığını birkaç kat daha artırıyordu.

İşte bu noktada Mehmet Bey'e psikoterapi kavramından bahsettim. Başlangıçta duygularıyla bedensel şikâyetleri arasındaki ilişkiyi derinlemesine ele alacak profesyonel rehberle çalışmaya sıcak bakmasa da ilerleyen süreçlerde böyle bir yolculuğa ikna oldu. Ekibimizin en önemli unsurlarından olan psikoterapistimizle yaptığı birkaç seanstan sonra psikoterapi kavramıyla ilgili önyargılarından kurtuldu. Kurban edilmişlik hissini iyi tanımladığı benzetmesinde, kendi deyimiyle "canlı canlı, böğürte böğürte" on iki kez yapılan endoskopi sonucunda, dönem dönem eklenen antibiyotik tedavileri haricinde kullandığı ana ilacı, bir "proton pompa inhibitörü" olmuştu. Bu ilaç mide asidi üreten hücrelerde bu üretimi bloke ederek çalışan yeni nesil bir mide koruyucusuydu. Tedavinin hedefi, canının yanmasının nedeni olarak öne sürülen "mide asidi salgısına" engel olmaktı. Belli ki midesini pek korumamıştı. Çünkü yıllar boyunca mide asidini azaltmak, gıdaların sindiriminin en önemli noktasındaki fonksiyonlara zarar vermişti. Belki de tüm beden, birçok mikroba, parazite ve virüse açık hale gelmişti. Tıpkı Mehmet Bey'in de yaptığı gibi, gittiği tüm doktorlar ağrıya, sızıya odaklanmıştı ve sorumluyu mikroplarda, bazı genlerde arıyorlardı. Sorumlu bulunup ortadan kaldırılırsa her şey yoluna girecekti. Birçok doktordan hastalığın ana nedenlerinden biri olarak, "Senin hastalığın psikolojik," cümlesini defalarca duymuştu. "Üniversitede hocaların hocası olan bir psikiyatri doktoruna gittim ve beni öğrencilere örnek vaka gösterdi, antidepresan tedavisine başladı, aylarca kullandım, kontrollere gittim ama işe yaramadı." Huzursuz bağırsak sendromu (IBS), spastik kolon, gastro özefageal reflü, anksiyete bozukluğu, depresyon gibi birçok tanı almıştı ve bu tanılara uygun ilaçlar reçete edilmişti. Kısa bir süre rahatlamalar olsa bile tüm süreç göz önünde bulundurulduğunda, şikâyetlerin şiddetinde giderek artış söz konusuydu.

Bugüne kadar hiçbir doktor ona beslenme programı vermemişti, genel olarak beslenme konusundaki yaklaşım kendisine iyi gelenleri tüketmesi yönündeydi. Sindirim enzimlerinden, D vitamininden, B12'den, çinkodan, magnezyum formlarından hatta magnezyumdan bahseden kimse olmamıştı. Bunları duyduğunda, şaşkınlığını gizlemeden gözlerini büyüterek, "Bu başka bir tıp mı?" diye sormuştu.

Yıllardır bu işin içindeydi, tüm süreçlere şahit olmuştu, ama bu duydukları kendisinde, heyecan yaratmıştı çünkü başka bir yoldu bu, başka bir umut... Mehmet Bey'in bu tepkisine, "Bu yol farklı evet, ama sana düşen sorumluluklar var, bugüne kadar çevrende bulunan herkesin sorumluluğunu erken yaşlarından itibaren alma konusunda fazlaca emek harcamışsın, şimdi o sorumluluktan, enerjiden bir miktar da kendin için harcamanı istiyorum," yanıtını verdim ve ekledim: "Bir beslenme programın olacak ve bu listede tüketmene uygun olanlar ve kısıtlanmış gıdalar bulunacak, bu konuda hassas olmanı ve çoğunun ismini yeni duyacağın, ilaç olmayan destekleri düzenli kullanmanı rica ediyorum." Mehmet Bey'in cevabı netti: "Sen ne dersen onu yapacağım, yeter ki yaşamı bana zehir eden bu ağrının şiddeti biraz dinsin."

Mehmet Bey sadece hastam değil, bir anlamda kendi öykülerimden de parçalar bulduğum bir yol arkadaşıydı. Ona yardım etmek belki kendime de dokunabilmem demekti. Artık bir yola çıkmıştık, ayrıntılı kan tetkiklerini yaptırdıktan sonra ortaya çıkan tablo pek iç açıcı değildi. Yıllardır onlarca doktor başvurusu ve düzenli yapılan tetkikler sonucunda defalarca, "Kanında her şey normal," sözünü işitmişti. D vitamini, B12, magnezyum, demir, çinko ve iyot düzeyi ciddi anlamda düşük seviyelerdeydi ve hayatında ilk kez bakılan, ilk kez duyduğu homosistein değeri çok yüksekti.

Önceki bölümlerde ayrıntılı olarak anlattığımız homosistein daha önce de bahsettiğim üzere, biyokimyasal bazı yolakların merkezinde bulunan, yüksekliği hemen her zaman olası birçok sıkıntının habercisi olan ve fonksiyonel olarak ciddi bir bozukluğa işaret eden bir aminoasittir. Mehmet Bey'in depresif ruh halini, kaygılarını, sindirim enzim sorunlarını, bağırsak şikâyetlerini hesaba kattığımızda bu eksiklikler ve tetkikler sonucunda ortaya çıkan sonuçlar, bize çok önemli mesajlar veriyordu. Eksik vitamin mineralleri doğru doz ve formda başlayarak, homosistein yüksekliğinde çok daha etkili olması muhtemel olan B12 ve folik asit seçeneklerinden uygun olanı seçtik. Nedeni ortaya konulamayan, ama mide asit engelleyicilerine kısmen yanıt veren göğüs ağrılarının gerisinde, olması muhtemel mide ve bağırsak doku hasarına yönelik, bitkisel desteklere başladık.

Mehmet Bey, kurduğumuz güvenli bağ ve güven ilişkisinin de etkisiyle verilen destekleri eksiksiz kullandı ve o güne kadar hiç uygulamadığı, beslenme alışkanlıklarına tamamen yabancı olan bir programı büyük bir özenle uyguladı.

Düzenli takipler ve beslenme sürecinin desteklenmesi sonucunda aradan üç buçuk ay geçmişti. Mehmet Bey üçüncü görüşmemizi gerçekleştirmek amacıyla kapıdan içeri girdiğinde dikkatimi çeken ilk ayrıntılar; cildinin parlaklığı, artmış yaşam enerjisi ve göz altındaki çöküklüğün ve mor renkli oluşumun belirgin azalmış olduğuydu. Bedeninde gerçekleşen, dışarıdan da gözlemlenen bu olumlu değişiklikleri fark edememişti, ama kendi deyimiyle "yaşamını zindan eden" göğüs ağrısının neredeyse yüzde seksen oranında azaldığını hissetmemesi mümkün değildi. Gözleri nemli, biraz da sesi titreyerek, "Yirmi yıldır tedavi görüyorum iyi hissetmenin ne demek olduğunu tekrar hatırladım," söylemi beni çok etkilemişti. Bu bir kilo kontrol programı değildi, ama yüz beş kilodan doksan kiloya düşmüştü, sabah enerjisi ve yıllardır azalmış olan cinsel isteği de artmıştı. Kan tetkiklerindeki tüm değerler çok daha iyi bir düzeye gelmişti. Homosistein değerleri düşmüştü. Mehmet Bey devam eden görüşmelerde kendini daha iyi hissettiğini, zihninin daha berrak olduğunu, yaşadığını hissetmeye başladığını ifade ediyordu. Benimle başladığı yolculuğunda epey yol almıştık.

Son yaptığımız görüşmelerden birinde Mehmet Bey'in söylediği söz, aslında uyguladığımız tedavi sürecini çok iyi anlatıyordu: "Size ilk geldiğimde bana, bir ağacın yapraklarında, dallarında sorun varsa ilk odaklanmamız gereken yerin kökleri olduğunu, bugüne kadar hep yapraklarla ilgilenildiğini, şimdi köklere odaklanacağımızı söylemiştiniz. Ben bu sözü o zaman pek anlamamıştım, ama şu an ne demek istediğinizi çok iyi anlıyorum. Beslenme şeklimin, bağırsaklarımın ağacın köklerinden biri olduğunu biliyorum artık. Bu bölgede bir sorun varsa ağaç, yani bedenim beslenemez. Bizim işlerde de arabada bir dişli bozulduğunda o dişliyi değiştirirseniz, dişli tekrar hasar görür, ama dişliyi bozan ana nedeni bulup onarırsanız artık sorun devam etmez." Mehmet Bey kendi sisteminde de bir problemin çözümünde bütüne yönelik bakışın önemini vurgulamıştı bize. Mehmet Bey, bütüne yönelik yaklaşımda sindirim sisteminin yanında ruhun da ana kök faktörleri temsil ettiğini artık içselleştirmişti. Yaşadığı birçok hikâyede hissettiği değersizlik, yok sayılma korkularının erken dönem çocukluk öykülerine gizlenmiş köklerini fark ettiğinde, aslında sindiremediği tek şeyin gıda olmadığını anlamıştı. Sindirilmemiş, halı altına süpürülmüş birçok öykü zemininde kurulan kronik ilişki sorunları, kontrolsüz bir şekilde tüketilen, bedene oldukça yabancı olan paketli, koruyuculu, hazır gıdalar, sık yapılan öğünler, uyku düzenindeki bozukluklar, hareketsiz yaşam, yıllar boyunca çekilen acıların mimarıydı.

İnsülin Direnci, Ülseratif Kolit, Depresyon, Kronik Yorgunluk

Aylin Hanım değerlendirme için İzmir'den gelmişti. Otuz dört yaşında, evli ve bir çocuk annesiydi. Yaklaşık on iki yıl önce başlayan ishal ve kanama şikâyetleriyle başvurduğu aynı branştan farklı altı doktorun sonrasında konulan teşhis ülseratif kolitti. Bu bir otoimmun hastalıktı, bağışıklık sisteminin dengesinin bozulduğu, normal koşullarda bizi koruyan bu sistemin bağırsaklarımıza zarar verdiği bir durum yaşanıyordu. Tanı konulduktan sonra "salofalk" isimli bir ilaca başlanmıştı. Bu ilaç, bağırsaklardaki yoğun bağışıklık cevabını sakinleştirmek ve bağırsakları korumak için kullanılıyordu. on iki yıldır bu ilacın dozu doktoru tarafından ayarlanarak bir şekilde süreç yönetilmeye çalışılmıştı.

Aylin Hanım'a birkaç kez, güçlü bağışıklık sistemi baskılayıcıları da önerilmişti, ama o bunları kullanma konusunda tereddüt etmişti. Salofalk yardımıyla günde sekiz dokuz kez tekrarlayan ishal yakınmaları iki üç'e düşmüş ve kanamaları epey hafiflemişti. Fakat neredeyse on yıldır her yemek sonrası karnı şişiyor ve gaz sancısı çekme korkusuyla evden çıkamıyordu. Örneğin, bir davete katılmayı çok istiyorsa aç gitmek zorundaydı. Gittiği daveti lavaboda geçirmekten ve karnı şiştiğinde üzerindeki elbisenin vereceği görüntüden çok kaygı duyuyordu. Ülseratif kolit tanısı sonrası eski şikâyetleri rafa kalkmıştı. Başlangıç zamanını hatırlayamadığı," ama tarihi epey eski olan, gün boyunca süren yorgunluğu artarak devam ediyordu. Sabah kalkma güçlüğü, saç dökülmeleri, tırnak kırılmaları mevcuttu. Citol isimli bir ilaçla dizginlenmeye çalışılan depresyonu ve doğum kontrol ilacıyla yönetilmeye çalışılan âdet döngü bozuklukları vardı. Özellikle doğum kontrol ilacının bağırsaklarına pek de iyi gelmediğini fark etmişti. Sağ memesindeki iyi huylu birkaç kist doktor takibindeydi. Üç yıl önce şeker hastalığı teşhisi almıştı ve insülin kullanmak zorunda kalmıştı. Sık acıkma atakları, tatlı aşerme, çabuk terleme, kilo verememe artık kanıksadığı, birlikte yaşamayı öğrendiği sıkıntılardı. Ara ara ziyaret eden migren atakları için de atakları konforlu atlatmasına yardımcı olacak ilaçlar reçete edilmişti.

Aylin Hanım yorgundu. Bedensel ve ruhsal anlamda enerjisi çok düşüktü. Bağırsaklarında ortaya çıkan ve bir türlü düzelmeyen bu son durumla birlikte az olan umudunu da kaybetmişti. Bedeninin dört yanı alarm veriyordu ve her doktor başvurusu bu bölgesel gürültüleri susturma amacı taşıyordu. Yıllardır mutsuzdu, en son keyif aldığı bir zaman dilimini sorduğumda birkaç dakika sessizlik ve nemli bir çift göz eşlik etti bize.

Aylin Hanım ilk görüşmemizin sonunda, "Bağırsaklarım ve ruhum yaralı, son umudum sizsiniz," demişti. Hayatımda ilk kez karşılaştığım bir insanın son umuduydum. Bu sözü son zamanlarda hastalarımdan sık duymaya başlamıştım. Ruhu yaralı bir kişinin son umudu oldunuz mu hiç? Bu benim için büyük bir yüktü. Ama aynı zamanda da tanıdıktı. Sadece hastalarım değil, öykümde girdiğim ilişki modelleri bir film şeridi gibi geçti gözümün önünden, birilerinin son umudu olduğum rollere ben mi giriyordum? Acaba ben kimin son umudu olarak adım atmıştım bu gezegene? Fark edilmem, sevilmem, değerli hissedebilmem için en tanıdık yol bu muydu? Aylin Hanım farkında değildi belki, bu sözü bana çok dokunmuştu ve korkutmuştu. İlk aklıma gelen hemen bu yükten kurtulmak adına, sınır koymak, sorumlulukları kendisine iade etmek olmuştu, ama bu noktada kendimi durdurabildim. Çaresini bulamadığı onca hastalık ve hayal kırıklığı vardı. Aylin Hanım'a kendisi, hücreleri ve ruhu arasında rehberlik edeceğimi, bu yolda zorluklar, sıkıntılar, suçlamalar, kurban edilmişlik hislerinin bize eşlik edebileceğini ifade ettim. Bu hislerin bazen iyileşmeye direnç olarak karşımıza çıkabileceğini söylediğimde bana şaşkın bir yüz ifadesiyle, "Neden iyileşmeye direnç göstereyim, hayatta istediğim tek şey bu," dedi.

İyileşmeye direnç kavramı, hekim ve hastanın yanında duran üçüncü kişidir. Bu üçüncü kişi farklı kılıklara bürünerek ortaya çıkacağı anları kollar. Hareket etmenizi engelleyen, adeta ayağınıza yapışan hırçın bir çocuk gibidir. Üçüncü kişi, "Kızım bu tedavi sana hiç iyi gelmedi iyice zayıfladın," diyen annenizdir, şaşkınlıkla gözlerini büyüterek, "Ekmeksiz doyulur mu?" diyen komşunuzdur, değersizlik hislerinizin sınırlarını zorlayan, "Bir gitmediğin burası kalmıştı," diyen eşinizdir. Aldığınız takviyeler konusunda hiçbir bilgisi olmadan fikir beyan eden sağlık profesyonelleridir. Muayene randevularına gecikmeniz, randevuları ertelemenizin, tedaviyle ilgili şüphelerinizin ardında genelde bu direnç vardır. Bu süreç tek amaca hizmet eder, eski ve bilindik sistemin sürdürülmesi. İnsan beyni bildiği yolları güvenli olarak kodlar ve insanlar yakınındakileri de bu yola sürükleme konusunda müthiş bir beceriye sahiptir. Her birimiz tek, eşsiz, müthiş sinir ağlarına ve yollarına sahipken, sürüler halinde aynı davranışları sergiliyor olmamız ilginç değil mi? İyileşmek bilinenin dışına çıkmaktır. Yıllardır süren hastalıklarla, ağrılarla, sızılarla kendini ifade etmeye çalışan gömülmüş duyguların bizzat kendisiyle yüzleşmektir. İyileşmeye direnç, yol arkadaşıdır aynı zamanda. Siz yol aldıkça size defalarca uygulamanıza rağmen işe yaramayan döngülere girmeniz için "cazip tesadüfler" sunar. Bir anlamda sınar sizi. Aslında bu, tutarlı olduğunuzu görmeniz için iyi bir fırsattır.

Aylin Hanım çıkacağı yolla ilgili bilgi sahibiydi artık.

Yapılan ayrıntılı tetkiklerinde çıkan sonuçları birlikte yorumladık. Laboratuvar aralıklarını değil, optimum sağlık için gerekli verileri baz alarak takviye, vitamin, mineral desteklerini yerine koymaya karar verdik. Omega 3, koenzim Q10, rhodiola, alfa lipoik asit, magnezyum glisinat, D vitamini, B12 (hidroksikobalamin), krom pikolinat, çinko pikolinat ve L selenometionin destekleri planladık. Aylin Hanım bu desteklerin ne olduğunu ve neden gerektiğiyle ilgili bilgilerin büyük kısmını daha bana gelmeden aylar önce dinlediği YouTube videolarımdan öğrenmişti bile. Bu takviyelerle birlikte, kendisine yolculuğunda eşlik edecek bütüncül beslenme uzmanıyla birlikte bir beslenme programı da yürütecekti. Diğer ve belki de en önemli ayak olan ruhsal yolculuğuna da duygularının izini sürebilecek bir psikoterapistle devam etmesine karar verdik. Bu bir ekip işiydi ve hekim, beslenme uzmanı ve psikoterapist desteğiyle birlikte yolculuğumuz başlamıştı.

Aylin Hanım bunları yaparken takibinde olduğu doktorlara devam etmesi gerektiğini biliyordu. Yaklaşık iki buçuk ay içerisinde tedaviden beklenenin çok daha ötesinde fayda görmüştü. Şişkinlikleri neredeyse tamamen sona ermişti. Günde bir iki kez katı dışkılamaya başlamıştı. Bu uzun süredir tanık olmadığı bir durumdu. Yaklaşık dört ay sonra ülseratif kolit hastalığını takip eden hekim, Aylin Hanım'ı ilaçsız takibe almıştı. Tedaviye başladığımız andan itibaren hiç migren atağı yaşamamıştı ve insülin direnci gerilemişti. Başlangıçta dörtle başladığımız öğün sayısı ikiye düşmüştü. Tatlı aşermeleri neredeyse hiç kalmamıştı. Memesindeki kistlere, karnındaki şişliğe ve âdet döngü bozukluklarına katkı sağlaması muhtemel östrojen baskınlığı ve progesteron yetersizliği şüphem, bütüncül bakışa sahip bir kadın doğumcu arkadaşım tarafından doğrulanmıştı. Hekim arkadaşım desteğinde başlanan bioeşdeğer progesteron desteği de Aylin Hanım'a hem psikolojik hem de fizyolojik olarak büyük katkı sağlamıştı.

Aylin Hanım dönüşmüştü. Yorgun bakan, mutsuz, enerjisi düşük, umudunu kaybetmiş kadın gitmiş, yerine cildi parlak, gözaltı morlukları kaybolmuş, heyecan dolu, enerjik, kendinden emin biri gelmişti. Ayna karşısında daha çok vakit geçirdiğini, özgürce yediğini ve şişmediğini, kilo almadığını ifade ederken kalbi yerinden fırlayacak küçük bir kız çocuğunun heyecanı vardı yüzünde. Bu bir yolculuktu ve daha çok yolumuz olduğunu ikimiz de biliyorduk. Aylin Hanım evine gittiğinde artık kendisini evinin kadını, annesi gibi hissetmesi çok önemli bir gelişmeydi. Yıllardır annesinin gölgesinin sağladığı konforu, kendi özgürlüğüne tercih etmişti. "Çocuğuma annelik yapmayı özlemişim, iyi bir anne olamamaktan ne kadar da korkuyormuşum meğer," sözleri bir anlamda yetersizlik duygusuyla yüzleşme korkusundan kaçınırken çocuğundan nasıl uzaklaştığını da gözler önüne seriyordu. Bu boşluk yıllarca annesi tarafından doldurulmuştu. Artık korkusunun farkındaydı ve buna izni vardı. Korkmaya ve hatta hata yapmaya da hakkı vardı. Psikoterapi desteğiyle birlikte kendine olan yakınlığı, şefkati de artmıştı. Çevresindeki herkes, yayılan bu olumlu enerjiyi çabucak fark ediyordu.

"Beni yeniden hayata döndürdünüz," demişti üçüncü görüşmemizde. Aylin Hanım'la birlikte bir kez daha ben de yeniden hayata döndüğümü hissettim. Belki, bugünkü bildiğimiz tüm bilgiler ve ben bilirim edasıyla iddia ettiğimiz her doğru yarın değişecek, ama değişmeyecek olan tek bir şey olduğunu biliyorum:

"Bağ kurmak, birlikte anlamlı olduğumuzu, bütünün bir parçası olduğumuzu derinlerde hissetmek ve bu yolda birini koşulsuz sevmek, yerini hiçbir desteğin, otun veya vitaminin alamayacağı en etkili ilaçtır."

Danışanlarımın Ağzından...

Merhaba,

Ben Fatma Afacan. Otuz sekiz yaşındayım ve otizm spektrum bozukluğu olan sekiz yaşındaki Parla'nın annesiyim. Sizlere zorlu geçen yolculuğumuzdan ve Deniz Hoca'yla yolumuzun nasıl kesiştiğinden bahsetmek istiyorum.

Parla, 10 Ekim 2011 doğumlu, iri bir bebekti ve sezaryenle dünyaya geldi. İlk beş aylık gelişiminde, gözlemlediğimiz hiçbir problemi yoktu. Aylık pediatrik takibini yapan doktorumuzun da görüşü bu yöndeydi. Parmaklarıyla sayı saydığımızda o da heyecanla parmaklarını kıpırdatır, gülücükler saçardı. Göz teması hareketleri olsun, bizi takip yetisi olsun her şeyiyle normal bir bebekti. Parla'ya beş aylıkken doktor önerisiyle rota virüsü aşısı yaptırdık ve yakın bir zaman sonra bu durumla ilgili ya da ilgisiz bilemiyorum, sanki bebeğimin bedeninde bir şeyler tetiklenmişti.

Parla birkaç ay içerisinde bayağı değişti, sanki yanımızda değildi de başka bir evrende yaşıyordu. Gözbebekleri donuklaşmıştı, ulaşamadığımız bir mesafeden kayıtsızca bakıyordu (bakıyor denebilirse tabii). Pediatrik takiplerinde doktoru, üstü kapalı bir şekilde, "Çocuk psikiyatri bölümünün görmesi lazım," diyor, ama herhangi bir neden ya da açıklama yapmıyordu. O kadar yorgunduk ki, doktorun bu yüzeysel söylemini aynı yüzeysellikle karşıladık.

Parla bir buçuk yaşına geldiğinde öyle şiddetli bir kusma ve ishal yaşadı ki kendimizi hastaneye zor attık; rengi sapsarı olmuştu ve hiçbir şeye tepki vermiyordu. Ağır bir rota virüsü geçiyordu. Bölüm başkanı, "Çok ağır geçiriyor, aşılama yapılmadı mı?" diye sordu. Bu söylediği beni çok endişelendirmişti.

Bir yandan tedavi sürerken diğer yandan Parla'nın tepkisizliği ve donukluğu bölüm başkanının dikkatini çekti ve çocuk psikiyatri ve nöroloji bölümlerine yönlendirdi. MR, EEG ve psikiyatristin kırk beş dakikalık muayenesi sonucu teşhis şuydu: Otizm Spektrum Bozukluğu!

Uykusuz, yorgun geçen uzun ve bitmek bilmeyen geceler başlamıştı. Parla o kadar hareketliydi ki… Tam uykuya dalmak üzereyken, istemsizce içinden itekleyen bir şeyler hareketlilik yapıyor gibiydi ve bu kıpırdanmalar onu uykudan uzaklaştırıyordu.

Özel bir hastane ve hatırı sayılır bir profesörden teşhis alsa da başka bir doktor daha görsün dedik ve gittik. İnanır mısınız, kendimi hiç bu kadar zavallı ve aciz hissetmemiştim. Doktor, "Maalesef yapacak bir şey yok. Yoğun özel eğitim, yaşam kalitenizi bir nebze iyileştirebilir," demişti. "İyileştirebilir".

O kadar çaresizdim ki… Demek böyle oluyordu, demek engelli birey ve engelli aileler böyle yok sayılıyordu. Herkesten, her şeyden nefret ediyordum. Zaten geçen bir buçuk yılda bitip tükenmiş ve mahvolmuştum, şimdi bir de bu mu?

Yıkılan hayallerimiz ve acı veren gerçeklerimizle, tekrar takibini yapan doktora gittik. "Yoğun özel eğitim ve hemen tam zamanlı kreşe başlamalı, anneden mümkün olduğunca ayrı kalmalı." Bana mı öyle geliyor yoksa doktor benim için "Çocuğuna bakamayan yetersiz bir anne..." imajı mı çiziyordu? Çocuğumun durumundan beni mi sorumlu tutuyordu?

Eşimle birikimimizin büyük bir bölümünü bize söylendiği gibi özel eğitime yatırdık. Bir buçuk yıl yoğun özel eğitim. Sonuç mu? Kocaman bir sıfır. Parla ağlıyordu, Parla tepki vermiyordu... Parla'nın neler yapabildiğini, neleri bildiğini söylememe rağmen, "Çocuktan dünyada olduğuna dair bir işaret alamadıklarını" söylüyorlardı. Herkes yanıldığımı ve Parla'nın durumuna inanmak istemediğimi düşünüyordu. Ama ben hissediyordum, biliyordum; ters giden bir şeyler vardı ve Parla potansiyelini ortaya koyamıyordu, çocuğumu engelleyen bir şeyler vardı ve kimse bana inanmıyordu.

Araştırıyordum, sürekli okuyordum, soruyordum. Çocuğu % 100 tanı almış bir aile vardı, ama doğru beslenme ve takviyelerle çok mesafe kat etmişlerdi. Beslenme konusunda biraz bilgilenmeye başlayınca, Parla'yı gözlemlemeye başladık. Sabah yanıma gelip sakince, "Anne, kek yapalım," diyen çocuğumun, o keki yedikten sonra nasıl mizaç değiştirdiğini gözlerimle gördüm.

Artık start vermek ve özel eğitim dışında bir şeyler yapmak istiyordum. Gıda intoleransı testi yaptırdık ve test sonucu korkunçtu. Her şeye ama her şeye alerjisi vardı, hem de en yüksek sınırdan. Altı ay test sonucuna göre beslemeye çalıştım, biraz sakinleşmişti sanki.

Bu, beslenmenin önemini anlamam için bana biraz olsun ışık tutmuştu. Şunu da belirtmem gerekir ki, beslenmesini kontrol etmeye başlamadan önce, bir türlü geçmeyen kulak enfeksiyonları, ciltte sürekli egzama, çeşitli lezyonlar gibi problemlerle de boğuşuyorduk. Alerjisi olan gıdaları beslenmesinden çıkarmak işe yaradı, fakat bir süre sonra alerjisi olmayan gıdalara da reaksiyon göstermeye başladı. İçerde bir şeyleri düzeltmeden, sadece dışarıdan müdahale ve kısıtlamalarla bir yere varamayacağımızı anlamıştım, aynı zamanda gıda değişimlerinin gözle görülür etkisini de...

Doğru hekimi bulmamız gerektiğini biliyordum. GAPS diyetini duymuştum, bir şekilde GAPS Ankara whatsapp grubuna katıldım. Ama zordu ve hiçbir şey anlamıyordum; nerden ve nasıl başlayacaktım? En önemlisi, takibini kime yaptıracaktım? Diyete başladım ve inanılmaz bir şekilde, inanır mısınız on günde çocuğum yeniden doğdu sanki. GAPS uygulayıcı doktorlarından, özellikle işaret edilen, Deniz Şimşek ile de yollarımızın kesişmesi işte bu döneme rastlar.

Şükürler olsun ki yollarımız kesişmiş. Hemen randevu aldık. Test sonuçlarımız ve diyet notlarımızla birlikte Antalya yolcusuyduk (Diyete başladığımız andan itibaren bir günlük tutmaya başlamıştım, ne yediğinden duygusal geçişlerinden dışkılamasına kadar her şeyi yazdığım bir günlük).

Deniz Hoca tüm notları dikkatle inceliyor, küçük daireler çiziyor ve notlar alıyordu. Parla beş yaşındaydı ve tanı aldığından beri yani üç buçuk yıldır hiç böyle bir ilgi görmemişti! Hoca test sonuçları üzerinden konuşuyordu. "Bağırsaklar çok kötü, bağırsaklara dokunursak Parla'da bir şeyler değişebilir," dedi. Aman Allahım, ilk kez bir doktor bir şeylerin daha iyiye gidebileceğine dair umutlu konuşuyordu. Parla'yı birey olarak görüp hassasiyetle yaklaşıyordu.

Deniz Hoca'nın önerdiği her şeyi zorunluluk bildik ve uygulamaya başladık. Sonuçlar inanılmazdı, resmen bir mucizeye şahit olduk. Yerinde duramayan, yüzümüze bakmayan, bitmek tükenmek bilmeyen ağlama krizleriyle bizleri hayattan bezdiren Parla gitti, yerine ne istediğini bilen, bütün yönergelerimizi alan, okuyan, yazan ve göz temasından kaçınmayan bir Parla geldi.

Şimdi ilkokul ikinci sınıfta. Beş yaşına kadar kimseyle iletişimi olmayan Parla'nın, şimdi sınıfında onlarca arkadaşı var. Öğretmenini dinler, sınıfta uyumlu davranır ve oranın bir disiplini olduğunun farkındadır. Disiplin, kurallar ve Parla yan yana, inanılır gibi değil. Artık sorumluluklarının farkında; sabah okul saatinden önce uyanır, öz bakımını kendisi yapar, saçlarını tarar ve bağlatır. Okul formasını titizlikle giyer, dişlerini fırçalar, okul çantası ve beslenmesi çok önemli bir detay olduğundan bunlara azami özen gösterir.

Deniz Hoca'nın, her zorluğumuzda bize verecek bir cevabı, bizi teselli edecek çözümleri vardı; bilgisini koşulsuzca ve içtenlikle paylaştı, ihtiyaç olan her durumda bizi güvenilir kaynaklara ve kişilere yönlendirdi. Sağ olsun, var olsun…

Fatma Afacan

***

Deniz Abi'yle tanışmam hayatımın en zor döneminde, "Artık her şey bitti galiba," dediğim zamanda, annemin sayesinde oldu. Bir yıla yakın ilaç tedavisi görmüş ama iyileşememiş, aksine ilaçların tüm yan etkilerini hatta çok nadir görülen yan etkilerini bile yaşamış bir insan olarak bu tedavi, benim için köprüden önce son çıkıştı. Bir sürü ilaç denememe rağmen (prozac-anafranil-zyprexa vb) asla iyileşmiyordum. İyileşmedikçe daha çok ilaç veriliyordu ve daha çok yan etki oluyordu. Okulda bayılmalar, kilo almalar, uyku halleri... Yan etkiler çoğaldıkça daha da kötüleşiyordum. Tüm psikiyatristlerin derdi ilaç yazmaktı, ama kimse şunu sormuyordu: "Şima neden? Bunun altında ne yatıyor?" Çünkü bu durum ilaçların iyileştirebileceğinden öte bir durumdu. İşte, Deniz Abi'yle hep o "sebebi" aradık aslında.

Çok zordaydım, beni neyin iyileştireceğini bulacak durumda değildim çünkü asla iyileşmeyeceğimi düşünüyordum; bana göre hep böyle mutsuz ve depresif kalacaktım. Deniz Abi'yi annem araştırıp bulmuştu. "Bu böyle olmaz. Muhakkak bir çıkış bulunmalı," diye düşünüp sorgulamıştı. Annem benim için elinden geleni yapıyordu, ama ben iyileşebileceğime hiç inanmıyordum. Kendimi, anneme büyük bir yük ve mutsuzluk kaynağı gibi görüyordum ki zaten en zoru da buydu; iyileşemeyip, sizin için her şeyi göze alan bir insanı, annenizi mutlu edememekti. Eski okulumdaki bir hocamın, "Annen lanet ediyordur senin gibi bir evladı olduğu için," dediğini hiç unutmam!

Deniz Abi'ye gitmek üzere yola çıktığımda kendimi çok çaresiz hissediyordum. "Geldiğin duruma bak Şima. Senin yüzünden ne çabalar veriliyor, şehir dışında bir doktora gidiyorsun," diye düşünüyor ve boşuna gidiyormuşum gibi hissediyordum. Gittiğimizde Deniz Abi, besin takviyelerinden bahsediyor; kemik suları, turşular, GAPS diyeti falan diyordu. Her şey o kadar karmaşık ve saçma geliyordu ki. "Bunları şunları yeme, besin takviyesi al, psikoterapi gör ve iyileş." Bağırsaklar ve beyin ilişkisi mi? Saçmalık! Daha on dört yaşındaydım ve bazı şeyleri idrak edemiyordum.

O kemik sularının, turşuların tadı çok kötüydü. Arkadaşlarımla buluştuğumda bir şey yiyemezdim, en sevdiğim şey olan sütlü kahveyi içemezdim, bin tane besin takviyesini her yere taşırdım ve bu durumdan nefret ederdim. Kendimi "anormal" hissederdim, çünkü tanıdığım böyle bir insan daha yoktu. Annem hep bana uygun şeyler pişirmeye, o besin takviyelerinden bulmaya çalışırdı ve ben yine kendimi hep bir sorun ve yük olarak görürdüm.

Bu tedaviyi herkes tıpkı benim gibi saçma bulur diye, annem babam dışında kimseye anlatmadım bile. Bu durum gündelik hayatımı çok zorluyordu tabii. "Niye yemiyorsun?", "Bir taneden ne olacak?" gibi ısrarlar hem irademi hem de sinirlerimi zorluyordu. Günler, aylar böyle geçti, çok uzun bir süre bunun gereksiz olduğunu ve asla iyileşemeyeceğimi düşünmeye devam ettim. Ama içimden bir ses, "İlaçla iyileşemedin, bir de bunu dene, ne olacak?" diyordu. Bir yandan vicdanım da bu tedaviyi bırakmaya el vermiyordu. Annemin benim için harcadığı onca çaba boşa gitsin istemiyordum. Mesela, bir gün yaşadığım bir baygınlığın ardından nöroloğa giderken annemin stresten dudağında uçuk çıktığını hiç unutmam.

Deniz Abi'yle ilerleyip bu beslenme düzenini uyguladıkça asıl saçma olanın benim düşüncelerim olduğunu anladım çünkü iyileşiyordum. Bu tedavinin ardından sadece ruh halim değil, küçüklüğümden beri ağzımda çıkan yaralarım, ergenliğimden beri hiç dinmeyen sivilcelerim (sivilceler için gitmediğim doktor, denemediğim maske kalmamıştı), kış boyunca bitmek bilmeyen hastalanmalarım, sürekli hissettiğim açlık durumum da düzeldi. Meğer sivilcelerin, ağzımdaki yaraların sebebi hep yediklerimmiş. Şimdi bile ne zaman işin ucunu kaçırsam, sağ olsunlar hemen kendilerini gösteriyorlar.

Bu tedaviyi ve beslenme düzenini başta hiç benimsememiştim ama şimdi tamamen iyileştim ve her şey geride kaldı. Hatta bu beslenmeye uygun tariflerimi ve deneyimlerimi paylaştığım bir hesap bile açtım: @simanindunyasi. Bu tedaviye ilk başladığımızda hem durumum nedeniyle hem beslenmemin değişmesiyle duvara çakılmış gibiydim ve çok öfkeliydim. Deniz Abi'yle görüşmelerimiz bu öfkemi ve mutsuzluğumu da dindirdi. Kendimi dinlemeyi ve sevmeyi, anı yaşamayı, ayaklarım üstünde durmayı ve konfor alanı dediğimiz o yerden çıkmayı bana öğretti. En başta yazdığım, kendimi yük gibi hissettiğime dair düşüncelerimin çok yanlış olduğunu zaman geçtikçe anladım. Herkes hastalanabilirdi ve böyle zamanlarda aile olmayacaksak ne zaman olacaktık? Ayrıca annemin benimle her gün gurur duyduğunu ve "iyi ki" dediğini öğrendim.

Bu tedaviyi benimseyip iyileşirken artık yiyemediklerime değil yiyebildiklerime odaklanıyor ve hayatı kendim için kolaylaştırmaya çalışıyordum. Arkadaşlarımla buluştuğumda, bana uygun ne varsa ona odaklanıyordum, kahvemi sade içmeyi sevmeye başlamıştım. Zaten iyileştikten sonra o çok katı olan kurallar da biraz esneklik göstermişti.

Bu süreçte hem ruhum hem bedenim için çok şey öğrendim. Artık her şeye daha sakin ve çözüm odaklı yaklaşıyorum, bazı şeyleri olduğu gibi kabul ediyorum; eskisi gibi negatif ve aksi değilim. Eskiden beni sinirlendiren, "Yine mi benim başıma geldiniz!" dediğim şeylere zor da olsa, "Neden benim başıma geldiniz, bana ne öğreteceksiniz?" diyorum artık. Mesela o beni inciten öğretmenime ve psikiyatriste kızmıyorum bile; çünkü mutlaka onlardan da öğrendiğim şeyler olmuştur.

Bu yola on dört yaşında girdim, şimdi on sekiz yaşındayım. İyileştim ama hâlâ aynı yoldayım, hâlâ öğreniyorum ve Deniz Abi'yle tanıştığım için çok şanslıyım. Geriye bakıp da ne kadar yol kat ettiğimi görünce, kendimle ve ailemle öyle gurur duyuyorum ki... Desteğin, sabrın, emeklerin kısacası her şey için tekrar çok teşekkür ederim Deniz Abi, iyi ki varsın!

Şima Behen

***

Merhaba,

1983 doğumluyum. On üç yaşıma gelene kadar sürekli boğaz ağrısı ve iltihabı gibi şikâyetlerim oldu fakat bu rahatsızlıklarım kalıcı olarak tedavi edilemediği için belli periyotlarla benzeri sıkıntılar yaşadım. On üç yaşıma geldiğimde ise, bir sabah uyandığımda yataktan kalkamadım. Ayaklarım beynimin verdiği emirleri dinlemiyordu. Bedenim o kadar aciz bir haldeydi ki, direkt hastaneye götürüldüm.

Hastaneye yatışım yapıldıktan sonra koyulan ilk teşhis, "romatoid artrit" idi. Ardından bir ay boyunca günde üç sefer 1200'lük penadur iğneyle tedavi süreci başladı. Bu süreçte hastanede kontrol altında tutuldum. Bir ayın sonunda hastaneden taburcu edildiğimde, hiçbir şeyin eskisi gibi olmayacağını henüz bilmiyordum. Yirmi beş yaşıma kadar her ay bir adet "deposilin" vurulmaya başladım. Hayat kalitem oldukça iyiydi. Her ay iğnemi oluyor ve hayatıma sorunsuz bir şekilde devam ediyordum.

Yirmi beş yaşımda "deposilin" olmayı bıraktım. Bu süreç içinde artık hayatın temposuna adapte oluyor, yaşamaya devam ediyordum. Yirmili ve otuzlu yaşlarımda, yoğun ve stresli bir tempoda çalışırken hayatıma sigara da dahil olmuştu. Otuz yaşıma geldiğimde, gün içinde durduk yere terliyordum, arada kalp çarpıntısı da yaşıyordum. Bir buçuk ayda doksan kilodan yetmiş beş kiloya inmiştim. Bir gece evde otururken, aniden gelen terlemeyle birlikte yoğun bir kalp çarpıntısı yaşadım ve acilen hastaneye gittim. Yapılan tetkikler sonucunda, tiroit fonksiyonlarımın hızlı çalıştığı ve yaşadığım kilo kaybının, terlemenin ve kalp çarpıntısının bundan dolayı olduğu söylendi. Ertesi gün bir endokrinoloji uzmanına giderek tedavi olmaya başladım. Bir yıl boyunca ilaç tedavisi gördükten sonra istenilen başarıya ulaşılamadığı için cerrahi bir müdahaleyle tiroitlerim alındı ve düzenli olarak tiroid hormonu kullanmaya başladım. Bu süreç içerisinde "romatoid artrit"ten dolayı herhangi bir şikâyetim yoktu.

Bu ameliyatı olduktan bir yıl sonra; bel ağrıları, omuz ağrıları, geceleri uyuyamama gibi şikâyetlerle bir romatoloji doktoruna gittim. Romatoloji doktoru muayenenin sonunda artık romatoid arterit hastası olmadığımı söyledi. Hastalığımın "ankilozan spondilit" olduğunu öğrendim ve buna yönelik ilaç kullanmaya başladım. Tedaviye başladıktan sonra dayanılmaz ağrılarım hafiflemiş ve uykularım daha kaliteli olmuştu. Ta ki şehir dışına yolculuğa çıktığımda ilacımı almayı unutana kadar. İki gün ilacımı içmeyince ertesi günün sabahında bütün şikâyetlerim geri geldi. O an aslında gerçekten tedavi olmadığımı, sadece semptomları bastırmaya yönelik bir tedavi gördüğümü anladım.

Daha sonra hastalığımın semptomlarını bastırmaktan ziyade, kökenindeki sorunları bulup çözebilmek için araştırmalara başladım. Hastalığımın bir bağışıklık sistemi bozukluğu olduğunu ve modern tıpta bağışıklık sistemiyle alakalı net bir çözüm bulunamadığını anlamıştım. Kullandığım ilacın yan etkilerini araştırıp öğrendikten sonra onu kullanmayı bırakıp sürekli araştırmaya ve öğrenmeye başladım. Bu sürede eşimin kardeşi olan Avukat Safa Aslaner, bana sürekli olarak bütüncül tıp adında bir yaklaşımdan bahsediyor, kesinlikle bu yaklaşımla şifa bulacağımı ve hayat kalitemin artacağını anlatıyordu. Artık beni bir doktorun iyileştirebileceğine inancım kalmadığı için bu yaklaşıma da çok sıcak bakmadım.

Yedi sekiz ay boyunca bu bütüncül yaklaşımı anlatan Safa Bey, Antalya'da yaşayan Dr. Deniz Şimşek'ten bahsetti. Ben de en sonunda ikna olup Deniz Hoca'dan randevu aldım ve eşimle beraber Antalya'ya gittik. Deniz Hoca'yla gerçekleştirdiğimiz iki saatlik görüşmenin sonunda, hocanın anlattıkları ile hastalık sürecimde yaşadıklarımı karşılaştırdığımda tam bir uyum ve anlam bütünlüğü olduğunu gördüm. Kendisinin yaklaşımına inandığım için tedavi sürecine başladık. Deniz Şimşek Hoca görüşmede bize bedenin sadece et ve kemikten ibaret olmadığını anlattı. Vücudumuza yansıttığımız her duygunun, aldığımız her besinin, stresin, uyku düzeninin ve insan ilişkilerinin bir anlamı olduğunu ve bunların bedenimiz üzerinde etkisi olduğunu öğrendik. Ayrıca, diğer tedavi yöntemlerinden farklı olarak vücudun doğumdan itibaren yaşadığı her olayın, başından geçen her durumun bugünü etkilediğini öğrendik. Evet, çok mantıklıydı; çocukluğumuzu, gençliğimizi nasıl geçirdiğimizin bir anlamı ve etkisi vardı. Bugün "ankilozan spondilit" isem, aslında hayatımda buna neden olan pek çok işaret vardı. Deniz Hoca bana bunları açıkladı, sebep sonuç ilişkilerini daha önce hiçbir doktordan duymadığım şekilde kendisinden dinledim ve görüşmeden çıktığımda içimden geçen tek şey şuydu: "Evet ya, söyledikleri gayet mantıklı." Deniz Hoca ile yaptığım görüşme sonucunda, aklımdaki pek çok şeyin açıklığa kavuştuğunu hissettim ve tekrar bir tedaviye başlamak için kendimde güç ve inanç buldum. Bence vücudum da duyduklarımı hissetmiş ve bir parça rahatlamıştı.

Şunu özellikle belirtmem gerekir ki, Deniz Hoca'nın psikoloji bilen bir bütüncül tıp doktoru olmasının kesinlikle çok faydasını gördüm. Deniz Hoca, vücudumuzun dilini ve bize söylemek istediklerini sesli olarak anlattı, bir de üzerine işin ruhsal ve besin içerikli boyutunu anlattı. Bu görüşme sonrasında tedaviye başladık ve kısa zaman sonra etkilerini görmeye başladım. Vücudumdaki ağrılar, kaskatı kesilmeler, hareket zorluklarım geçmeye başladı. Uykularım daha sağlıklı hale geldi ve en önemlisi umutsuzluğum bitti. Evet, bu hastalıkla mücadele etmem için, ilerleyen yaşlarda durumumun daha da kötüleşmemesi için artık bir umudum vardı. Dahası bu umutlarımın bilimsel, mantıklı, ikna edici açıklamaları vardı. Kendim için, vücudum için, bu çaresizlik hissinden kurtulmak için bir şansım vardı. Takviyelerle beraber olumlu etkilerini gördükçe daha pozitif bir insan oldum, daha iyimser hale geldim ve bu da tedavi sürecimi olumlu etkiledi.

Onur Girdap

KAYNAKÇA

Ruhsal Sistem

Cruz-Pereira JS, Rea K, Nolan YM, et al. Depression's Unholy Trinity: Dysregulated Stress, Immunity and the Microbiome. Annu Rev Psychol. 2020 Jan 4;71:49-78.

Esplugues JV, Barrachina MD, Beltrán B, et al. Inhibition of gastric acid secretion by stress: a protective reflex mediated by cerebral nitric oxide. Proc Natl Acad Sci U S A. 1996;93(25):14839–14844.

Wang SX, Wu WC. Effects of psychological stress on small intestinal motility and bacteria and mucosa in mice. World J Gastroenterol. 2005;11(13):2016–2021.

Mantis NJ, Rol N, Corthésy B. Secretory IgA's complex roles in immunity and mucosal homeostasis in the gut. Mucosal Immunol. 2011;4(6):603–611.

Freestone PP, Sandrini SM, Haigh RD Microbial endocrinology: how stress influences susceptibility to infection. Trends Microbiol. 2008 Feb;16(2):55-64.

Selye H.: The story of the adaptation syndrome. Acta Inc. Medical Publishers, Montreal, 1952
Selye H.: Stress and disease. Science 122: 625-631. 1955
Selye H. The Evolution of the Stress Concept. 1973;61(6):692–699.

Stress of Life from Molecules to Man. Annals of the New York Academy of Sciences. Volume 851. 1998
Mann JJ. Role of the serotonergic system in the pathogenesis of major depression and suicidal behavior. Neuropsychopharmacology. 1999 Aug;21(2 Suppl):99S-105S.

Patrick, R.P. and B.N. Ames, Vitamin D hormone regulates serotonin synthesis. Part 1: relevance for autism. FASEB. J, 6/2014. 28(6): p. 2398-2413.

Patrick, R.P. and B.N. Ames, Vitamin D and the omega-3 fatty acids control serotonin synthesis and action, part 2: relevance for ADHD, bipolar disorder, schizophrenia, and impulsive behavior. Faseb J, 6/2015. 29(6): p. 2207-2222.

Hasegawa, H. and K. Nakamura, CHAPTER 2.3 - Tryptophan Hydroxylase and Serotonin Synthesis Regulation, in Handbook of Behavioral Neuroscience, C.P. Müller and B.L. Jacobs, Editors. 2010, Elsevier. p. 183-202.

Kim, J. and M. Wessling-Resnick. Iron and mechanisms of emotional behavior. J Nutr Biochem, 2014. 25(11): p. 1101-1107.

Altunsoy, N., et al., Exploring the relationship between vitamin D and mania: correlations between serum vitamin D levels and disease activity. Nord J Psychiatry, 2018: p. 1-5.

Hedelin, M., et al., Dietary intake of fish, omega-3, omega-6 polyunsaturated fatty acids and vitamin D and the prevalence of psychotic-like symptoms in a cohort of 33 000 women from the general population. BMC Psychiatry, 2010. 10: p. 38-38.

Bahrami A, Mazloum SR, Maghsoudi S et al. High Dose Vitamin D Supplementation Is Associated With a Reduction in Depression Score Among Adolescent Girls: A Nine-Week Follow-Up Study. J Diet Suppl. 2018 Mar 4;15(2):173-182

Miller AH, Raison CL. The role of inflammation in depression: from evolutionary imperative to modern treatment target. Nat Rev Immunol. 2016;16:22-34.

Miller AH. Depression and immunity: a role for T cells? Brain Behav Immun. 2010;24:1-8.

Beurel E, Harrington LE, Jope RS. Inflammatory T helper 17 cells promote depression-like behavior in mice. Biol Psychiatry. 2013;73:622-630.

Raison CL, Rutherford RE, Woolwine BJ, et al. A randomized controlled trial of the tumor necrosis factor antagonist infliximab for treatment-resistant depression: the role of baseline inflammatory biomarkers. JAMA Psychiatry. 2013;70:31-41.

Eisenberger NI, Berkman ET, Inagaki TK, et al. Inflammation-induced anhedonia: endotoxin reduces ventral striatum responses to reward. Biol Psychiatry. 2010;68:748-754.

Harrison NA, Voon V, Cercignani M, et al. A neurocomputational account of how inflammation enhances sensitivity to punishments versus rewards. Biol Psychiatry. 2016;80:73-81.

Felger JC, Li Z, Haroon E, et al. Inflammation is associated with decreased functional connectivity within corticostriatal reward circuitry in depression. Mol Psychiatry. 2016;21:1358-1365.

Ambrósio G, Kaufmann FN, Manosso L, et al. Depression and peripheral inflammatory profile of patients with obesity. Psychoneuroendocrinology. 2018 May;91:132-141.

Slavich GM, Way BM, Eisenberger NI, et al. Neural sensitivity to social rejection is associated with inflammatory responses to social stress. Proc Natl Acad Sci USA. 2010;107:14817-14822.

Brundin L, Bryleva EY, Thirtamara Rajamani K. Role of inflammation in suicide: from mechanisms to treatment. Neuropsychopharmacol. 2017;42:271-283.

Haroon E, Fleischer CC, Felger JC, et al. Conceptual convergence: increased inflammation is associated with increased basal ganglia glutamate in patients with major depression. Mol Psychiatry. 2016;21:1351-1357.

Dantzer R, Walker AK. Is there a role for glutamate-mediated excitotoxicity in inflammation-induced depression? J Neural Transm (Vienna). 2014 Aug;121(8):925-32.

McKim DB, Weber MD, Niraula A, et al. Microglial recruitment of IL-1beta-producing monocytes to brain endothelium causes stress-induced anxiety. Mol Psychiatry. April 4, 2017; Epub ahead of print.

Menard C, Pfau ML, Hodes GE, et al. Social stress induces neurovascular pathology promoting depression. Nat Neurosci. 2017;20:1752-1760.

Ott A, Stolk RP, van Harskamp F, et al. Diabetes mellitus and the risk of dementia: the rotterdam study. Neurology (1999) 53:1937–42.

Svenningsson I, Bjorkelund C, Marklund B. Anxiety and depression in obese and normal-weight individuals with diabetes type 2: a gender perspective. Scand J Caring Sci. (2012) 26:349–54.

Ali S, Stone MA, Peters JL, et al. The prevalence of co-morbid depression in adults with Type 2 diabetes: a systematic review and meta-analysis. Diabetic Med. (2006) 23:1165–73.

Eaton WW, Armenian H, Gallo J, Pratt L, Ford DE. Depression and risk for onset of type II diabetes. A prospective population-based study. Diabetes Care (1996) 19:1097–102.

Simon GE, Von Korff M, Saunders K, Miglioretti DL, Crane PK, van Belle G, et al. Association between obesity and psychiatric disorders in the US adult population. Arch General Psychiatry (2006) 63:824–30.

van Bodegom M1, Homberg JR1, Henckens MJAG. Modulation of the Hypothalamic-Pituitary-Adrenal Axis by Early Life Stress Exposure. Front Cell Neurosci. 2017 Apr 19;11:87.

Brachman, Rebecca A., Michael L, et al. "Lymphocytes from Chronically Stressed Mice Confer Antidepressant-Like Effects to Naive Mice." The Journal of Neuroscience (January 28, 2015): 1530–38.

Del Grande da Silva, Giovanna, Carolina David Wiener, et al. "Pro-Inflammatory Cytokines and Psychotherapy in Depression: Results from a Randomized Clinical Trial." Journal of Psychiatric Research 75 (April 2016): 57–64.

Pan, Ying, Xu-Yang Chen, Qing-Yu Zhang, and Ling-Dong Kong. "Microglial NLRP3 Inflammasome Activation Mediates IL-1β-Related Inflammation in Prefrontal Cortex of Depressive Rats." Brain, Behavior, and Immunity 41 (October 2014): 90–100.

Jacka, Felice N., Adrienne O'Neil, Rachelle Opie, et al. "A Randomised Controlled Trial of Dietary Improvement for Adults with Major Depression (the 'SMILES' Trial)." BMC Medicine (January 30, 2017): 23.

Patki G, Solanki N, Atrooz F, et al.Depression, anxiety-like behavior and memory impairment are associated with increased oxidative stress and inflammation in a rat model of social stress. Brain Res. 2013; 1539: 73-86.

Bokovi M, Vovk T, Plesniar BK, et al. Oxidative Stress in Schizophrenia.Curr Neuropharmacol 2011; 9: 301–312.

Fournier M, Ferrari C, Philipp S. et al. Do Impaired Metabolic Reactivity to Oxidative Stress in Early Psychosis Patients. Schizophr Bull 2014; 40: 973–83.

Genc A, Kalelioglu T, Karamustafalioglu N, et al. Level of plasma thioredoxin in male patients with manic episode at initial and post-electroconvulsive or antipsychotic treatment. Psychiatry Clin Neurosci. 2015 Jun;69(6):344-50.

Anghelescu, I., Edwards, D., Seifritz, E. and Kasper, S. Stress management and the role of Rhodiola rosea: a review. International Journal of Psychiatry in Clinical Practice, 2018; 22(4), pp.242-252.

Cropley, M., Banks, A. and Boyle, J. The Effects of Rhodiola rosea L. Extract on Anxiety, Stress, Cognition and Other Mood Symptoms. Phytotherapy Research, 2015; 29(12), pp.1934-1939.

Goldstein P, Weissman-Fogel I, Shamay-Tsoory SG. The role of touch in regulating inter-partner physiological coupling during empathy for pain. Sci Rep. 2017 Jun 12;7(1):3252.

University of Colorado at Boulder "When Lovers Touch, Their Breathing and Heartbeat Syncs While Pain Wanes." NeuroscienceNews. NeuroscienceNews, 20 June 2017.

Sobota R, Mihara T, Forrest A Oxytocin reduces amygdala activity, increases social interactions, and reduces anxiety-like behavior irrespective of NMDAR antagonism.
Behav Neurosci. 2015 Aug;129(4):389-98.

Krol KM, Moulder RG, Lillard TS Epigenetic dynamics in infancy and the impact of maternal engagement. Sci Adv. 2019 Oct 16;5(10):eaay0680.

Scatliffe N, Casavant S, Vittner D Oxytocin and early parent-infant interactions: A systematic review. Int J Nurs Sci. 2019 Sep 12;6(4):445-453.

Beslenme, Sindirim Sistemi, Bağırsaklar

Westerterp-Plantenga MS, Nieuwenhuizen A Dietary protein, weight loss, and weight maintenance. Annu Rev Nutr. 2009;29:21-41.

C. Bushdid, M. O. Magnasco, L. B. Vosshall, et .al. Humans Can Discriminate More than 1 Trillion Olfactory Stimuli. Science, March 2014

Tillonen J, Homann N, Rautio M, et al. Role of yeasts in the salivary acetaldehyde production from ethanol among risk groups for ethanol-associated oral cavity cancer. Alcohol Clin Exp Res. 1999 Aug;23(8):1409-15.

Baliga S, Muglikar S, Kale R. Salivary pH: A diagnostic biomarker. J Indian Soc Periodontol. 2013 Jul;17(4):461-5.

Bor S Consensus Report on Gastroesophageal Reflux Disease in Turkey. Turk J Gastroenterol. 2017 Dec;28(Suppl 1):S1-S2.

Ruscin JM, Page RL, II, Valuck RJ. Vitamin B(12) deficiency associated with histamine(2)-receptor antagonists and a proton-pump inhibitor. Ann Pharmacother. 2002 May; 36(5):812–16.

Pali-Scholl I, Jensen-Jarolim E. Review article: Anti-acid medication as a risk factor for food allergy. Allergy. 2011; 66:469–77.

Vesper BJ, Jawdi A, Altman KW, et al. The effect of proton pump inhibitors on the human microbiota. Current Drug Metabolism. 2009; 10:84–9

Epstein M, McGrath S, Law F. Proton-pump inhibitors and hypomagnesemic hypoparathyroidism. N Engl J Med. 2006 Oct 26; 355(17):1834–6.

Cundy T, Mackay J. Proton pump inhibitors and severe hypomagnesaemia. Curr Opin Gastroenterol. 2011 Mar; 27(2):180–85.

MacKay JD, Blandon PT. Hypomagnesaemia due to proton-pump inhibitor therapy: A clinical case series. Q J Med. 2010; 103:387–95.

Hoorn EJ, van der Hoek J, et al. A case series of proton pump inhibitor-induced hypomagnesemia. Am J Kidney Dis. 2010 Jul; 56(1):112–6.

Ozutemiz AO, Aydin HH, Isler M, et al. Effect of omeprazole on plasma zinc levels after oral zinc administration. Indian J Gastroenterol. 2002 Nov-Dec; 21(6):216–8.

Farrell CP, Morgan M, Rudolph DS, et al. Proton pump inhibitors interfere with zinc absorption and zinc body stores. Gastroenterology Research. 2011; 4(6):243–51.

Sturniolo GC, Montino MC, Rossetto L, et al. Inhibition of gastric acid secretion reduces zinc absorption in man. J Am Coll Nutr. 1991 Aug; 10(4):372–75.)

Tran-Duy A, Connell NJ, Vanmolkot FH, et al. Use of proton pump inhibitors and risk of iron deficiency: a population-based case-control study. J Intern Med. 2019;285:205-214.

McCarthy D. Iron deficiency anemia due to proton pump inhibitors: clinical impact revealed. J Intern Med. 2019;285:245-247.

Lam JR, Schneider JL, Quesenberry CP, et al. Proton pump inhibitor and histamine-2 receptor antagonist use and iron deficiency. Gastroenterology. 2017;152:821-829.e1.

Heidelbaugh JJ. Proton pump inhibitors and risk of vitamin and mineral deficiency: evidence and clinical implications. Ther Adv Drug Saf. 2013; 4: 125-133.

McColl KEL. Effect of proton pump inhibitors on vitamins and minerals. Am J Gastroenterol. 2009; 104:S5–S9.

Malfertheiner P, Megraud F, O'Morain C, et al. Current concepts in the management of Helicobacter pylori infection: The Maastricht III Consensus Report. Gut 2007; 56:772–81.

Sachmechi I, Reich DM, Aninyei M, et al. Effect of proton pump inhibitors on serum thyroid-stimulating hormone level in euthyroid patients treated with levothyroxine for hypothyroidism. Endocr Pract. 2007 Jul-Aug ;13(4):345–9.

Centanni M, Gargano L, Canettieri G, et al. Thyroxine in goiter, Helicobacter pylori infection, and chronic gastritis. N Engl J Med. 2006 Apr 27; 354(17): 1787–95.

Laheij R, Sturkenboom M, Hassing R, et al. Risk of Community-Acquired Pneumonia and Use of Gastric Acid-Suppressive Drugs. JAMA. 2004;292:1955-1960.

Dial S, Delaney JAC, Barkun AN, Suissa S. Use of gastric acid-suppressive agents and the risk of com- munity acquired Clostrium difficile-associated disease. JAMA. 2005; 294(23):2989–95.

Bavishi C, DuPont HL. Systemic review: The use of proton pump inhibitors and increased susceptibility to enteric infection. Aliment Pharmacol Ther. 2011; 34:1269–81.)

D.Y. Graham. J.L. Smith, and D.J. Patterson, "Why Do Apparently Healthy People Use Antacid Tablets? Am J Gastroenterol 78 (1983): 257-60.

Capper WM, Butler TJ, Kilby JO. Gallstones, gastric secretion, and flatulent dyspepsia. Lancet. 1967 Feb 25;1(7487):413-5.

Rawls W, Ancona V. Chronic urticaria associated with hypochlorhydria or achlorhydria.
Rev Gastroenterol. 1951 Apr;18(4):267-71.

Witte TJ, Geerdink PJ, Lamers CB Hypochlorhydria and hypergastrinaemia in rheumatoid arthritis. Ann Rheum Dis. 1979 Feb;38(1):14-7.

Dotevall G, Walan A. Gastric secretion of acid and intrinsic factor in patients with hyper- and hypothyroidism. Acta Med Scand. 1969 Dec;186(6):529-33.

Howitz J, Schwartz M. Vitiligo, achlorhydria and pernicious anaemia. Lancet. 1971 Jun 26;1(7713):1331-4.

Ding L, Yang L, Wang Z Bile acid nuclear receptor FXR and digestive system diseases.
Acta Pharm Sin B. 2015 Mar;5(2):135-44.

Trepel F Dietary fibre: more than a matter of dietetics. I. Compounds, properties, physiological effects. Wien Klin Wochenschr. 2004 Jul 31;116(14):465-76.

Thompson, J., M. Manore. 2005. Fiber, nutrition; an apptied approach. Publishing at Benjamin Cummings, 1302 Sansome, St.,San Francisco, p: 123-139.

Kahlon, T.S., F.I. Chow, J.L. Hoefer and A.A. Betschart. 2001. Effect of wheat bran fiber and bran particle size on fat and fiber digestibility and gastrointestinal tract measurements in the rat. Cereal Chemistry. 78(4): 481–484.

Logan AC. Dietary fiber, mood, and behavior. Nutrition. 2006 Feb;22(2):213-4; author reply 215.

Saldamlı İ. Gıda Kimyası. Hacettepe Üniversitesi Yayınları, 2007 Ankara, s: 119-123

Wouw M, Boehme M, Lyte JM, et al. Short-chain fatty acids: microbial metabolites that alleviate stress-induced brain-gut axis alterations. J Physiol. 2018 Oct;596(20):4923-4944.

Abdelli LS, Samsam A, Naser SA. Propionic Acid Induces Gliosis and Neuro-inflammation through Modulation of PTEN/ AKT Pathway in Autism Spectrum Disorder. Sci Rep. 2019 Jun 19;9(1):8824.

Macfabe DF. Short-chain fatty acid fermentation products of the gut microbiome: implications in autism spectrum disorders.

Microb Ecol Health Dis. 2012;23:10.3402/mehd.v23i0.19260. Published 2012 Aug 24.

Hsiao, E. Y. Gastrointestinal Issues in Autism Spectrum Disorder. Harvard Review of Psychiatry. 22, 104–111 (2014).
Strati, F. et al. New evidences on the altered gut microbiota in autism spectrum disorders. Microbiome. 5 (2017).

Macfabe DF. Short-chain fatty acid fermentation products of the gut microbiome: implications in autism spectrum disorders. Microbial Ecology in Health & Disease. 23 (2012).

Macfabe DF, Cain NE, Boon F, et al. Effects of the enteric bacterial metabolic product propionic acid on object-directed behavior, social behavior, cognition, and neuroinflammation in adolescent rats: Relevance to autism spectrum disorder. Behavioural Brain Research. 217, 47–54 (2011).

Macfabe DF. et al. A Novel Rodent Model of Autism: Intraventricular Infusions of Propionic Acid Increase Locomotor Activity and Induce Neuroinflammation and Oxidative Stress in Discrete Regions of Adult Rat Brain. American Journal of Biochemistry and Biotechnology. 4, 146–166 (2008).

Hughes HK, Rose D, Ashwood P. The Gut Microbiota and Dysbiosis in Autism Spectrum Disorders. Current Neurology and Neuroscience Reports. 18 (2018).

Riddle MS, Murray JA, Cash BD, et al. Pathogen-specific risk of celiac disease following bacterial causes of foodborne illness: a retrospective cohort study. Dig Dis Sci. 2013 Nov;58(11):3242-5.

Bures J, Cyrany J, Kohoutova D, et al. Small intestinal bacterial overgrowth syndrome.
World J Gastroenterol. 2010;16(24):2978–2990.

Dukowicz AC, Lacy BE, Levine GM. Small intestinal bacterial overgrowth: a comprehensive review. Gastroenterol Hepatol (N Y). 2007 Feb;3(2):112-22.

Deloose E1, Janssen P, Depoortere I The migrating motor complex: control mechanisms and its role in health and disease. Nat Rev Gastroenterol Hepatol. 2012 Mar 27;9(5):271-85.

Lin HC. Small intestinal bacterial overgrowth: a framework for understanding irritable bowel syndrome. JAMA 2004; 292: 852-858

Pimentel M, Chow EJ, Lin HC. Eradication of small intestinal bacterial overgrowth reduces symptoms of irritable bowel syndrome. Am J Gastroenterol 2000; 95: 3503-3506

Scarpellini E, Giorgio V, Gabrielli M, et al. Prevalence of small intes- tinal bacterial overgrowth in children with irritable bowel syndrome: a case-control study. J Pediatr 2009; 155: 416-420

Ford AC, Spiegel BM, Talley NJ, et al. Small intestinal bacterial overgrowth in irritable bowel syndrome: systematic review and meta-analysis. Clin Gastroenterol Hepatol 2009; 7: 1279-1286

Mann NS, Limoges-Gonzales M. The prevalence of small intestinal bacterial overgrowth in irritable bowel syndrome. Hepatogastroenterology 2009; 56: 718-721

Fasano A. Leaky gut and autoimmune diseases. Clin Rev Allergy Immunol.
2012 Feb;42(1):718.

Gabbard SL, Lacy BE, Levine GM The impact of alcohol consumption and cholecystectomy on small intestinal bacterial overgrowth. Dig Dis Sci. 2014 Mar;59(3):638-44.

Hauge T, Persson J, Danielsson D. Mucosal bacterial growth in the upper gastrointestinal tract in alcoholics (heavy drinkers). Digestion. 1997;58(6):591-5.

Cornish JA, Tan E, Simillis C, The risk of oral contraceptives in the etiology of inflammatory bowel disease: a meta-analysis. Am J Gastroenterol. 2008 Sep;103(9):2394-400.

Levin I, Meiri G, Peretz M The ternary complex of Pseudomonas aeruginosa alcohol dehydrogenase with NADH and ethylene glycol. Protein Sci. 2004 Jun;13(6):1547-56.

Manzel A, Muller DN, Hafler DA, Erdman SE, Linker RA, Kleinewietfeld M. Role of "Western diet" in inflammatory autoimmune diseases. Curr Allergy Asthma Rep. 2014;14(1):404.

Kinnucan JA, Rubin DT, Ali T. Sleep and inflammatory bowel disease: exploring the relationship between sleep disturbances and inflammation. Gastroenterol Hepatol (N Y). 2013;9(11):718–727.

Lauritano EC, Gabrielli M, Scarpellini E Small intestinal bacterial overgrowth recurrence after antibiotic therapy. Am J Gastroenterol. 2008 Aug;103(8):2031-5.

Esplugues JV, Barrachina MD, Beltrán B, Calatayud S, Whittle BJ, Moncada S. Inhibition of gastric acid secretion by stress: a protective reflex mediated by cerebral nitric oxide. Proc Natl Acad Sci U S A. 1996;93(25):14839–14844.

Wang SX, Wu WC. Effects of psychological stress on small intestinal motility and bacteria and mucosa in mice. World J Gastroenterol. 2005;11(13):2016–2021.

Mantis NJ, Rol N, Corthésy B. Secretory IgA's complex roles in immunity and mucosal homeostasis in the gut. Mucosal Immunol. 2011;4(6):603–611.

Freestone PP, Sandrini SM, Haigh RD Microbial endocrinology: how stress influences susceptibility to infection. Trends Microbiol. 2008 Feb;16(2):55-64.

İnflamasyon

Liu T, Zhang L, Joo D NF-κB signaling in inflammation. Signal Transduct Target Ther. 2017;2: 17023.

Nyati KK, Masuda K, Zaman MM, et al. TLR4-induced NF-κB and MAPK signaling regulate the IL-6 mRNA stabilizing protein Arid5a. Nucleic Acids Res. 2017;45(5):2687–2703.

He X, Cui LH, Wang XH, et al. Modulation of inflammation by toll-like receptor 4/nuclear factor-kappa B in diarrhea-predominant irritable bowel syndrome. Oncotarget. 2017;8(69):113957–113965. Published 2017 Dec 8.

Portela-Cidade JP, Borges-Canha M, Leite-Moreira AF, et al. Systematic Review of the Relation Between Intestinal Microbiota and Toll-Like Receptors in the Metabolic Syndrome: What Do We Know So Far? GE Port J Gastroenterol. 2015 Aug 14;22(6):240-258.

Szumilas D, Krysiak R, Okopień B. The role of TLR4 receptor in development of inflammation and carcinogenesis in ulcerative colitis and pharmacotherapy of this disorder. Wiad Lek. 2013;66(1):3-9.

Kelei Li, Tao Huang, Jusheng Zheng, et al. Effect of Marine-Derived n-3 Polyunsaturated Fatty Acids on C-Reactive Protein, Interleukin 6 and Tumor Necrosis Factor α: A Meta-Analysis PLoS One. 2014; 9(2): e88103.

Fleming JA, Kris-Etherton PM. The evidence for α-linolenic acid and cardiovascular disease benefits: Comparisons with eicosapentaenoic acid and docosahexaenoic acid.
Adv Nutr. 2014 Nov 14;5(6):863S-76S.

Wang C, Harris WS, Chung M, et al. n-3 Fatty acids from fish or fish-oil supplements, but not alpha-linolenic acid, benefit cardiovascular disease outcomes in primary- and secondary-prevention studies: a systematic review. Am J Clin Nutr. 2006 Jul;84(1):5-17.

Simopoulos AP. The importance of the ratio of omega-6/omega-3 essential fatty acids.
Biomed Pharmacother. 2002 Oct;56(8):365-79.

Simopoulos AP An Increase in the Omega-6/Omega-3 Fatty Acid Ratio Increases the Risk for Obesity. Nutrients. 2016 Mar 2;8(3):128.

Calder PC. n-3 polyunsaturated fatty acids, inflammation and inflammatory diseases.
Am J Clin Nutr. 2006 Jun;83(6 Suppl):1505S-1519S.

Vedin I, Cederholm T, Freund Levi Y, et al. Effects of docosahexaenoic acid-rich n-3 fatty acid supplementation on cytokine release from blood mononuclear leukocytes: the OmegAD study. Am J Clin Nutr. 2008 Jun;87(6):1616-22.

Kiecolt-Glaser JK, Belury MA, Andridge R, Malarkey WB, Glaser R. Omega-3 supplementation lowers inflammation and anxiety in medical students: a randomized controlled trial. Brain Behav Immun. 2011;25(8):1725–1734.

Haghiac M, Yang XH, Presley L, et al. Dietary Omega-3 Fatty Acid Supplementation Reduces Inflammation in Obese Pregnant Women: A Randomized Double-Blind Controlled Clinical Trial. PLoS One. 2015 Sep 4;10(9):e0137309.

Turner D, Shah PS, Steinhart AH, et al. Maintenance of remission in inflammatory bowel disease using omega-3 fatty acids (fish oil): a systematic review and meta-analyses. Inflamm Bowel Dis. 2011 Jan;17(1):336-45.

Haghiac M, Yang XH, Presley L, et al. Dietary Omega-3 Fatty Acid Supplementation Reduces Inflammation in Obese Pregnant Women: A Randomized Double-Blind Controlled Clinical Trial. PLoS One. 2015 Sep 4;10(9):e0137309.

Neubronner J, Schuchardt JP, Kressel G, et al. Enhanced increase of omega-3 index in response to long-term n-3 fatty acid supplementation from triacylglycerides versus ethyl esters. Eur J Clin Nutr. 2011 Feb;65(2):247-54.

Wang Y, Tang Q, Duan P, et al. Curcumin as a therapeutic agent for blocking NF-κB activation in ulcerative colitis. Immunopharmacol Immunotoxicol. 2018 Dec;40(6):476-482.

Zhang J, Zheng Y, Luo Y, et al. Curcumin inhibits LPS-induced neuroinflammation by promoting microglial M2 polarization via TREM2/ TLR4/ NF-κB pathways in BV2 cells. Mol Immunol. 2019 Dec;116:29-37.

Jurenka JS. Anti-inflammatory properties of curcumin, a major constituent of Curcuma longa: a review of preclinical and clinical research. Altern Med Rev. 2009 Jun;14(2):141-53.

Chainani-Wu N. Safety and anti-inflammatory activity of curcumin: a component of tumeric (Curcuma longa). J Altern Complement Med. 2003 Feb;9(1):161-8.

Aggarwal BB, Harikumar KB. Potential therapeutic effects of curcumin, the anti-inflammatory agent, against neurodegenerative, cardiovascular, pulmonary, metabolic, autoimmune and neoplastic diseases. Int J Biochem Cell Biol. 2009 Jan;41(1):40-59.

Lee SI, Kang KS. N-acetylcysteine modulates lipopolysaccharide-induced intestinal dysfunction. Sci Rep. 2019 Jan 30;9(1):1004.

Palacio JR, Markert UR, Martínez P. Anti-inflammatory properties of N-acetylcysteine on lipopolysaccharide-activated macrophages. Inflamm Res. 2011 Jul;60(7):695-704.

Zhang Q1, Ju Y, Ma Y, et al. N-acetylcysteine improves oxidative stress and inflammatory response in patients with community acquired pneumonia: A randomized controlled trial. Medicine (Baltimore). 2018 Nov;97(45):e13087.

Li G, Fu J, Zhao Y, et al. Alpha-lipoic acid exerts anti-inflammatory effects on lipopolysaccharide-stimulated rat mesangial cells via inhibition of nuclear factor kappa B (NF-κB) signaling pathway. Inflammation. 2015 Apr;38(2):510-9.

Maryam Akbari, Vahidreza Ostadmohammadi, Reza Tabrizi, et al. The effects of alpha-lipoic acid supplementation

on inflammatory markers among patients with metabolic syndrome and related disorders: a systematic review and meta-analysis of randomized controlled trials
Nutr Metab (Lond). 2018; 15: 39.

Salinthone S, Yadav V, Schillace RV, Bourdette DN, Carr DW. Lipoic acid attenuates inflammation via cAMP and protein kinase A signaling. PLoS One. 2010;5(9):e13058.

Huerta AE, Prieto-Hontoria PL, Sáinz N, et al. Supplementation with α-Lipoic Acid Alone or in Combination with Eicosapentaenoic Acid Modulates the Inflammatory Status of Healthy Overweight or Obese Women Consuming an Energy-Restricted Diet. J Nutr. 2015 Apr 1;146(4):889S-896S.

Zhang Y, Han P, Wu N, et al. Amelioration of lipid abnormalities by α-lipoic acid through antioxidative and anti-inflammatory effects. Obesity (Silver Spring). 2011 Aug;19(8):1647-53.

İnsülin Direnci, Metabolizma ve Hormonal Denge

R. Brent, Hélène C, Daniel P The Laniakea supercluster of galaxies Nature volume 513, 71–73(2014)

Joseph L. Evans, Ira D. Goldfine, Betty A. Are Oxidative Stress-Activated Signaling Pathways Mediators of Insulin Resistance and Beta-Cell Dysfunction? Diabetes. 2003;52(1)

Burgos-Morón E, Abad-Jiménez Z, Marañón AM Relationship Between Oxidative Stress, ER Stress and Inflammation in Type 2 Diabetes: The Battle Continues. J Clin Med. 2019 Sep 4;8(9).

Isakson P, Hammarstedt A, Gustafson B (2009) Impaired preadipocyte differentiation in human abdominal obesity: role of Wnt, tumor necrosis factor-alpha, and inflammation. Diabetes 58: 1550–1557.

Yang J, Eliasson B, Smith U (2012) The size of large adipose cells is a predictor of insulin resistance in first-degree relatives of type 2 diabetic patients. Obesity 20: 932–938.

Sun K, Kusminski CM, Scherer PE (2011) Adipose tissue remodeling and obesity. The Journal of clinical investigation 121: 2094–2101.

Henninger AM, Eliasson B, Jenndahl LE PLoS One. Adipocyte hypertrophy, inflammation and fibrosis characterize subcutaneous adipose tissue of healthy, non-obese subjects predisposed to type 2 diabetes. 2014 Aug 22;9(8):e105262.

Weyer C, Foley JE, Bogardus C, Tataranni PA, Pratley RE (2000) Enlarged subcutaneous abdominal adipocyte size, but not obesity itself, predicts type II diabetes independent of insulin resistance. Diabetologia 43: 1498–1506

Honzawa N, Fujimoto K, Kitamura T. Cell Autonomous Dysfunction and Insulin Resistance in Pancreatic α Cells. Int J Mol Sci. 2019 Jul 28;20(15).

Greenberg AS, Obin MS. Obesity and the role of adipose tissue in inflammation and metabolism. Am J Clin Nutr. 2006 Feb;83(2):461S-465S.

Scherer PE, Williams S, Fogliano M. Serum Protein similar to C1q, produced exclusively in Adipocytes, J. Biol. Chem., 1995, 270, 26746–26749.

Berg AH, Combs TP, Du X. The adipocyte-secreted protein Acrp30 enhances hepatic insulin action, Nature Med., 2001, 7, 947–953.

Holland WL, Miller RA, Wang ZV Receptor-mediated activation of ceramidase activity initiates the pleiotropic actions of adiponectin. Nat Med. 2011 Jan;17(1):55-63.

Xia JY, Holland WL, Kusminski CM Targeted Induction of Ceramide Degradation Leads to Improved Systemic Metabolism and Reduced Hepatic Steatosis, Cell Metabolism, 2015, 22, 266–278.

Weyer C, Funahashi T, Tanaka S, Hypoadiponectinemia in obesity and type 2 diabetes: close association with insulin resistance and hyperinsulinemia. J Clin Endocrinol Metab. 2001 May;86(5):1930-5.

Stefan N, Vozarova B, Funahashi T, Plasma adiponectin concentration is associated with skeletal muscle insulin receptor tyrosine phosphorylation, and low plasma concentration precedes a decrease in whole-body insulin sensitivity in humans. Diabetes. 2002 Jun;51(6):1884-8.

Benedict M, Zhang X. Non-alcoholic fatty liver disease: An expanded review. World J Hepatol. 2017;9(16):715–732

Cusi K. Role of obesity and lipotoxicity in the development of nonalcoholic steatohepatitis: pathophysiology and clinical implications. Gastroenterology. 2012 Apr;142(4):711-725.

Adolph TE, Grander C, Grabherr F, Tilg H. Adipokines and Non-Alcoholic Fatty Liver Disease: Multiple Interactions. Int J Mol Sci. 2017;18(8):1649.

Holst JJ1, Gromada J. Role of incretin hormones in the regulation of insulin secretion in diabetic and nondiabetic humans. Am J Physiol Endocrinol Metab. 2004 Aug;287(2):E199-206.

Ramracheya R, Chapman C, Chibalina M, et al. GLP-1 suppresses glucagon secretion in human pancreatic alpha-cells by inhibition of P/Q-type Ca2+ channels. Physiol Rep. 2018;6(17):e13852.

Shearer GC, Savinova OV, Harris WS. Fish oil -- how does it reduce plasma triglycerides?. Biochim Biophys Acta. 2012;1821(5):843–851.

Liang H, Hussey SE, Sanchez-Avila A, Tantiwong P, Musi N. Effect of lipopolysaccharide on inflammation and insulin action in human muscle. PLoS One. 2013;8(5):e63983.

Thaiss CA, Levy M, Grosheva I Hyperglycemia drives intestinal barrier dysfunction and risk for enteric infection. Science. 2018 Mar 23;359(6382):1376-1383.

Saravanan P, Chau WF, Roberts N Psychological well-being in patients on 'adequate' doses of l-thyroxine: results of a large, controlled community-based questionnaire study.
Clin Endocrinol (Oxf). 2002 Nov;57(5):577-85.

Virili C, Centanni M Does microbiota composition affect thyroid homeostasis?
Endocrine. 2015 Aug;49(3):583-7.

Virili C, Centanni M "With a little help from my friends" - The role of microbiota in thyroid hormone metabolism and enterohepatic recycling" Mol Cell Endocrinol. 2017 Dec 15;458:39-43.

Corssmit EP, Heyligenberg R, Endert E, et al. Acute effects of interferon-alpha administration on thyroid hormone metabolism in healthy men. J Clin Endocrinol Metab. 1995 Nov;80(11):3140-4.

Arthur JR, Nicol F, Beckett GJ. Selenium deficiency, thyroid hormone metabolism, and thyroid hormone deiodinases. Am J Clin Nutr. 1993 Feb;57(2 Suppl):236S-239S.

Santos LR, Neves C, Melo M Selenium and Selenoproteins in Immune Mediated Thyroid Disorders. Diagnostics (Basel). 2018 Oct 4;8(4).

Ertek S, Cicero AF, Caglar O Relationship between serum zinc levels, thyroid hormones and thyroid volume following successful iodine supplementation. Hormones (Athens). 2010 Jul-Sep;9(3):263-8.

Severo JS, Morais JBS, de Freitas TEC The Role of Zinc in Thyroid Hormones Metabolism.
Int J Vitam Nutr Res. 2019 Jul;89(1-2):80-88.

Hickie I, Bennett B, Mitchell P, et al. Clinical and subclinical hypothyroidism in patients with chronic and treatment-resistant depression. Australian and New Zealand Journal of Psychiatry 30 (2) (1996): 246–52.

Tan ZS, Beiser A, Vasan RS, et al. Thyroid Function and the Risk of Alzheimer Disease: The Framingham Study. Archives of Internal Medicine 168 (14) (2008): 1514–20.

Hak AE, Pols HA, Visser TJ, et al. Subclinical hypothyroidism is an independent risk factor for atherosclerosis and myocardial infarction in elderly women: the Rotterdam Study. Annals of Internal Medicine 132 (4) (2000): 270–78.

Lang X, Hou X, Shangguan F, et al. Prevalence and clinical correlates of subclinical hypothyroidism in first-episode drug-naive patients with major depressive disorder in a large sample of Chinese. J Affect Disord. 2019 Nov 3. pii: S0165-0327(19)32146-9.

Martins RM, Fonseca RH, Duarte MM, et al. Impact of subclinical hypo-thyroidism treatment in systolic and diastolic cardiac function. Arquivos Brasileiros de Endocrinologia e Metabologia 55 (7) (2011): 460–67.

Wartofsky L, Dickey RA. The evidence for a narrower thyrotropin reference range is compelling. J Clin Endocrinol Metab. 2005 Sep;90(9):5483-8.

Garber JR, Cobin RH, Gharib H, et al. Clinical practice guidelines for hypothyroidism in adults: cosponsored by the American Association of Clinical Endocrinologists and the American Thyroid Association. Endocr Pract. 2012 Nov-Dec;18(6):988-1028.

Lauritano EC, Bilotta AL, Gabrielli M, et al. Association between hypothyroidism and small intestinal bacterial overgrowth. J Clin Endocrinol Metab. 2007;92(11):4180-4.

Mazokopakis, Elias E et al. Effects of 12 months treatment with L-selenomethionine on serum anti-TPO Levels in Patients with Hashimoto's thyroiditis. Thyroid. 2007:609-612.

Rostami R, Aghasi MR, Mohammadi A, et al. Enhanced oxidative stress in Hashimoto's thyroiditis: inter-relationships to biomarkers of thyroid function. Clin Biochem. 2013;46(4-5):308-12.

Lu CW, Chang HH, Yang KC et al. High serum selenium levels are associated with increased risk for diabetes mellitus independent of central obesity and insulin resistance. BMJ Open Diabetes Res Care. 2016 Aug 12;4(1)

Mackawy AM, Al-Ayed BM, Al-Rashidi BM. Vitamin d deficiency and its association with thyroid disease. Int J Health Sci (Qassim). 2013;7(3):267–275.

Wang J, Lv S, Chen G, et al. Meta-analysis of the association between vitamin D and autoimmune thyroid disease. Nutrients. 2015;7(4):2485-2498.

Chaudhary S, Dutta D, Kumar M, et al. Vitamin D supplementation reduces thyroid peroxidase antibody levels in patients with autoimmune thyroid disease: An open-labeled randomized controlled trial. Indian Journal of Endocrinology and Metabolism. 2016;20(3):391-398.

Talaei A, Ghorbani F, Asemi Z. The effects of Vitamin D supplementation on thyroid function in hypothyroid patients: A randomized, double-blind, placebo-controlled trial. Indian J Endocr Metab 2018;22:584-8

Smith P. Hormone replacement in women. In: Rakel D, ed. Integrative Medicine. 3rd ed. Philadelphia: Elsevier Saunders; 2012:335-344.

Hiroi R, Handa RJ. Estrogen receptor-β regulates human tryptophan hydroxylase-2 through an estrogen response element in the 5’ untranslated region. J Neurochem. 2013 Nov;127(4):487-95.

Han W, Kang D, Park IA, et al. Associations between breast cancer susceptibility gene polymorphisms and clinicopathological features. Clin Cancer Res. 2004 Jan 1;10(1 Pt 1):124 30.

Saintot M, Malaveille C, Hautefeuille A Interaction between genetic polymorphism of cytochrome P450-1B1 and environmental pollutants in breast cancer risk. Eur J Cancer Prev. 2004 Feb;13(1):83-6.

Watson CS, Jeng YJ, Guptarak J. Endocrine disruption via estrogen receptors that participate in nongenomic signaling pathways. J Steroid Biochem Mol Biol. 2011 Oct;127(1-2):44-50.

Zhang T, Li L, Qin XS, Zhou Y, et al. Di-(2-ethylhexyl) phthalate and bisphenol A exposure impairs mouse primordial follicle assembly in vitro. Environ Mol Mutagen. 2014 May;55(4):343-53.

La Rosa P, Pellegrini M, Totta P Xenoestrogens alter estrogen receptor (ER) α intracellular levels. PLoS One. 2014 Feb 20;9(2)

Latini et al., Mini-Reviews in Medicinal Chemistry, 2010, 10, 846-855 Soto, A. M. & Sonnenschein, C. Nat. Rev. Endocrinol. 6, 363–370

Plottel, C. S., & Blaser, M. J. (2011). Microbiome and Malignancy. Cell Host & Microbe, 10, 324–335

Adams, S. (2016). Estrobolome Disparities May Lead To Developing Bimoarkers That Could Mitigate Cancer Risk. Journal of the National Cancer Institute, 108, djw130

Baker, J. M., Al-Nakkash, L., & Herbst-Kralovetz, M. M. (2017). Estrogen–gut microbiome axis: Physiological and clinical implications. Maturitas, 103, 45–53

Chen, K. L., & Madak-Erdogan, Z. (2016). Estrogen and Microbiota Crosstalk: Should We Pay Attention? Trends in Endocrinology & Metabolism, 27, 752–755

Mense SM, Hei TK, Ganju RK, Bhat HK. Phytoestrogens and breast cancer prevention: possible mechanisms of action. Environ Health Perspect. 2008;116:426–433.

Miller PE, Snyder DC. Phytochemicals and cancer risk: a review of the epidemiological evidence. Nutr Clin Pract. 2012;27:599–612.

Metilasyon

Barić I, Staufner C, Augoustides-Savvopoulou P, et al. Consensus recommendations for the diagnosis, treatment and follow-up of inherited methylation disorders. J Inher Metab Dis. 2017;40(1):5-20.

Locasale JW. Serine, glycine and one-carbon units: cancer metabolism in full circle. Nat Rev Cancer. 2013;13(8):572.

Moore LD, Le T, Fan G. DNA methylation and its basic function. Neuropsychopharmacology. 2013;38(1):23.

Brosnan JT, Jacobs RL, Stead LM, Brosnan ME. Methylation demand: a key determinant of homocysteine metabolism. ACTA BIOCHIM POL. 2004;51:405-414.

Ho V, Massey TE, King WD. Effects of methionine synthase and methylenetetrahydrofolate reductase gene polymorphisms on markers of one-carbon metabolism. Genes Nutr. 2013;8(6):571- 580.

Xiao Y, Su X, Huang W, et al. Role of S-adenosylhomocysteine in cardiovascular disease and its potential epigenetic mechanism. Int J Biochem Cell Biol. 2015;67:158-166.

Kerins DM, Koury MJ, Capdevila A, et al. S-adenosylhomocysteine is a more sensitive indicator of cardiovascular disease than plasma homocysteine–. Am J Clin Nutr. 2001;74(6):723-729.

Wagner C, Koury MJ. S-Adenosylhomocysteine—a better indicator of vascular disease than homocysteine?–. Am J Clin Nutr. 2007;86(6):1581-1585.

Refsum H, Ueland PM, Nygård O, Vollset SE. Homocysteine and cardiovascular disease. Annu Rev Med. 1998;49:31-62.

Hasan T, Arora R, Bansal AK, et al. Disturbed homocysteine metabolism is associated with cancer. Exp Mol Med. 2019;51:21.

Moretti R, Caruso P. The Controversial Role of Homocysteine in Neurology: From Labs to Clinical Practice. Int J Mol Sci. 2019;20(1)

Andrès E, Serraj K, Zhu J, et al The pathophysiology of elevated vitamin B12 in clinical practice. QJM. 2013;106:505-15.

Rogan EG, et al. Unbalanced estrogen metabolism in ovarian cancer. Int J Cancer. 2014 May 15;134(10):2414-23.

Lee JR, Zava D, Hopkins V. What your doctor may not tell you about breast cancer. How hormone balance may save your life. Warner Books, Inc., New York, NY, 2002. Chapter 6.

Cavalieri EL, Rogan EG, Chakravarti D. Initiation of cancer and other diseases by catechol ortho- quinones: a unifying mechanism. Cell Mol Life Sci. 2002;59:665-81.

Huang J, Sun J, Chen Y, Song Y, Dong L, Zhan Q, Zhang R, Abliz Z. Analysis of multiplex endogenous estrogen metabolites in human urine using ultra-fast liquid chromatography-tandem mass spectrometry: a case study for breast cancer. Anal Chim Acta. 2012;711:60-8.

Getoff N, Gerschpacher M, Hartmann J, Huber JC, Schittl H, Quint RM. The 4-hydroxyestrone: Electron emission, formation of secondary metabolites and mechanisms of carcinogenesis. J Photochem Photobiol B. 2010 Jan 21;98(1):20-4.

Arslan AA, Shore RE, Afanasyeva Y, Koenig KL, Toniolo P, Zeleniuch-Jacquotte A. Circulating estrogen metabolites and risk for breast cancer in premenopausal women. Cancer Epidemiol Biomarkers Prev. 2009;18:2273-9.

Cos S, González A, Martínez-Campa C, et al. Estrogen-signaling pathway: a link between breast cancer and melatonin oncostatic actions. Cancer Detect Prev. 2006;30:118-28.

J Steroid Biochem Mol Biol 2003;86:477–86 Short Review of Pathophysiology of Catechol Estrogen. Pak J Physiol 2010;6(2)

McCarty MF, O'Keefe JH, DiNicolantonio JJ. Dietary Glycine Is Rate-Limiting for Glutathione Synthesis and

May Have Broad Potential for Health Protection. Ochsner J. 2018;18(1):81-87.

Stipanuk MH, Coloso RM, Garcia RAG, Banks MF. Cysteine Concentration Regulates Cysteine Metabolism to Glutathione, Sulfate and Taurine in Rat Hepatocytes. J Nutr. 1992;122(3):420-427

Townsend DM, Tew KD, Tapiero H. The importance of glutathione in human disease. Biomed Pharmacother. 2003;57(3-4):145-155.

Lu SC. GLUTATHIONE SYNTHESIS. Biochim Biophys Acta. 185.2013;1830(5):3143-3153.

Ripps H, Shen W. Taurine: a "very essential" amino acid. Mol Vis. 2012;18:2673

Vanitha M, Baskaran K, Periyasamy K, et al. A review on the biomedical importance of taurine. Int J Pharm Res Health Sci. 2015;3(3):680-686.

Wang W, Wu Z, Dai Z, Yang Y, Wang J, Wu G. Glycine metabolism in animals and humans: implications for nutrition and health. Amino acids. 2013;45(3):463-477.

Townsend DM, Tew KD, Tapiero H. The importance of glutathione in human disease. Biomed Pharmacother. 2003;57(3-4):145-155.

Richie JP, Jr., Nichenametla S, Neidig W, et al. Randomized controlled trial of oral glutathione supplementation on body stores of glutathione. Eur J Nutr. 2015;54(2):251-263.
Sinha R, Sinha I, Calcagnotto A, et al. Oral supplementation

with liposomal glutathione elevates body stores of glutathione and markers of immune function. Eur J Clin Nutr. 2018;72(1):105-111.

Dai, J, Ram, PT, Yaun, L, Spriggs, LL, Hill, SM. Transcriptional repression of RORa, activity in human breast cancer cells by melatonin. Mol Cell Endocrinol 2001; 176: 111-120.

Ekmekcioglu, C. Melatonin receptors in humans: biological role and clinical relevance. Biomed Pharmacother. 2006; 60:97-108.

Karasek, M, Winczyk, K. Melatonin in Humans. J Physiol Pharmacol. 2006;57 Suppl 5:19-39.

Konturek, SJ, Konturek, PC, Brzozowski, T, Bubenik, GA. Role of melatonin in upper gastrointestinal tract. J Physiol Pharmacol. 2007; 58 Suppl 6:23-52.

Mousain-Bosc et al. (2004). Magnesium VitB6 intake reduces central nervous system hyperexcitability in children. Journal Of The American College Of Nutrition, 23(5), 545S-548S.

Mousain-Bosc et al. (2006). Improvement of neurobehavioral disorders in children supplemented with magnesium-vitamin B6. I. Attention deficit hyperactivity disorders. Magnesium Research: Official Organ Of The International Society For The Development Of Research On Magnesium, 19(1), 46-52.

McCall KA, Huang C, Fierke CA. Function and mechanism of zinc metalloenzymes. JNutr. 2000 May;130(5S Suppl):1437S-46S.

A Randomized, Placebo Controlled Trial of Oral Zinc for Chemotherapy-Related Taste and Smell Disorders J Pain Palliat Care Pharmacother. 2012 Jun; 26(2): 111–114.

Momen-Heravi M, Barahimi E, Razzaghi R, Bahmani F, Gilasi HR, Asemi Z The effects of zinc supplementation on wound healing and metabolic status in patients with diabetic foot ulcer: A randomized, double-blind, placebo-controlled trial. Wound Repair Regen. 2017 May;25(3):512-520.

Nowak G, Szewczyk B, Pilc A Zinc and depression. Pharmacol Rep. 2005 Nov-Dec; 57(6):713-8.

Tapiero H, Tew KD Trace elements in human physiology and pathology: zinc and metallothioneins. Biomed Pharmacother. 2003 Nov; 57(9):399-411.

Horigan G1, McNulty H, Ward M, Strain JJ, Purvis J, Scott JM. J Hypertens. Riboflavin lowers blood pressure in cardiovascular disease patients homozygous for the 677C-->T polymorphism in MTHFR. 2010 Mar;28(3):478-86.

Gospe SM Jr1, Olin KL, Keen CL. Reduced GABA synthesis in pyridoxine-dependent seizures.
Lancet. 1994 May 7;343(8906):1133-4.

Ramati E, Israel A, Tal Kessler, Petz-Sinuani N, Sela BA, Idan Goren, Grinfeld A, Lavi B, Segal G. Low ALT activity amongst patients hospitalized in internal medicine wards is a widespread phenomenon associated with low vitamin B6 levels in their blood Harefuah. 2015 Feb;154(2):89-93, 137.